与最聪明的人共同进化

HERE COMES EVERYBODY

CHEERS

CHEERS
湛庐

[美]彼得·格雷 著
Peter Gray
马小凤 译

玩耍是最认真的学习

Free To Learn

浙江教育出版社·杭州

关于玩耍和学习的关系，你了解多少？

扫码加入书架
领取阅读激励

扫码获取全部测试题及答案，
一起重新认识学习

- 现今，年轻人的心理健康状况与几十年前相比，有怎样的变化？

  A. 变得更不健康了

  B. 变得更健康了

- 以下不属于强制性教育"罪状"的是？

  A. 阻碍了个人责任感和自我导向的发展

  B. 无益于儿童生活技能和知识多样性的发展

  C. 削弱了儿童学习的内在动机

  D. 抑制批判性思维

- 非正式游戏的"自由"体现在何处？

  A. 随时随地可以退出

  B. 没有任何规则的限制

  C. 冲突无须解决

  D. 无限制的自由

扫描左侧二维码查看本书更多测试题

谨以此书献给斯科特

感谢他给予我写作的灵感

我还要感谢黛安娜

她让我的灵感得以落地成书

孩子来到这个世界，天性渴望学习

"见鬼去吧！"

我被这句脏话狠狠地打击了。虽然过去也有人这么咒骂过我，但感受从未像这次这般强烈。曾经有一位同事备感沮丧地对我这么说，起因是我拒不承认一个显而易见的事实；还有一位朋友，为了回应我说的一些蠢话而对我说了这句话。但在那些情况下，他们这么说只是为了打破僵局，结束一场毫无结果的争论。而这一次，后果很严重。我感觉，也许我真的会去见"鬼"。不是死后要下地狱，我也不相信真的有地狱，而是当我得知自己辜负了需要我、依赖我的人，而这个人又是我深爱的人时，我觉得自己犹如活在炼狱之中。

我9岁的儿子斯科特在公立小学的校长办公室里说出了这句话。这句话不是只对我说的，而是对我们 7 个高大、聪明的成年人说的。当时我们 7 个人并排站在他的对面，除了我，其他 6 人分别是校长、斯科特的两位任课老师、学校的辅导员老师、一位为学校系统工作的儿童心理学家，以及斯科特的妈妈。我们聚在一起是为了组成统一战线，义正言辞地告诉斯科特，他必须上学，而且必须按照老师说的去做。我们每个人都严肃地说了自认为该说的话，但斯科特直直地看着我们所有人，然后说出了那句脏话。他的这一举动使我不得不停下来，重新审视一切。

那一刻，我哭了。我明白我必须站在斯科特这一边，而不是站在他的对立面。我泪眼婆娑地看向我的妻子，看到她也在哭。透过她的泪眼，我知道她那一刻的想法和感受与我一模一样。那时我们俩都知道了，我们必须去做斯科特一直以来希望我们做的事情，不仅要让他摆脱那所学校，还要让他摆脱任何与那所学校相似的境况。对斯科特来说，学校就是监狱，而他饱受牢狱之苦，这实在冤枉。

在校长办公室的那次会议是多年来类似的家校会议积累下来的恶果。在历次家校会议上，我和妻子都会听到关于儿子不良行为的最新情况。对学校的工作人员来说，斯科特的不良行为尤为令人不安，因为他的行为并不是老师们能够预料的那种平常的淘气行为，而更像是计划周密的叛逆：他会有条不紊、从容不迫地以与老师的指示相悖的方式行事。这种情况常常发生于那些精力旺盛却受到严格监管的男孩身上。当老师指导学生用一种特定的方法解算术题时，斯科特会创造出另一种不同的解题方法；到了学习标点符号和大写字母的时候，他会像诗人卡明斯那样，写作时随心所欲地使用大写字母和标点符号，或者干脆将它们弃之不用；当一项作业对他来说似乎毫无意义时，他就会照实说，然后拒绝去做这项作业；当类似这样的情况变得越来越频繁时，他会未经允许就离开教室，如果没有受到强制的监管，他就会自行回家。

　　我们最终为斯科特找到了一所适合他的学校，一所和你想象中的学校不一样的"学校"。稍后我将给你讲述这所学校的情况，以及它所引发的全球性教育运动。但这本书的主要内容不是讲述一所特定的学校，而是关乎从人性的角度去看待当下的教育。

　　孩子们来到这个世界上，迫切地渴望学习，基因赋予了他们卓越的学习能力。他们是小小的学习机器：在生命最初 4 年左右的时间里，他们在无人指导的情况下吸收了大量的信息，学会了无数的技能。他们学会了走路、跑步、跳跃以及攀爬，他们学会了理解并使用自身所在文化的语言，接着他们学会了坚守自己的意愿，学会了与人争论、休闲娱乐或者为某件事而烦恼，学会了交朋友和提问题。他们获得了有关周围物质世界及社会环境的大量知识。

　　所有这一切的发生源于孩子们与生俱来的天性和驱动力，以及他们天生就有的玩心和好奇心。当孩子们长到 5 岁或 6 岁的时候，大自然不会关闭这种强大的学习欲望和学习能力，而成年人却在这个时候通过强制性的学校教育关闭了它。学校给孩子们上的最意义重大、最持久的一门课就是——学习是工作，但凡有机会就该逃避它。

　　斯科特在校长办公室说的话改变了我的专职方向，也改变了我的个人生活。我是一名进化发展心理学教授，研究兴趣是哺乳类动物动力和情感的生物学基础。那时我一直致力于研究某些激素在调节大鼠和小鼠的恐惧情绪时的作用，在斯科特这件事发生的不久前，我刚开始研究大鼠母性行为的大脑机制。而在校长办公室度过的那一天引发了一系列事情，这些事逐渐改变了我的研究焦点，我开始从生物学的角度研究教育。起初，我的研究动机主要是出于对儿子的关心：我们允许他按照自己的方式接受教育，而不是遵循专业人士的决定，我想确保我们这样做不是在犯错。但是逐渐地，当我确信斯科特的自主教育进行得很顺利时，我的研究兴趣便转向了儿童这个群体以及教育的人类生物学基础。

是什么造就了人类的文化属性？换句话说，人类天性中的哪些方面使得世界各地的每一代新人都能够获得上一代人的技能、知识、信仰、理论及价值观，并在此基础上去进一步发展？这个问题引导我去审视标准化的学校制度之外的教育环境，比如我儿子曾就读的那所不同凡响的学校，其实应该称它为非学校组织。后来，我研究了持续升温的全球性非学校教育运动，以了解这些家庭中的孩子是如何接受教育的。我阅读了人类学的文献，找人类学家做了调研，尽我所能地了解狩猎—采集文化中的孩子们的生活和学习情况，因为在人类的进化史中，有99%的篇幅都把狩猎—采集这种文化类型作为人类的物种特征。我回顾了大量有关儿童玩耍的心理学和人类学研究，之后，我和我的学生也开展了新的研究，旨在了解儿童是如何通过玩耍来学习的。

这些研究工作使我了解了儿童强烈的玩耍和探索欲望具备服务于教育的功能，不仅在狩猎—采集文化中，在如今的社会文化中也是如此。这样的认识引发了有关改善环境条件的新思路：优质的环境条件可以充分激发儿童自我教育的能力，孩子们在自己玩耍的同时实现自我教育。这些研究工作也让我看到，如何才能把孩子们从强制性的学校教育中解放出来，并提供优质的学习环境，使他们得以最大限度地发挥自我教育的能力，同时又不剥夺他们应得的童年快乐。

以上，就是这本书要讲的核心内容。

Free
to Learn

目录

Free
to Learn

第 1 章

我们对童年做了什么

> 我们曾那样独立，那样自由。
> 但要把这样的独立和自由给予现在的孩子，
> 简直无法想象。
> 这是社会的重大损失之一。

—— 希拉里·克林顿　美国前国务卿

We were so independent, we were given so much freedom.
But now it's impossible to imagine giving that to a child today.
It's one of the great losses as a society.

　　我一生中遇到过很多很好的老师，但如果必须选出一位最好的，那一定是鲁比。遇见她的那个夏天，我 5 岁，她 6 岁。我们一家刚搬到一个新城镇，在母亲的建议下，我独自一人穿梭于城镇街道，挨家挨户地敲门打听："这里住着和我年纪差不多的孩子吗？"我就是这样在街对面遇到了鲁比。不出几分钟，我们就成了最好的朋友。我在那个小镇居住了两年，这期间我们一直是最好的朋友。鲁比比我大一岁，也比我聪明、胆大，但差距并不明显，所以对我来说，她是一位极好的老师。

　　20 世纪 80 年代中期，罗伯特·富尔格姆（Robert Fulghum）出版了一本广受欢迎的散文集《受用一生的信条》（*All I Really Need to Know I Learned in Kindergarten*）。我没上过幼儿园。我 5 岁时搬去的那个小镇没有幼儿园。但我认为，即使是富尔格姆，如果有人跟他说出以下观点，他也会同意的：**我们每个人在生活中学到的大部分重要道理，都并非来自幼儿园或学校，而是来自生活本身。**

在那个小镇度过的第一个夏天，我和鲁比几乎每天都在一起玩，还经常一玩就是一整天。有时就我们两个一起玩，有时我们会和左邻右舍的其他孩子一起玩。后来鲁比上了一年级，我还没上学，但到了她每天放学后和周末的时间，我们还会在一起玩。

我有时想写一本书，书名就叫"从鲁比那里学到的人生真谛"。我记得鲁比教我的第一件事是骑自行车。我没有自行车，但她有，她就让我骑她的车。那是一辆女式自行车，学起来很容易，因为不需要在上下车的时候把腿跨过横杠。我们住的那条街沿着一座小山往下延伸，鲁比给我示范，如果我在山顶骑上自行车，用脚稍微蹬一下地，车子就能立刻加速，即使不踩脚踏板，车身也能保持直立，这样我就能在还未学会踩脚踏板的情况下先学习如何保持车身平衡。鲁比教我在车子到达山脚的时候再开始踩脚踏板，每次都尽量踩得远一点，以免摔倒或双脚着地停下来。刚开始试骑时，我的膝盖擦伤了好几处，还撞到了邻居家停着的车，但鲁比告诉我不要担心，还说我会骑得越来越好，很快就能一直骑行而不会摔倒了。

几天之后，我真的练成"不倒功"了。父母看到后，就给我买了一辆二手自行车。那辆车对当时的我来说太大了，车的横杠太高了，我很难爬上去——但我父母考虑的是随着我长大，自行车不会很快因为"变小"而不适合骑。但我还是可以骑。那是我的第一辆车，在我 5 岁的时候，它给了我从未体验过的自由。

自从我有了自己的自行车，我和鲁比就开始骑着自行车在镇子上到处跑，还去了附近的村庄。这些骑行经历对我们来说是巨大的冒险，尽管我们从来没去过离家三四公里以外的地方。父母不允许我独自外出，但我可以和鲁比一起出去。母亲看得出来，6 岁的鲁比既成熟又有责任感，而且熟悉周围的环境，懂得让我远离麻烦。在每一次冒险中，我们都会学到一些新东西，关于我们生活的这个世界，以及我们遇见的同样生活于其间的人。即使在今天，我最喜欢的出行方式还是骑自行车，当我骑着自行车去上班或者去某个地方时，就会想起鲁比。

　　鲁比还教过我爬树。我家前院有一棵高大的松树，其实对成年人来说，那是一棵不大不小的松树，但对小时候的我来说，那棵树显得很大，树顶笔直入天，像是"神造之梯"。那时的我不是最大胆的，也不是身形最敏捷的孩子，所以我不得不花上几个星期甚至几个月的时间，努力让自己爬得更高一点。这棵树对鲁比的吸引力同样强烈，而且鲁比一直是一名优秀的攀爬者，每当她爬上一根更高的树枝，我就知道我也可以做到。爬向"天空"，然后俯瞰遥远的地面，多么令人兴奋啊！我们爬离了地面大约 4 米，也或许是 6 米，这足以满足 5 岁时的我寻求危险刺激的欲望，也足以证明自己在面对危险时，能够通过努力成功脱离险境，并借此获得极大的自信，通过这种方式获取的自信使我终生受益。

　　在一个炎热的夏日，鲁比给我上了关于死亡的第一课。那时我正在户外的充气泳池边玩，我助跑几步跳进水里，顺着水流沉到池底，玩得正开心。鲁比走进院子，我以为她会像往常一样跳进水池里，但她没有，她只是远远地坐在草地上，什么话也没说。我想逗她笑，就表演了些滑稽的把戏，但都不起作用。我以前从没见过鲁比这样。最后我走过去坐在了她身边。鲁比告诉我，她从小一起生活的祖父昨夜去世了。这是我第一次听说有人死亡，也是我第一次尝试安慰一个遭受亲人亡故打击的人。当然，我失败了，而且我最终认识到，我总会在这方面遭遇失败。我所能做的就是作为一个朋友陪在她身边，让时间来疗愈创伤。幸运的是，当我 6 岁的时候，时间过得很快，每一天都像两个星期那么长。夏天很快就过去了，我们在一起玩、一起笑的时光也飞逝而过。

回顾童年时，我会为今天的孩子没有我们那时那么自由而感到遗憾，而同样为此感到遗憾的人不止我一个。任何一个中年人或更年长的人聊起童年的话题，都会开始回忆自己那段远离大人、和其他孩子一起冒险的时光。以下文字出自曾任美国国务卿的希拉里·克林顿的一篇文章，她讲述了自己在伊利诺伊州帕克里奇的童年：

> 我们有一个组织良好的儿童社团，大家一起玩各种各样的游戏。夏天的时候，每天放学后以及每个周末，我们都会从天亮一直玩到天黑，直到父母叫我们回家。其中有一个游戏叫作"追跑"，这是一种复杂的团体游戏，结合了捉迷藏和捉人游戏的形式。我们会组队，分散在整个社区，覆盖大概两到三个街区的区域，指定安全的地方，如果有人追你，你可以去那里。还有一些方法可以帮助你摆脱追人者的控制，那样你就可以重新回到游戏中。与我们所有的游戏一样，游戏规则是精心设计的，并且是我们一起在街角经过长时间的协商后制定出来的。我们就这样度过了无尽的时光。
>
> 我们曾那样独立，那样自由。但要把这样的独立和自由给予现在的孩子，简直无法想象。这是社会的重大损失之一。[1]

不管你的政治立场如何，你都会同意，希拉里长大后成了一个能干、自信且擅长社交的成年人。当我想到她与世界各国领导人商定协议时，就不禁想象在她身边有一个小女孩，在与邻居的孩子们协商敲定关于"追跑"游戏的规则。

"我们曾那样独立，那样自由。但要把这样的独立和自由给予现在的孩子，简直无法想象。这是社会的重大损失之一。"这个损失不仅是重大的，而且可悲又残酷。孩子天生就该自由自在地玩耍，靠自己的力量去探索，而不是依附于成年人。他们需要自由才能获得发展，失去自由，他们就会痛苦。自由玩耍的驱动力是一种基本的生物本能。**缺少自由玩耍可能不会像缺少食物、空气或水那样令躯体消亡，但是会磨灭人的意志、阻碍心智的发展。**

自由自在地玩耍是孩子们学会交朋友、克服恐惧、解决问题，以及在一般情况下掌控自己生活的手段和途径。自由自在地玩耍也是孩子们练习并获得身体技能及智力能力的主要手段，他们要想在所处的文化环境中取得成功，这些技能和能力是必不可少的。我们竭尽全力、倾尽所有给孩子们买各种玩具、给他们提供"优质的亲子时光"或者让孩子们接受特殊的培训，都不能作为我们拿走他们自由的补偿。孩子们通过自主行动，在自由自在的玩耍中学会的东西，是无法通过其他方式由他人教会的。

成年人正在挑战孩子们适应能力的极限，逼迫他们进入了一个异常的环境，要求他们大部分时间在大人的指导下，坐在桌边，听或读他们并不感兴趣的东西，回答不属于自己的或者对他们来说并不真实的问题。成年人留给孩子用于玩耍、探索以及追求自己兴趣的时间和自由越来越少。

我是一名进化发展心理学家，这意味着我是从达尔文的角度研究儿童发展的。我对儿童天性中的一些方面特别感兴趣，这些天性使他们能够主动学习那些能使他们在自己身处的文化环境中生存和发展必须学习的知识和技能。换句话说，我对教育的生物学基础感兴趣。为此，我研究了原始人类社会即狩猎—采集社会的教育，在这种类型的社会中，没有类似学校的机构，孩子们始终要对自己的教育负责。

　　我还在马萨诸塞州我家附近的一所著名的非主流学校研究过教育，那里有数百名儿童和青少年通过自我指导的活动成功地完成了自我教育，没有成年人强加的课程和测试。此外，我还观察了那些实行非学校教育的在家教育模式的家庭，深入探索了基于玩耍功能的生物学和心理学研究，并为此做出了贡献。

　　所有这些工作都讲述了一个亘古不灭却出人意料的故事，一个挑战现代主流教育观念的故事。**从生物学的角度看，孩子们倾向于自己对自己的教育负责。**当他们获得自由和途径，能够在安全的环境中追求自己的兴趣时，他们就会沿着多样化的、未知的道路茁壮成长，并获得迎接生活挑战所需要的技能和信心。在这样的环境中，孩子们会在任何需要帮助的时候向大人求助。他们不再需要强制的课程、讲座、作业、考试、分级、按年龄划分班级，也不再需要标准的学校义务教育制度以及任何其他类似的事物。事实上，所有这一切都会干扰孩子们天然的学习方式。

　　这本书的内容关乎孩子们实现自我教育的天然本能，关乎能够使孩子们最大化地发挥天性所需要的环境条件，以及站在社会的角度，成年人如何能够以远低于目前用于学校的经费来为孩子们提供这些环境条件。玩耍的驱动力是孩子们为实现自我教育所使用的自然手段的重要组成部分，所以这本书中有一部分内容写的是玩耍的能力。

　　不过，我在这一章将评估美国社会目前的教育方式对孩子们造成的损害。在过去的半个多世纪里，孩子们玩耍的自由不断被削弱，与此对应的是，年轻人的身心健康水平也不断下降。如果这一趋势持续下去，社会将面临严重的危险：未来几代成年人均无法找到自己该有的生活方式。

持续了半个世纪的衰落 [2]

过去，你在放学后、周末或暑假漫步于美国的任何一个社区，都能看到那些在没有大人监管的环境下独自在外玩耍的孩子。而现在，如果你在外面看到一群孩子，那他们很可能穿着校服，遵循着成年教练的指导，而他们的父母也在一旁，"尽职尽责"地为孩子们的一举一动欢呼喝彩。

霍华德·丘达科夫（Howard Chudacoff）在一本关于美国儿童游戏史的权威著作中，将 20 世纪早期至中期称为"儿童非结构性游戏的黄金时代"。[3] 丘达科夫所说的"非结构性游戏"并不是指缺乏规则的游戏。他认识到，玩耍从不是随机的活动，而是"有序的"。他所说的"非结构性"是指游戏规则的建立是由玩家自己完成的，而不是由外部的权威来完成的。我将其定义为自由游戏，即玩家自己决定玩什么以及怎么玩，并在游戏过程中自由修订游戏目标和规则。例如，临时凑人打一场棒球比赛是自由游戏，但少年棒球联赛不是。自由游戏是孩子们学习管理自己行为的途径。

在后殖民时代的美国，随着时间的推移，孩子们自由玩耍的时间和机会受到两种趋势的决定性影响：其一是童工需求量的逐渐减少，这一趋势增加了孩子们自由玩耍的时间，也解释了 20 世纪早期到中期，美国孩子的玩耍时间普遍上升的现象；其二是成年人在工作之余对孩子生活的控制逐渐增强，从而减少了孩子们自由玩耍的机会，这种趋势大概在 20 世纪中期开始加速，这也解释了从那时起，美国孩子的玩耍时间持续下降的现象。关于这两种趋势的推断虽然有些过于简单化，但基本是合理的。

成年人对孩子生活的控制逐渐增强的一个主要原因是，学校义务教育所占的比重越来越大，孩子们开始上学的年龄越来越小。现在不仅有幼儿园，在一些地区还有托儿所。而无论是幼儿园还是托儿所，这类学前教育的形式都越来越像小学，即由成年人分配的任务替代孩子们自由的玩耍。学年变长了，上学的时间也变长了，在校期间自由玩耍的机会也已在很大程度上被削弱了。20 世纪 50 年代，当我还是一名小学生的时候，我们每天上午和下午各有半个小时的休息时间，中午有一小时的午餐时间。这些时间占据了每天6 小时在校时间的 1/3，而在这些时间里，我们可以自由地做任何想做的事，甚至可以离开校园。三年级时，我和朋友们几乎整个午餐时间都在离学校不远的草地或小山上玩耍，冬天就在雪地里摔跤，或是打几场雪仗。我不记得有老师或其他大人在旁边看着我们玩。如果他们看着，也绝不会干涉。而如今，在我观察过的所有小学中，这些行为都不被允许了。那时的我们有多被信任，现在的孩子就有多么不被信任。

不仅上学的时间越来越长，上学也变得越来越不好玩了，而且学校正越来越多地侵入孩子们的家庭和生活：家庭作业的布置增多了，占用了孩子们原本可以用来玩耍的时间；现在的学校希望父母能够成为老师的助手，认为家长理应跟踪孩子所有的家庭作业和学校分配的特殊项目，并通过絮叨或连哄带骗的方式让自己的孩子完成这些任务。当孩子们不做作业或表现不佳时，父母常会感到内疚，就好像自己失败了一样。父母不敢安排家庭旅行，因为这会让孩子缺课，或是因为参与家庭活动而错过上学的时间，而事实上，在同样一段时间里，孩子通过家庭活动学到的东西可能比在学校学到的更有用。

学校以一种更加隐蔽的方式占据了孩子们的生活。尽管可能是无意的，但学校教育制度直接或间接地在社会上酝酿出一种态度，即儿童主要通过完成由成年人指导和评估的任务来学习和成长，儿童自己的活动则是浪费时间的。这种态度很少被明确地表达出来，即便是佐治亚州亚特兰大主管学校教育的负责人决定终止让学生在课间自由玩耍的传统惯例。这位负责人声称："与其给孩子们 30 分钟让他们按自己高兴的方式消磨时间，还不如教他们某种技能，比如跳舞或体操来得更有意义。"[4]

他还说，孩子们不需要通过自由玩耍来锻炼身体，因为他们在体育课上就可以锻炼身体。很少有教育者会如此直言不讳地表达这样一种反对玩耍的态度，多数人至少在口头上会承认自由玩耍的价值。然而，在成年人对孩子施行实际控制行为的层面上，反对玩耍的态度每过 10 年就会变得更加普遍，并且已经从学校渗透到了社会的每一个角落。越来越多的人甚至在校外也鼓励、要求孩子参加由成年人指导的课程，参与由成年人指导的运动，而不是让他们自由地玩耍。

与这种反对玩耍的态度相关的是，人们越来越关注孩子们的表现，因为这是可以被衡量的，而对真正的学习的关注却越来越少，因为这很难甚至不可能被衡量。在如今的教育世界中，人们关心的是成绩、分数，并在学生间、学校间甚至不同国家之间进行比较，看看谁的成绩更好，谁的成绩更差。凡是学校课程之外的知识，哪怕是深层的知识，也并不重要。我所谓"真正的学习"和"深层的知识"，指的是孩子们能将内在思想和外部信息相互融合，形成自己了解与应对周围世界的行之有效的方法（这在后面的章节中会有更多介绍），这与只为通过考试而获得的表层知识极为不同，这些表层知识在考试结束后不久就会被遗忘。

如今，不仅是对学生本人，人们对家长、老师、学校和整个学区的评价都是根据学生的考试成绩来进行的。孩子们是这场竞争游戏中的棋子，在这场游戏中，围绕着他们的大人都在努力尝试让他们在标准化考试中取得尽可能高的分数。在这场高风险的游戏中，除了直接作弊，任何能提高成绩的方法都被认为是"教育"。因此，针对考试内容开展的可以增强短期记忆能力的训练被认为是正当、合理的教育，尽管这样的训练完全无法提升学生的理解能力。

这种对成绩的关注已经超越了课堂，延伸到了各种各样的课外和校外活动中。在今天许多父母和教育家的眼中，童年与其说是一个学习的时间，不如说是一个"填充简历"的时间。学校的分数和标准化考试的成绩很重要，那些正式的、由成年人指导的校外活动一样重要，尤其是那些能够获得奖杯、荣誉或其他形式的由成年人给予积极评价的活动。儿童和青少年在各种引导甚至诱导之下，去参加由成年人组织的体育活动、校外课程以及志愿活动。即使是小孩子，他们的活动还不能体现在纸面评价上，也会被引导着一步一步走上"填充简历"之路。自由的玩耍不重要，因为那只是游戏，大学申请表上可没有这一项。

在过去的半个世纪里，自由玩耍衰退的原因除了学校教育比重的增加以及"填充简历"的必要性，还有一个原因同样不容忽视，那就是越来越多的成年人认为，让孩子在无人监管的情况下玩耍是危险的。今天，在发达国家的任何一个地方，如果一个正在玩耍的孩子遭到了陌生人的绑架、猥亵或谋杀，媒体就会蜂拥而至进行报道，公众的恐惧感因此而被推升到了不合理的高度。而实际上这类案件的发生率极低，并且近年来已有所下降。[5] 近期一项大规模的跨国调查显示，在父母对孩子户外玩耍的各种担忧中，提及次数最多的是"他们可能会遭遇诱拐儿童的犯罪分子"，其中 49% 的父母提到了这一点。[6] 调查中提及的其他突出的担忧是父母们对道路交通和霸凌的恐惧。在英国进行的一项规模较小的调查中，78% 的父母称害怕陌生人的侵害是他们限制孩子到户外玩耍的原因，而 52% 的父母则提到了道路交通的危险。[7]

另一项调查涵盖了来自美国各代表性地理区域样本中的母亲，共 830 位，她们中有 85% 的人承认自己的孩子在户外玩耍的次数比她们小时候要少得多，当被问及是什么原因限制了自己的孩子在户外玩耍时，82% 的母亲提到了安全问题和犯罪问题。[8] 令人惊讶的是，这些恐惧的存在几乎不受地理区域的影响，无论是农村、偏远山区还是城市。如果想增加孩子们在户外自由玩耍的机会和时间，我们就必须加强社区建设，让父母们觉得社区是安全的。如果连孩子们在户外安全、自由地玩耍都不能保证，那么我们生活在一个什么样的社会呢？

关于孩子玩耍时间减少的统计证据还来自一项长期研究，在这项研究中，父母被要求在随机日子里记录孩子的活动，社会学家桑德拉·霍弗尔兹（Sandra Hofferth）和她的同事比较了 1997 年具有代表性的样本中儿童每天进行各项活动所花费的时间总量，与 1981 年类似样本儿童进行相同活动所花费的时间总量。[9] 结果显示，从 1981 年到 1997 年，6～8 岁的儿童在学校花费的时间增加了 18%，在家做作业的时间增加了 145%，与父母购物的时间增加了 168%，在家与人交谈的时间减少了 55%，看电视的时间减少了 19%，而玩耍的时间则减少了 25%。这一切都发生在 16 年的时间里，大约历时半代人。在这项研究中，"玩耍"的类别包括室内玩耍，如桌面游戏和电子游戏，以及室外玩耍。我们只能假设室外玩耍时间的减少在 25% 以上，因为在此期间，室内玩耍如玩电子游戏的时间肯定有所增加——1981 年，孩子们玩电子游戏的时间基本为零。另外据统计，1997 年，6～8 岁的孩子平均每人每周花在玩耍（包括玩电子游戏）上的时间是 11 个小时多一点。在后续一项研究中，使用同样的方法，霍弗尔兹和她的同事发现，从 1997 年到 2003 年这 6 年时间里，这个年龄段的孩子花在家庭作业上的时间持续增加了 32%，而花在玩耍上的时间则进一步减少了 7%。[10]

当父母被问及为什么他们的孩子不经常在户外玩耍时，他们通常会提到孩子自己的偏好以及他们对安全问题的担忧。特别一提的是，他们常会提到电视和电子游戏充满诱惑力的特质。[11] 然而在一项大型研究中，孩子们在谈论起他们的玩耍偏好时，"和朋友在户外玩耍"高居榜首。与其他特定活动进行成对比较时，89% 的孩子说比起看电视，他们更喜欢和朋友一起在户外玩耍；86% 的孩子说和朋友一起在户外玩耍要胜过玩电子游戏。[12] 如今孩子们在电子游戏上花的时间如此之多，也许部分原因是电子产品是一个可以让他们在没有成年人的干预和指导下自由玩耍的"空间"。许多孩子不被允许在户外自由地玩耍，即使可以，他们也很难找到同伴一起玩耍，所以他们只能在室内玩耍。当然，这并不是电子游戏盛行的唯一原因。玩电子游戏很有趣，孩子们也能从中学到很多东西，但是从身体健康、了解真实的世界以及学习如何与同伴相处这些方面来说，和朋友在户外玩耍是无可替代的。

年轻人群中心理疾患的增加

自由玩耍时间的削减以及追名逐利的教育方式已经造成了严重的后果。如今，在任何一个中等收入人群居住的社区，你都可以找到一个典型的孩子，我叫他"埃文"，11 岁。平日里，埃文的妈妈早上 6 点半就得把他从床上拖起来，这样他才能穿好衣服，吃点东西，赶上校车。父母不允许他走路去上学，尽管走路花的时间更少，也更有趣，还能让他锻炼身体，但步行太危险了。在学校里，埃文大部分时间都是安静地坐着，听老师讲课，参加考试，读老师让他读的书，写老师让他写的东西，与此同时做着白日梦，幻想着他真正想做的事情。

学校甚至取消了曾有的半小时休息时间，以防止伤害和诉讼的发生，并为孩子们准备重要性的考试创造更多的时间。放学后，埃文的学习规划也是被父母精心安排妥当的，为的是让他获得技能上的均衡发展，远离在学校之外可能遇到的一些麻烦。他周一要踢足球，周二练钢琴，周三练空手道，周四学西班牙语。晚上回到家，看完电视或玩完电子游戏后，埃文会花几个小时的时间做作业。他的妈妈每天晚上都要在他的作业单上签字，以证明一直在监督他做作业。周末，埃文要参加联盟比赛、上培训学校，也许还能留一点空闲时间在保证安全的情况下和朋友在家里玩一会儿。埃文的父母喜欢吹嘘他参加的各项活动，一再解释说是"孩子自己的选择"，"他喜欢忙碌"。父母觉得埃文现在所做的这一切都是为 7 年后顺利进入他们期盼的名牌大学在做准备。埃文的体质很好，但有时他也会承认自己有点"筋疲力尽"。

埃文是这个社区里成功孩子的典范之一。而街道的另一头是汉克，他被诊断为注意缺陷多动障碍（ADHD），需要服用阿德拉，因为如果不服用这种药，他就无法在学校里安静地坐一整天。有了这种药，他才能熬过那一整天，但这种药夺走了他的食欲，还让他晚上睡不着觉，而且总让他有一种"古怪"的感觉。汉克说，在服药期间，他感觉自己都不像他自己了，他的父母也承认，比起不服药时的状态，汉克在服药期间变得没有那么爱玩了，人也没那么有趣了，心情也没那么愉快了。但他们没有别的选择，因为汉克必须在学校取得合格的成绩，否则他们担心汉克将彻底落后于其他孩子。

当然，并不是所有的孩子都承受着和埃文或汉克一样的痛苦，但现实中确实有太多的孩子经受着和他们类似的问题，很多人在高中毕业时就已感到疲惫不堪，有些人甚至更早。下面这段话摘自我从当地报纸看到的一篇文章，文章的作者是一名 18 岁的高中毕业生，他也许是"大 7 岁的埃文"："我一心想着好好表现，为此身心俱疲，过去两年都没怎么睡觉。我几乎每天晚上都要做五六个小时的作业。我最不想做的事情就是继续上学。"在同一篇文章中，另一位被哈佛大学录取的 18 岁学生描述了他高中最后一年充满压力的生活：除了基本的学业，他还参加了 6 门大学先修课程，同时还参加了摔跤比赛、中提琴演奏、中国黑白肖像画的选修课程。他也感到精疲力竭，上大学之前至少需要休息一年。

我为《今日心理学》（Psychology Today）杂志撰写的博客评论区内，有人发表了这样一条评论，代表了学龄儿童另一个极端的现象："在纽约，孩子们从 4 岁开始上幼儿园。我最好的朋友的儿子去年 9 月入园了。开学两周后，我的朋友收到了老师的来信，说孩子'在学业上落后了'。从那以后，一封又一封的信接踵而至，老师的约谈也越来越频繁。我的朋友一直在努力解决这个问题，为此无数个晚上在家里陪着孩子做练习，可怜的孩子央求能得到允许去睡觉。他们俩都很沮丧，觉得自己很失败。"[13] 令人郁闷的是，这样的评论随处可见。

主观的印象、故事的原型和精选的评论只是一方面，而确凿的证据则是另一方面。那么从统计数据上看，现如今年轻人的心理健康状况与几十年前相比又如何呢？

在过去的半个世纪里，与压力相关的精神障碍疾病在年轻人中的发病率急剧上升。这不仅是因为人们对此类精神障碍疾病的认识增强了，也是因为这类疾病被发现和治疗的可能性增大了。心理学家和精神病学家开发了标准问卷用以评估患者精神问题和精神疾病的严重程度，其中一些问卷已经在年轻人的大样本中使用了几十年，它们代表了精神障碍疾病发病率的真实增长情况。因此，我们可以沿用既往不变的测量方法来考查某些精神障碍疾病的发病率随时间而发生变化的趋势。

例如，自 1952 年以来，泰勒显性焦虑量表（MAS）就被用于评估大学生的焦虑水平，此量表的儿童版也从 1956 年起被用来评估小学生的焦虑水平。另外，自 1938 年起，明尼苏达多相人格测验（MMPI）被发放给大学生进行测试，此量表的青少年版（MMPI-A）也自 1951 年起被用来对高中生进行测试。MMPI 和 MMPI-A 旨在对多种心理问题和心理疾病的严重程度进行评估，包括抑郁症。

所有这些问卷都包含对自我的陈述，受访者必须对这些陈述表达同意或不同意。例如，MAS 中有这样的陈述："我经常担心不好的事情会发生""大多数时候我都感到愉快"等。第一项如果回答"是"则会增加焦虑得分，第二项如果回答"是"则会减少焦虑得分。再例如，在 MMPI 中，有一项表述是"对我来说未来似乎没有希望"，这一项如果回答"是"则会增加抑郁得分。

美国圣迭戈州立大学的心理学教授琼·特文格（Jean Twenge）对年轻人在这些问卷测试中的分数随时间而发生的变化进行了普通的分析，结果确实令人沮丧。根据这些问卷的测试方法，自其被开发以来的几十年里，儿童、青少年和大学生的焦虑和抑郁水平呈持续性、线性且大幅度增长，以致当今大概有 85% 的年轻人在测试中的得分高于 20 世纪 50 年代同一年龄段人群的平均得分。换个角度看，与 50 年前相比，如今得分高于显著焦虑障碍或重度抑郁的临床诊断分数标准的年轻人，增长了 5 ～ 8 倍。而以上谈到的增幅情况在小学生和高中生中同样显著，甚至可能增幅更大。[14]

在特文格与同事进行独立研究的同时，心理学家卡桑德拉·纽瑟姆（Cassandra Newsom）和她的同事分析了 1948—1989 年间收集的 14 ～ 16 岁青少年在 MMPI 和 MMPI-A 测试中的得分情况。[15] 他们的研究结果与特文格的研究结果类似，其文章中的一些表格展现了在 1948 年和 1989 年，青少年对特定问卷项目的反应，当时测试了大量的规范性样本。表 1-1 展示的是其中 5 个变化最大的问卷项目的对比。[16]

更令人警醒的是，自杀率的上升可以显著表明年轻人心理健康状况的下降趋势。自 1950 年以来，美国 15 岁以下儿童的自杀率翻了两番，15 ～ 24 岁人群的自杀率升高了不止一倍，25 ～ 40 岁成年人的自杀率仅略有上升，而 40 岁以上成年人的自杀率竟然下降了。[17]

表1-1　1948年和1989年青少年5个最大的变化指标		
	1948年	1989年
"大多数清晨我醒来时精神抖擞，精力充沛"	74.6%	31.3%
"我的工作压力很大"	16.2%	41.6%
"生活对我来说很多时候是一种压力"	9.5%	35.0%
"我要担心的事情实在太多了"	22.6%	55.2%
"我害怕失去理智"	4.1%	23.4%

自杀率在年轻人群中的增长似乎与更大的世界中实际存在的危险和不确定性无关。它也与经济周期的变化、战争或其他各种国内外事件无关，人们常常认为这些大事件会影响年轻人的精神状态，但在美国经济大萧条时期、第二次世界大战时期以及动荡的20世纪60年代和70年代初，美国儿童和青少年的焦虑和抑郁水平远低于现在。比起世界的本来面貌，年轻人精神健康状况的变化似乎更多地与他们看待世界的方式有关。

关于焦虑和抑郁，可以肯定的一点是，其与人们对自己生活的掌控感高低密切相关。比起那些相信自己能够掌控自己命运的人，那些认为自己是环境的受害者而无力掌控环境的人更容易变得焦虑或抑郁。你可能认为，在过去的几十年里，人类个体的掌控感一直在增强：人类防治疾病的能力已取得了真正的进展，人们过去因文化误导对种族或性别产生的各种偏见也已明显减弱，而且现在的人普遍比几十年前的人生活得更为富有。然而数据显示，年轻人对自己命运的掌控感却在不断降低。

掌控感的标准测量方法是一项名为"内外控量表"的问卷，由心理学家朱利安·罗特（Julien Rotter）在 20 世纪 50 年代末开发而成。这套问卷由 23 组陈述句组成，每一组包含两个陈述句，分别代表内在控制即自我控制倾向的信念，以及外在控制即受外部环境控制倾向的信念。被试必须从中选出哪一句更符合自身的情况。例如，有一组是这样的：（a）我发现注定要发生的事情一定会发生；（b）对我来说，与其相信命运的安排，还不如下定决心采取明确的行动。被试如果选择（a）则代表外在控制倾向，选择（b）则代表内在控制倾向。

特文格和她的同事们分析了许多研究结果，这些研究源自 1960—2002 年间使用内外控量表在大学生群体和 9～14 岁青少年群体中进行的测试。他们发现这两组人群在这几十年中的测试平均分发生了急剧的变化，从内在控制倾向的一端不断向外在控制倾向的一端靠近。由此可知，生活在 2002 年的年轻人比生活在 20 世纪 60 年代 80% 的年轻人更倾向于外在控制，或者说更倾向于声称自己缺乏自我掌控感。在这 42 年的时间里，年轻人外在控制倾向水平的上升与焦虑和抑郁水平的上升呈现出相同的线性趋势。[18]

我们有充分的理由相信，外在控制倾向的增加与焦虑和抑郁水平的增加之间有因果关系。临床研究人员反复表明，对儿童、青少年和成年人这三个群体来说，与外在控制倾向相关联的无助感容易使人感到焦虑和抑郁。[19] 当人们相信自己几乎不能或根本无法掌控自己的命运时，他们就会变得焦虑："可怕的事情随时都有可能发生在我身上，而对此我无能为力。"当焦虑和无助感变得过于沉重时，人们就会变得抑郁："尝试是没有用的，我注定会失败。"研究还表明，比起那些具有内在控制倾向的人，具有外在控制倾向的人不太可能会为自己的健康、未来和他们所在的社区负责。[20]

儿童自由度的下降与心理障碍的增加

正如任何一位优秀的科学家都会告诉你的那样，相关性并不能证明因果关系的存在。观察发现，随着自由玩耍时间的减少，在年轻人中，焦虑、抑郁、无助感和其他各种心理障碍都在增加，这本身并不能证明是前者导致了后者。然而，我们可以为这种因果关系找到一套强有力的逻辑性解释。

自由玩耍是大自然教育孩子的方式，它让孩子们意识到自己并不是无助的。孩子们只有在远离大人的环境中玩耍，才能真正具备掌控能力，并练习如何坚定地巩固这种掌控能力。只有在自由玩耍中，孩子们才能学会自己做决定、自己解决问题、自己制定并遵守规则，并在平等的伙伴关系中学会与他人友好相处，而不是以顺从或叛逆的附属关系与他人打交道。在户外玩耍中，孩子们需要消耗大量的体力，他们故意给自己制造适度的恐惧感，比如荡秋千、滑滑梯、爬攀爬架，或玩旋转游戏、爬树，甚至是从楼梯扶手上滑下来……由此他们不仅学会了控制自己的身体，也学会了控制自己的恐惧。

在社交游戏中，孩子们学会了如何与他人协调关系、如何让他人开心，以及如何调节和克服可能由冲突而产生的愤怒情绪。作为一种自然的方式，自由玩耍也可以帮助孩子们发掘自己所热爱的事物。在游戏中，孩子们会尝试各种活动，并从中找到自己的天赋和爱好。以上这些均无法通过上课等口头的方式来传授，孩子们只能通过体验的方式来学习，而这正是自由玩耍所提供的学习方式。在玩耍中占据主导地位的情感是兴趣和快乐。

相反，在学校，孩子们不能自己做决定，他们的"工作"就是按照吩咐去做事。在学校，孩子们知道重要的是考试成绩。即使在校外，孩子们也正越来越多地生活在由成年人设定的指导、保护、照顾、排名、评判和奖惩机制之下。

在美国东北部一些富裕的郊区所进行的一系列研究中，心理学家苏尼亚·卢塔尔（Suniya Luthar）和她的同事们发现，以下这类孩子最容易感到焦虑或抑郁：来自父母的学业压力较大，从一项课外活动转换到另一项课外活动的次数极为频繁。[21] 每当父母增加孩子们的在校时间或由成年人指导的校外活动时间而减少他们自由玩耍的时间时，就进一步减少了孩子们学会控制自己生活的机会，以及了解到自己并不仅仅是周围环境和各种不可控因素受害者的机会。

多年前，心理学家米哈里·希斯赞特米哈伊（Mihaly Csikszentmihalyi）[①] 和杰里米·亨特（Jeremy Hunter）针对公立学校六年级到十二年级学生的快乐和不快乐的情绪进行了一项研究。他们让 800 多名参与者在持续一周的时间里佩戴一种特殊的手表，这些参与者来自全美 12 个不同的社区、33 所不同的学校，经编程设定，这些手表会在早上 7 点半到晚上 10 点半之间随机发出信号，每当信号发出，参与者就要填写一份问卷，写明他们当时在哪里，正在做什么，以及他们此刻快乐或不快乐的程度。调查结果显示，孩子们在校时的幸福感最低，而离开学校和朋友们聊天或玩耍时的幸福感最高，他们和父母相处时的幸福感处于中等水平。孩子们在周末时的幸福感平均水平会上升，但从周日下午晚些时候直到周日晚上，由于预想到即将到来的上学日，孩子们的幸福感会直线下降。[22] 面对这样的事实，难道我们还要说，教育孩子的最好方法是强迫他们进入一个令他们感到无聊、不快乐和焦虑的环境之中吗？

这极具讽刺意味。以教育的名义，成年人不断地剥夺孩子们自学所需要

---

① "心流之父"米哈里·希斯赞特米哈伊历时 30 年潜心研究，著成经典之作《创造力》（*Creativity*），纵览 91 位卓越创新者的传奇人生，揭开 14 位诺贝尔奖获得者的创新秘诀。该书中文简体字版已由湛庐引进，浙江人民出版社于 2014 年出版。——编者注

的时间和自由；以安全的名义，成年人还剥夺了孩子们用来培养自身理解力、勇气和自信等品质所需要的自由空间，而恰恰是这些品质使孩子们能够冷静地面对生活中的危险和挑战。美国社会正处于一场日益严重的危机中，因为我们忽视了自然的育儿方法。不仅在美国，如今在每一个发达国家，人们似乎都忽视了孩子们与生俱来的学习能力。**成年人为孩子们创造了一个世界，在这个世界里，孩子们不得不压抑自己的天性，无法担负起自我教育的责任，而是盲目地遵循着成年人为他们规划好的道路。**成年人还创造了一个让众多年轻人变得疯狂的世界，这个世界足以让他们中的许多人无法发展出担负起成年人责任所需要的自信和技能。

然而，公众从专家和政客那里听到的呼声是要求加强而不是减少学校教育中对孩子们的限制。他们想要更多的标准化考试、更多的家庭作业、更严格的监督、更长的在校时间和学年以及更多的处罚措施，以此来阻止孩子们诸如请一两天假用于和家人一起出游玩乐这样的行为。在这一方面，各级政府部门似乎达成了统一的意见：更多的学校教育和考试比更少要好。

现在，懂得更多真相的人是时候站出来对抗这一可怕的趋势了。孩子们不需要更多的学校教育，他们需要更少的学校教育和更多的自由。他们还需要足够安全的环境去玩耍和探索，他们需要畅通的渠道以获取工具、想法和他人包括玩伴的支持，以帮助他们沿着自己选择的道路前行。

这本书不是为了批评和抱怨，而是为了寻找希望及改进方法。这本书是写给那些拥有内在控制倾向的人、那些想要做些事情让世界变得更好的人，而不是写给那些轻易放弃的人："事情本就这样，我们不妨接受它。"正如我接下来要写的那样：自然选择赋予了人类的孩子自我教育的强大本能，成年人却愚蠢地要去剥夺孩子们发挥这些本能所必需的环境条件。

第 2 章

我们从祖先那里学到的知识

> 朱瓦西部落的孩子就是我们理想中的孩子，
> 在这种文化中长大的孩子，
> 最聪明可爱，最自信阳光。

—— 伊丽莎白·马歇尔·托马斯　部落研究学者，美国知名作家

The Ju/'hoan children were every parent's dream.
No culture can ever have raised better, more intelligent,
more likable, more confident children.

　　遍访半个世界，我努力寻找能够逃离像埃文和汉克承受的那种教育压力的孩子，最终找到了奎。恰好同为 11 岁的奎成长于一个相信孩童直觉与判断的文化环境。他出生于非洲卡拉哈里沙漠的一个狩猎—采集部落，属于朱瓦西部落的一支。这里的人们遵循孩子的天性直觉来养育，所以奎不用上学，没有固定的时间安排表，每天睡到自然醒，整日随心所欲。他有时在家附近玩，有时跑到离家很远的地方玩，不同年龄的孩子在一起玩耍，没有成年人的看管。这里的家长认为，孩子有自己的判断，知道什么该做什么不该做，不需要待在父母身边，孩子们每天遇到的事情都充满了机遇和挑战，他们可以从中学习。

　　奎和他的伙伴在活动中边玩边练习所有部落生活所需要的技能，不用别人强迫，因为他们想成为能干的大人。他们不停地寻找、跟踪并尝试捕捉小动物，比如蝴蝶、鸟类、老鼠甚至更大的猎物。他们搭建小屋、制造工具，看上去和大人做的一样。他们特别喜欢夸张地模仿动物的声音和行为，比如羚羊、角马、狮子以及其他几十种动物，只有了解这些动物的习性，才能成为捕猎高手，才能更好地保护自己免受捕食动物的攻击。他们有时还会进行角色扮演，一人扮演一种动物。他们还会认真学习并效仿本族或其他部落的大人说话、做事的样子，非常夸张搞笑。有时他们会大胆地潜入灌木丛深处探索隐秘之地，他们奔跑、追赶、攀爬、投掷、载歌载舞，身体也因此变得更加协调、健康。他们弹奏熟悉的朱瓦西部落歌谣，也编创新的曲子。这些活动孩子们自己想干就干，没有人强迫，也不用接受考核。虽然有时大人，尤其是年轻的成年人为了"找乐子"会和他们一起玩，但没人想着要教孩子怎么玩。奎和他的伙伴有时也会加入大人发起的游戏和跳舞活动，但一切全凭意愿。

这是自然本真的童年生活方式。

总的来讲，我们都来自狩猎—采集部落。几十万年来，物竞天择，人类选择了这种生存方式。人类学家恰如其分地把狩猎—采集的生活方式描述为人类迄今为止唯一稳定的生活方式。[1]农业活动仅仅出现在距今一万年前，最先出现在新月沃地①，随后在世界各地大量出现。[2]自此，人类的生活方式日益变化，这种变化远远超过了自然选择的速度。我们不得不尽可能地适应这些变化，通过生物学机制的不断进化来满足我们作为狩猎—采集者的需求。如果人类最早出现在100万年前，那么在这段漫长的历史中，人类99%的时间都在狩猎、采集。[3]

随着农业、工业和现代生活方式的不断演变，现在的人类已经没有真正

---

① 指西亚、北非地区两河流域及附近一带的肥沃土地。——译者注

意义上的狩猎—采集生活了。然而，就在 20 世纪七八十年代，甚至距离现在更近一些的时候，人类学家长途跋涉，深入了一些人迹罕至的地方，在那里，他们还能发现几乎未受外界发展影响的狩猎—采集部落。实际上，在我写作这本书的时候，许多人类学家仍在对某些部落进行研究，尽管这些部落与外界有交易往来，但他们一直沿袭着祖先的理念和习俗。当然，这些部落的成员并非大部分美国人的先人，但我们有理由相信，虽然他们的部族文化同美国今天的文化相距甚远，却与农耕文明之前的文化十分相似。

今天研究者们在世界各地发现的狩猎—采集部落在很多方面有所不同，如栖息地、语言、仪式和艺术形态。① 然而，不管是在非洲、亚洲、南美洲还是世界上的其他地区，这些部落在某些基本习俗上却惊人地相似。他们有相似的社会结构、价值取向和育儿方法。正因为这些共性，人类学家可以把整个狩猎—采集文化看成一个整体，这样可以更加确信，在基本层面上，狩猎—采集部落可以代表人类农业社会早期的社会形态。[4] 截至目前，人类学家们深入研究过的除了朱瓦西部落，还有生活在坦桑尼亚热带雨林的哈兹达部落、生活在刚果共和国和中非共和国热带雨林的阿卡部落、生活在马来西亚的巴特克部落、生活在菲律宾吕宋岛的阿埃塔部落以及生活在巴拉圭东部的亚契部落等。

本章主要介绍狩猎—采集部落的生活习性和后代教育问题，同时涉及这些部落特有的文化特征。在我看来，教育就是文化的传承，是人类任一群体的新生代从本族前辈那里获取知识技能、构建价值取向的一系列过程。了解狩猎—采集部落如何抚养和教育后代，先要了解他们的文化价值。

---

① 本章采用人类学领域所说的民族志现在时的方式来描述狩猎—采集部落的习俗，即以研究进行的时间为现在时态，即便那些习俗今天已不复存在。

自主，共享，平等[5]

狩猎—采集部落一般成员不多，加上孩子也就 20 ~ 50 人。他们在广阔但界限清晰的区域内四处活动，寻找猎物和果树。几乎所有研究者都认为这些部落的核心价值取向是"自主、共享和平等"，[6]生活在现代社会的我们虽然也秉承这些价值取向，但重视和理解程度远不及这些部落。

狩猎—采集者的自主意识强大到连同伴都不知道彼此的计划。他们甚至不会主动给彼此提建议，以免产生干涉他人自由的嫌疑。只要没有干涉他人自由、没有触犯部落禁忌，任何时候、任何人都可以自主决策，即便是孩子。但是私藏食物或使人负债是不被允许的，因为这违背了共享原则。

从经济学角度来看，共享是狩猎—采集部落的主要目的。大家自由分享技能、协作获取食物、共同抵御外敌入侵并抚养后代，他们在部落内部甚至部落之间分享食物和其他物资。显然，这种坦诚分享是部落成员们能在如此艰难的条件下长期生存的关键。如今，分享成了一种值得赞扬的慷慨品质，被分享者应该向分享者道声感谢，或者在未来以某种形式予以回报。而对狩猎—采集者而言，分享既不是什么慷慨之举，也不是什么有意图的交易，而是职责所在，违背共享原则的人会受到嘲笑和指责。[7]

在部落中，与自主和共享紧密相联的另一原则是人类学家理查德·李（Richard Lee）提出的"绝对平等主义"，[8]即任何人都不优越于其他人，任何人的财产也不多于其他人。这种平等绝不是今天西方社会所说的机会平等，而是与部落成员们的自主意识相辅相成的，因为不平等会使财产多的人自我感觉优于其他人，从而去支配财产少的人。

当然，部落成员们明白，有些人擅长狩猎和采集，有些人擅长协调和沟通，还有些人擅长唱歌跳舞……这些技能都很珍贵，但绝不能被过度炫耀，拥有这些技能的人也不能过度凌驾于他人之上。为了打击吹嘘炫耀、拒绝分享以及其他违背部落原则的行为，他们惯用的方式是嘲弄和孤立。[9] 起初，人们会嘲讽这些不适当的行为，可能会编写一首歌谣来奚落违背了原则的人，歌词里写着某某"真了不起""真是高级猎手"等。如果这个人继续这种行为，其他人就会孤立他，对他视而不见。这些举措极其有效，能够让违背原则者改邪归正，因为如果身边的人都看不起你，你也就很难维持自己"大人物"的形象了，而且为此而让大家都疏远自己，实在是不值得。

正是因为高度重视自主和平等的观念，狩猎—采集部落没有"大人物"或"首领"一说，而这在原始农业社会以及采集社会中却很常见，部族首领负责制定决策。许多狩猎—采集部落根本没有固定的首领，或者只有名义上的首领，负责与其他部落联络，但他的决策权绝不会比其他部落成员大。关乎整个部落的事情，比如营地迁移，则需要所有部落成员共同讨论做出决策，从达成共识到计划实施有时只需要几个小时，有时则需要数天，女人和男人一同参与讨论，孩子也可以发表意见。任何一个部落里都有能者，他们更有影响力，但是这种影响力必须建立在考虑所有人想法的基础上，通过劝说他人或者找到折中的办法来实现。[10]

凸显信任的育儿方式

很多研究者把狩猎—采集者对待孩子的普遍方式称为"宽纵"，但确切地说应该是"信任"。家长和孩子之间的这种相处方式与部落盛行的平等、自主精神息息相关，大人之间的相处方式亦是如此。遵循孩子的天性似乎是他们育儿和教育理念的核心，他们认为孩子按照自己的意愿学习需要掌握的技能，等他们长大成人，自然会运用自己的技能为部落的发展贡献力量。下面是研究者对这种育儿理念的评价，每一条都来自研究不同部落的学者。

- 澳大利亚的土著部落里，家长对孩子太宽纵了。有的孩子四五岁大了竟然还在吃母乳。而且他们从不会体罚自己的孩子。[11]
- 狩猎—采集部落里，家长不会给孩子下命令。比如，没有家长对孩子说"睡觉时间到了"。晚上，孩子待在父母身边，累了就睡了……在巴西的土著部落，家长既不会责骂或鞭打孩子，也不会有其他过激的行为。他们也不会表扬孩子或记录孩子的成长过程。[12]
- 委内瑞拉的土著部落里没有"你的孩子""我的孩子"这样的说法，他们的字典里没有谁管谁一说，无论老少，每个人都有自己的价值，不会有人有影响他人的念头，更不会有强迫他人的想法。孩子想做什么全凭本心。[13]
- 因纽特部落的孩子可以根据自己的能力去探索周边世界，大人基本不干涉。如果孩子捡到危险品，家长一般也不会提醒，而是让他们自己发现。他们相信孩子知道自己在干什么。[14]
- 朱瓦西部落的孩子很少哭，可能他们也没什么好哭的。没有人呵斥或体罚孩子，他们也很少被责怪。绝大多数孩子在进入青春期以前都很少被大人劝诫，如果真要责骂，大人也会小声地说。[15]

今天，大多数人觉得这样的宽纵会让孩子娇生惯养，长成无理取闹的人。而实际上，在狩猎—采集部落完全不是这样。关于宠溺孩子，最早研究朱瓦西部落的研究者之一伊丽莎白·马歇尔·托马斯（Elizabeth Marshall Thomas）回应道："我们有时被告诫，对孩子太好会宠坏他们，那是因为告诫你的人不知道善待孩子到底有多少好处，比如能使孩子远离沮丧、焦虑的情绪，培养孩子阳光的性格和懂得与他人合作的品质……朱瓦西部落的孩子就是我们理想中的孩子，在这种文化中长大的孩子，最聪明可爱，最自信阳光。"[16]

鉴于狩猎—采集部落对孩子放任、宽纵的态度，也就不难理解为什么这些部落里的孩子大部分时间都可以自由玩耍、探索世界。几百年的经验传承让部落的长辈们相信，孩子在自由玩耍、探索世界的过程中能够自我成长。[17]为了更好地了解部落儿童的生活，我和我的学生乔纳森·奥加斯（Jonathan Ogas）对 10 名杰出的研究者进行了问卷调查[18]，以了解他们在所研究的部落中对儿童生活的观察情况。关于"在你研究的部落，孩子们有多少自由玩耍的时间"这个问题，几乎所有人都给出了一致的答复：差不多每天从早到晚都能随便玩。下面给出的是 3 个典型的回答。

- "不论男孩女孩，他们差不多每天都能随意玩。"——非洲南部纳罗部落研究者艾伦·巴纳德（Alan Barnard）
- "孩子们差不多都能一直玩、随意玩，等他们快 20 岁时，家长才会指望他们做正事。"——马来西亚巴特克部落研究者卡伦·恩迪科特（Karen Endicott）
- "15 ~ 17 岁前，男孩可以整天随意玩；女孩差不多整天都在玩，其间会干点儿小活或者帮忙带孩子。"——非洲中部埃菲部落研究者罗伯特·贝利（Robert Bailey）

这些答复与已公开发表的研究报告是一致的，在一项对朱瓦西部落儿童活动的正规研究中，人类学家帕特里夏·德雷珀（Patricia Draper）得出结论："女孩 14 岁左右才开始定期从事采摘、打水、拾柴活动……男孩至少要到 16 岁才真正开始加入捕猎活动……孩子干的活真的是少得可怜。"[19] 非洲坦桑尼亚热带雨林的哈兹达部落常被看作特例，因为这个部落的孩子会参与一小部分生产活动，他们自己的食物大多也是自己找的。一项研究表明，

哈兹达部落 5 ～ 15 岁的孩子每天只有两个小时在营地附近植被茂密的地区
觅食，而且即使在觅食，他们也是一边搜寻食物一边玩耍。[20]

　　虽然狩猎—采集部落的家长不会刻意控制、指导或者鼓励孩子学习，但
他们会通过回应孩子的诉求来辅助孩子学习。[21]他们允许孩子玩大人的工具，
即使有些工具具有潜在危险，比如刀、斧，因为他们明白孩子在玩这些工具
的过程中也会掌握使用工具的方法，同时相信孩子不会笨到去伤害自己。不
过也不是什么都让孩子玩，像刀尖带毒的飞镖或是带毒的箭头就得放得远远
的，孩子想玩也碰不着。[22]这些部落的家长也会做些小弓箭、小挖掘棍、小
篮子以及其他工具给孩子们，甚至是刚会走路的幼儿玩耍。他们允许孩子观
看和参加几乎所有成年人的活动，全凭自愿。孩子们喜欢围着大人转，稍大
一点的孩子会爬到父母的大腿上，观摩或"帮助"他们做饭、摆弄乐器或者
制作打猎的武器和其他工具，大人们极少会把孩子支开。德雷珀描述了这样
一个典型场景：

　　　　一天下午，一个朱瓦西部落的男人在打磨几个金属箭头，我在
　　一旁看了两个小时。他的小儿子和小孙子都不到 4 岁，就坐在他腿
　　上，对他推推搡搡，想要从锤子下面拿走箭头。当孩子的手快被锤
　　子锤到时，他就停下来，等小手离锤子远一点了，再继续捶打。虽
　　然他也会告诫孩子们当心，但他不会生气，也不会把孩子们赶走，
　　孩子们也不管大人的警告，继续伸手够箭头。最后，大概过了 50 分
　　钟，两个孩子才走远了几步，和旁边躺在阴凉处的大孩子们玩。[23]

　　当孩子请求大人教他们做事或帮助大人做事的时候，这些部落的家长会
同意并照办。有位研究者这样描述："分享和给予都是狩猎者的核心价值，
个体所知应该公开分享，如果孩子想学习一些经验和技巧，他人也有义务分
享。"[24]狩猎—采集者还会通过讲故事来传授知识，诸如捕猎时的冒险经历、

造访其他部落的经历，以及部落中过往的大事件。托马斯提到，在她研究的部落里，六七十岁的妇女特别擅长讲述以前发生的大事。[25] 故事并不是专门讲给孩子听的，但孩子们听到后能领会其中的意思。狩猎—采集部落的孩子们自己掌控自己的学习，部落里所有的大人以及其他每一个孩子都是学习资源。

知识和技能

千万不要认为狩猎—采集部落的文化比现代社会的"简单"，更不要认为部落里的孩子所学的东西比我们身边的孩子少。部落生活需要掌握的知识和技能非常多，而且因为缺乏职业专门化的分工，每个孩子都必须全能，或者至少掌握自身性别所需范围内的知识和技能。

狩猎本身对经验和技巧的要求就很高。与狮子、老虎、豺狼等肉食动物不同，我们人类在奔跑速度和力量上都不适合捕猎，只能运用技巧和智慧。部落男性以及同样参与狩猎的女性对他们经常捕捉的两三百种动物的习性必须非常了解，他们可以通过声音、足迹和长相来辨认动物。多年前，路易斯·利本伯格（Louis Liebenberg）写过一本书，主要介绍复杂的科学推理，其中着重阐述了狩猎—采集者追踪猎物的本领。[26] 狩猎者根据猎物在沙子、泥土和落叶上留下的痕迹，结合以往经验判断猎物的大小、性别、身体状况、移动速度以及经过时间。这种跟踪方法不仅可以让狩猎者寻找并尽可能地接近猎物，而且对于追捕受伤的动物也至关重要。狩猎者通常使用有毒的弓箭和飞镖来打猎，毒性发作需要时间，有时体形大的动物需要跟踪好几天才会死亡，然后被带回营地。

人类学家阿尔弗雷德·万恩鲍（Alfred Wannenburgh）在介绍朱瓦西人的跟踪能力时这样写道："他们不放过任何细节，对每一个细节都会认真思虑并一起探讨。被踩倒的草叶、灌木条折断的方向，以及足迹本身的大小、深浅、形状和方向都能说明动物的状况，如逃跑方向、速度、下一步可能的去向。"[27] 关于同样的问题，托马斯写道："在六七只大小相当的羚羊一起行进的情况下，要是能辨认出捕杀的那只目标羚羊，那绝对是掌握了一门受赏识的技术，尤其是当所有足迹都很模糊时。沙子与众多脚印混在一起，即便是最小的痕迹，比如羚羊脚印上有爬虫爬过的痕迹，也能提供信息，尤其是那些在比较高的温度下才会出来走动的爬虫留下的痕迹。"[28]

狩猎用的各种工具，比如淬毒或无毒的弓箭、吹管，以及长矛、陷阱、捕网、淬毒的飞镖等，都必须精心制作、力求完美，这需要纯熟的技艺；而在使用它们时，更要求技艺精湛。万恩鲍研究的部落最擅长使用工具狩猎，其他任何有记载的部落都望尘莫及。[29] 大部分研究者谈及此事都深表震惊。大量关于成功狩猎的研究表明，虽然 20 多岁的男性身体状况最佳，但最厉害的猎人往往不是这个年龄段的年轻人，而是 30 岁、40 岁甚至更年长的猎人，因为要想成为顶级猎手，需要多年的经验和技巧的沉淀。[30]

部落里极其重视狩猎技能，是被大家每日讨论且公认难以上手的事，孩子们成长在这样的文化环境里，自然就会通过玩耍的方式不断探索成为高超猎手的技巧。我和团队调查过的所有部落研究者都表示，他们所研究的部落里的男孩，大部分时间都在玩寻找、打猎的游戏。其中两名研究阿埃塔部落的研究者说，在这个无论男女都参与打猎的部落，男孩女孩都经常玩打猎游戏。

狩猎—采集部落的孩子早在 3 岁就开始同伙伴一起追踪动物了，[31] 他们会用自己的小弓箭射击固定的靶子、蝴蝶和蟾蜍。等到 7 岁多，他们便可以捕杀可食用小动物，然后模仿大人带回大猎物的样子，把猎杀的小动物绑在棍子上带回营地。等到 10 岁，他们便能给部落贡献小部分的日常肉食。到了 13 岁多，他们就可以同大人一起出行捕杀大型动物，边看边学。大约 16 岁时，带着当初那份玩乐的心态，这些孩子可能已经成为真正的猎手了。

同样，采集也需要很多技巧。人类不像近亲猿猴那样，可以直接吃随处可见的树叶，人类需要富含营养的植物，而这需要费力寻找、筛选及加工。在不计其数的植物根茎和果实中，部落成员必须知道哪些是可以食用的、哪些营养丰富、在哪里可以找到，以及如何高效地采挖和提取，还有一些需要了解如何处理才能食用或营养更高。[32] 采集所需的技能既包括多年磨炼的身体素质，也包括对大量口头传承知识的记忆、提取、增补和修正。研究表明，部落女性大约在 40 岁前，都在积累采集加工食物的技能，这个时长和男性狩猎经验的积累时长相当。[33]

部落的孩子学习采集的方法同学习狩猎一样，或从故事中学习，或同妈妈及其他大人一起外出觅食，在实践中学习。孩子们在营地观看大人怎么加工食物，方便的时候会"搭把手"。他们如果愿意的话，还可以玩挖掘棍，或拿研磨棒在研钵里捣饬。孩子们还会设计新玩法，其中就包含怎么寻找和鉴别植物。有时，他们也会请教大人给予口头指导。阿卡部落的妇女曾说，从小，父母就会在他们面前摆上各种蘑菇和芋头，说明哪些能吃、哪些不能吃，教他们辨认的方法。[34]

每个部落的男孩和女孩基本都会自觉地分开玩，但是也没那么绝对。多数情况下，男孩比女孩更愿意玩打猎以及其他以男性为主导的游戏，一般都是各年龄段的孩子混在一起玩，小的 4 岁左右，大的 16 岁左右，小孩子会向大孩子学习。虽然他们也会向大人请教，不过多数情况下还是让玩伴来当自己的老师。

接受调查的研究者还提到，部落孩子经常在游戏中模仿各种大人的活动，不仅是狩猎和采集，还包括照顾婴儿、攀爬树木、制作藤梯、搭建小屋、制作工具、制作木筏、生火做饭、抵御假想敌、模仿动物（一种辨认动物、了解习性的方法）、唱歌跳舞、叙事论辩等。部落里传承下来了丰富的音乐、舞蹈和故事，所以制作和演奏乐器、跳舞、讲故事成为孩子们玩耍的一部分也就不足为奇了。根据各自文化的差异，孩子们还会制作珠串或其他精美的艺术品。

部落成员的户外生活要求他们不论男女老少都得时刻保持强健的体魄，这也是为了更好地逃离、防御肉食性动物。在农业社会和工业社会，男孩参与剧烈运动类游戏的情况普遍比女孩多得多，而在部落里，无论男女都要大量参与此类活动。[35] 他们相互追赶着玩，还会根据当地的地理条件，或爬上树枝、飞来荡去，或跳跃游泳、搬移重物，展示各种杂艺。部落成员们还会在舞蹈中练习优美、协调的肢体动作。舞蹈和类似跳舞的游戏在几乎所有狩猎—采集部落文化中都很流行，这些游戏既是合作练习，也是流畅的动作练习。

社交技巧和价值观

部落里的家长允许孩子同其他人一起玩，没有时间限制，孩子们可以最大限度地在同他人玩耍时锻炼生活中最重要的社交技巧并培养价值观。社交游戏，即多人一起玩的游戏，本质上是不断关注他人需求、同他人合作并最终达成一致意见的过程。

游戏遵守自愿原则，不想玩的人可以随时退出。在社交游戏里，每位玩家都知道，谁玩得不开心了就会离开，如果离开的人多了，游戏也就玩不下去了，要想一直玩下去，就不能只考虑自己的需求，也要照顾他人的想法。想和同伴一起玩的强烈愿望是孩子们体谅他人、通过沟通解决分歧的动力。如今有很多研究表明，即便是学龄前儿童，在玩耍的过程中也存在很多协商（第 8 章会进一步阐述）。社交游戏的一个重要目的就是帮助孩子学会尊重并平等地对待他人，虽然每个人身高有高有矮、力量有大有小、能力有强有弱，但孩子们仍要找到平衡每个人需求的方法。这些技能在任何社会环境中都需要，而在部落，则是对生存至关重要的。每个人都需要其他人的帮助和支持，为此，部落里的人也需要知道如何帮助和支持他人。

前面提到，在部落里经常是不同年龄段的孩子一起结伴玩耍，即便只想和自己的同龄人玩也不太可能，因为部落的规模一般较小，新生儿出生的时间相距很远，很难找出几个仅相差一两岁的孩子。对人类文化的研究表明，混龄游戏与同龄游戏有质的区别，[36] 前者的竞争没那么激烈，更有利于孩子的成长。不同年龄的孩子一起玩的时候，每个孩子都会竭力扮演好自己的角色，很少或几乎不会考虑要把对方打败，因为当孩子们的年龄、身高、力量相差很大时，证明谁比谁更强就没有多大的意义了。不同年龄段的孩子一起玩，再加上文化中的平等观念，使得部落里的孩子都不争不抢，在合作中玩耍。

20 世纪五六十年代，约翰·罗伯茨（John Roberts）和他的同事对全球范围内的游戏活动进行了研究，发现唯有部落文化中的游戏不带有竞争性。[37] 同样，参与我和团队这次调查的研究者也都强调了部落游戏非竞争性的特点。比如人类学家 P. 拜昂·格里芬（P. Bion Griffin）评论说，他发现阿埃塔部落的孩子在玩的时候，唯一的原则是"毫无战胜或击败他人的风气"。洛娜·马歇尔（Lorna Marshall）在介绍部落游戏时指出，朱瓦西部落的游戏大部分是非正式的，不具有竞争性，即便是规则清晰、最终要一分高下的正式游戏，玩起来之后，大家也没有竞争意识。[38] 比如朱瓦西部落5～15岁的孩子，无论男女都经常玩一种叫"zeni"的游戏，游戏需要用到一根大约两米长的皮条，一头绑着一个小重物，另一头绑着一根羽毛。玩家用一根棍子把皮条往天上甩，甩得越高越好，然后皮条往下掉落时，玩家继续用棍子挑住皮条往天上甩。很多孩子技艺惊人，在游戏间很容易出现竞争性，比如比赛看谁扔得高、看谁连续挑出的次数多等，然而马歇尔发现，孩子们只是各自尽力，并没有相互比拼的意思。

部落里的许多游戏都要求玩家们的动作协调一致，这不仅体现在跳舞及类似的游戏活动中，在其他游戏中也是如此。比如，孩子们在用网捕捉动物时，用网扑动物的人和拍打驱赶的人彼此间的配合和大人实际捕猎时的情景一样。再比如摇树游戏，孩子们会合力把树枝压弯，然后除了树上的小朋友，其他人同时放手，这样，树上的人就会被甩得老高甚至飞向空中。[39] 显然，这样的游戏不仅可以让孩子们学会团结协作，也可以建立紧密的纽带关系。

非洲中部姆布蒂部落的研究者科林·特恩布尔（Collin Turnbull）表示，每年收获蜂蜜的季节，部落都会举办庆祝活动，其中一项就是隆重的拔河比赛，全体部落成员都会参加。全体男性包括男孩一起拉着藤条的一端，全体女性包括女孩拉着另一端，男女两队边拉边对唱。特恩布尔描述道："当男队开始占上风时，男队中的一名选手便会加入女队，同时把身上的树皮衣往上提一提，以此假扮成女性的穿着，还会夸张、滑稽地模仿女性的声音，以此来为队伍加油助威。当女队反超时，其中一名女性就会变装成男性，大摇大摆地走向男队，同样模仿低沉的男性声音为队伍加油助威。"特恩布尔还说："每个换装调队的选手都试图比上一个更滑稽搞笑，以引得更多的欢声笑语，直到选手们笑得拉不动，不得不放开藤条，大家一起倒地大笑。虽然男女都会调队，但搞笑扮演者主要还是年轻人……这种揶揄并无敌意，而是带着点理解和同情。这样的方式可以避免因暴力和性别差异引起一队碾压另一队，从而出现愚蠢的竞争。"[40]

　　关于狩猎—采集部落里的婴幼儿与年龄大一些的孩子或成年人一起玩的互让式游戏，也曾有多位研究者做出评论。[41]就连 1 岁甚至更小一点的婴儿，也会高兴地把东西递给比自己年长的人，再接回来，再递出去，这样不断来回地玩。这种给予的喜悦感似乎是所有正常婴儿的本能反应。在美国进行的一系列鲜为人知的实验显示，在 100 多个 12 ~ 18 个月大的婴儿中，几乎每一个都会在短暂的实验中自发地给成年人分享玩具。[42]如今，这样的行为似乎没什么可说的，但在一些部落社会，这种行为会受到高度赞扬。朱瓦西部落的大人会刻意训练婴儿的给予精神，尤其是祖母，会暗示婴儿要给予和分享，比如握住婴儿的手给他人递送珠子。[43]这是我在研究者们对狩猎—采集者行为的描述中发现的一个关于成年人系统、有意地影响儿童玩耍活动的例子。部落生活最看重的品质就是主动地给予和分享。

　　成功的部落成员不仅要会同他人分享和协作，还要懂得如何在不得罪他人的情况下，有效地表达自身的需求和意愿。在社交游戏中，玩家之间沟通规则、分派角色，随时都有锻炼这种表达诉求的能力的机会。此外，孩子们会模仿大人争辩的样子来刻意锻炼这种能力。比如在下面的例子中，特恩布尔介绍了姆布蒂部落 9 岁以上的孩子在玩的时候是如何再现大人争辩的场景并加以发挥的：

　　　　假如前一天大人们在营帐里吵架了，孩子们就会模仿他们看到的争辩场景。每个孩子都扮演一个角色，模仿大人的样子。这差不多可以算是孩子对大人的一种评判，如果孩子们模仿了一次，然后发现大人们争辩过后问题得到了解决，孩子们很可能就不会再模仿了。如果孩子们发现大人们争辩的问题解决得不够好，还有改进的空间，他们就会自行探究一番。如果大人们争辩无效，还导致大家睡觉时心情不好，孩子们就会努力尝试比大人们做得更好，他们还会还原大人们当时可笑的场景，直到大家都笑得四脚朝天。这其实恰到好处地规避了大人间潜在的激烈甚至危险的争端。[44]

自控

部落研究者们经常评论部族成员积极乐观和恬淡寡欲的状态。人类学家理查德·古尔德（Richard Gould）在引用了另一位研究者关于狩猎—采集者快乐情绪的研究以后写道："我也经常能发现生活在澳大利亚吉布森沙漠的狩猎—采集者这种喜欢开玩笑的乐观状态，虽然他们的生活中会有各种困扰，如酷热难耐、苍蝇纠缠、食物短缺等，但这种欢乐似乎是历经频繁苦难后的一种接纳，因为抱怨只会加重苦难。"[45]

部落成员似乎更能接受命运中的曲折，并苦中作乐。让·利德洛夫（Jean Liedloff）在她的现代经典著作《连续性概念》（*The Continuum Concept*）中，对这种在今天看来可能十分"珍贵"的心态做了清晰阐释。作为一名爱冒险的年轻女性，利德洛夫同两名意大利探险者一起远行，前往委内瑞拉热带雨林寻找钻石。其中有一段路，她同这两名意大利人，以及几名从南美洲土著部落雇来的当地人一起行走在炙热、危险的花岗岩路上，艰难地搬运着笨重的独木舟。为了在痛苦的前行中稍作休息，利德洛夫借口要拍摄照片而退到了后面，下面是她以旁观者视角描述的所见所闻：

我前面的几个男人在共同完成一项任务。两名意大利人眉头紧锁，逐渐失去耐心，嘴里不停地用典型的意大利托斯卡纳人的方式咒骂。几名部落成员却很愉快。他们把艰巨的任务当成游戏，边推进、边休息，戏谑独木舟不可用，笑自己擦破了皮。尤其当独木舟摇摇晃晃，把大家一个个压在下面时，他们更是笑得合不拢嘴。有个家伙光着背靠在了烧焦的花岗岩上，等他能再次顺畅呼吸的时候，他又笑得最大声，享受着自己的解脱。当我拍完照重新回到队伍里时，我便放弃了自作聪明的选择，非常真诚地享受起剩下的搬运时光。[46]

后来，利德洛夫和部落成员们以及另外两支南美洲的队伍一起在委内瑞拉生活。令利德洛夫印象最深刻的莫过于部落成员们的娱乐方式、闲适的生活态度以及他们愉快的相处方式，即便在艰难的生活状态下亦是如此。利德洛夫观察他们的时候，他们已经不是真正意义上的狩猎—采集者了，因为他们已经拥有了自己的小园子，作为狩猎和采集之外的补充，但显然他们还保留着部落社会的价值观和生活方式。

相比于我们这种偶尔爱发点小牢骚的人，部落成员在面对困难时保持乐观态度的能力是极强的。这里我必须多举一个例子。伊丽莎白·马歇尔·托马斯在她的书里讲述了一个踩到陷阱的女孩，这个女孩在远离营地的地方踩到了一个野生生物学家布置的捕捉土狼的隐秘铁夹，铁夹上锋利的锯齿扎进了女孩的脚。铁夹牢牢固定在地面上，女孩只能单脚站立，等待救援。几个小时后，刚好在附近捕猎的叔叔远远看见了她的身影，走近了解情况后，发现自己也打不开铁夹，只能返回营地找人帮忙。托马斯这样评论此事：

> 我们把女孩带回营地后，给伤口上了药，她的镇定我永远忘不了。孤身一人在土狼频繁出没的地方，忍受着剧痛，无助地等待，她却表现得若无其事，还能漫不经心地说这说那。我觉得在这种境况下还能保持这种冷静的态度简直不可能做到，我甚至怀疑朱瓦西

人的神经系统是不是不如我们发达。不过当然不是，他们的神经系统和我们的一样发达，不一样的是他们超凡的自控力……这种观念由来已久、根深蒂固。没有什么比看着猎物独自哀号、挣扎而只能等死更有趣的了。[47]

为了生存，在面对土狼和可能需要自己帮助的同伴时，与其像弱者一样烦恼、发牢骚，还不如当作若无其事。如果生活苦不堪言，这种沉着的态度便能让朱瓦西人在逆境中苦中作乐，避免事态变得更糟。

部落成员强大的自控力从何而来呢？没有人知道答案，可以说人们过去从没注意过这个问题。我认为这种能力或多或少跟他们玩耍时间多有关。20 世纪 30 年代，伟大的心理学家列夫·维果茨基（Lev Vygotsky）提出了令人信服的理论：和其他孩子一起自由地玩耍是孩子们学会控制冲动情绪的主要方式。只要还想继续玩下去，孩子们就会忽略内心的不满，控制自己的冲动，继续遵守游戏规则。渐渐地，这种能力就延伸到游戏外的生活中了。一项动物研究（参见第 8 章）表明，游戏对大脑各方面的发育都至关重要，能使孩子们更好地控制恐惧和愤怒，面对压力时能做到处变不惊。因此，能允许孩子们最大限度自由玩耍的部落文化也造就了最有自控力的人，这或许并非偶然。

"很好，"也许有人会说，"这些可能非常适合狩猎—采集部落，但这与现代社会孩子的教育有什么关系呢？"

这是个好问题。比起在部落里长大的孩子，现代社会的孩子需要学习的东西不一定更多，但不得不承认，他们需要学习的内容发生了很大的变化。首先，部落里的孩子不用学习读写和算数。其次，现代社会的文化更加多样，任何孩子都不可能全部接触到。所以，现代社会的孩子发自本能的学习动机并没有部落孩子强烈。

但请继续往下看，在接下来的章节里，我会提供有力的证据证明孩子们源自本能的部落式学习方法同样适用于今天的教育，前提是家长们在当今文化之下，还能像部落家长那样给孩子们提供有利条件。当然，这很不容易，但也不会比当前逼迫式学习体系的要求更难。

下一章，我们要先简单了解一下现代教育的发展史。

Free

to Learn

第 3 章

学校教育为什么会压制玩耍天性

> 几千年来，人们理解了信仰和宗教的手段，
> 但教育的手段是昨天的发现——或者，
> 我应该说是明天？

——

爱德华·罗斯　美国社会学奠基人之一

The technique of belief and religion has been understood for thousands of years, but the technique of education is the discovery of yesterday—or, shall I say, tomorrow?

从前，人类的学习是自主且愉快的，可现在孩子们的学习是被迫的，这常常让他们感到无助、焦虑和沮丧。教育怎么会变成现在的模样呢？

家长看到，法律要求孩子们必须上学，所有学校的运行机制都一样，这个社会不遗余力地耗费巨资建设这样的学校，家长自然会认为这其中必有某种合情合理的原因。如果家长不逼着孩子上学，或者学校的运行机制和其他学校有所不同，那家长反倒会担心，孩子会不会变成现代社会里的失败者。

或许教育专家已经都弄清楚了，或许让孩子自主学习的其他方法都试过但都失败了。但事实并非如此，我将在后文说明，可替代的方法已经过了检验并取得了成功。孩子们自主学习的本能在今天一如既往地有效。只要给予他们自由与机会，孩子们就能够为应对现代社会而进行出色的自我教育。如今的学校不是科学与逻辑的产物，它们是历史的产物。而历史是不合乎逻辑的，并不会朝人们预期的任何目标发展。在改善人类生存境况的层面上，它也并不一定会带来进步。然而，要理解一个事物为什么会发展成现在这个模样，我们就有必要去了解事物发展的历史渊源。

人类曾在几十万年里以狩猎和采集为生，生存环境相对稳定，人类已经本能地适应了那种生活方式。随后农业接踵而至。据考古学家推算，新月沃地大约在距今一万到一万一千年前开始种植农作物，中国东部地区约九千到一万年前开始，南美洲和北美洲的墨西哥约五千到六千年前开始，北美洲的其他地区约三千到四千年前开始。[1]我们不清楚每个地方的农业是如何发展起来的，但它肯定是逐步发展起来的。聪明的人类发现，他们可以对自然界的食物供给施加一定程度的控制，比如通过清理灌木丛来为可食用的植物腾出更多的种植空间，或者以挖掘、灌溉沟渠的方式养护植物，使其度过干旱期。最终，这些做法迎来了植物的丰收、种子或根茎的再种植、动物的驯化……农业由此全面发展了起来。

农业一旦发展起来，人类的生活方式就开始加速改变，这些改变让大人看待孩子和养育孩子的方式也发生了极大的转变。以下是对发生在西方世界的这种转变的简要回顾。

农业如何改变了养育目的

农业在很多方面改善了人类的生活：人类有了稳定的食物来源，不再那么担忧忍饥挨饿了，至少最初是这样的；农业让人类不再为食物而颠沛流离，人们能够安定下来，建造坚固的房屋以保护自己不再遭受野兽的攻击和暴风雨的摧残。第一批不再以狩猎和采集为生的人类怎么也预料不到，他们将会因农业的出现而付出巨大的代价，但是他们再也回不到过去了。农业改变了人类的生存条件，自由、平等、分享和玩耍已不复往昔。可以说，人类偷吃了"农业"这个禁果之后，就得离开伊甸园，随后来到了一个需要自己打理花园的世界，在这里，人们要劳作而非玩耍。

狩猎—采集的生活方式是知识密集型和技能密集型的，而不是劳动密集型的。为了成为高超的狩猎者和采集者，人类必须深入了解他们赖以生存的动植物及其觅食的环境，在狩猎—采集工具的制作及使用方面，他们必须发展出高超的技能。人类必须想方设法寻找食物、追踪猎物、抵御野兽，但他们不需要长时间工作。事实上，长时间的狩猎和采集工作反而对他们不利，因为这会导致人类对大自然所提供食物的获取快于大自然本身的再生速度。此外，狩猎和采集工作是令人兴奋和愉悦的，部分原因是它需要狩猎—采集者具备大量的知识和技能。人类学家表示，那些以狩猎和采集为生的人不像生活在现代社会里的人，会把工作和玩耍分开。他们从小玩狩猎和采集的游戏，长大后接触了真正的狩猎和采集，也仍然是以玩耍的心态在进行。他们从没有"工作是件苦差事"的概念。

众所周知，人类学家马歇尔·萨林斯（Marshall Sahlins）将狩猎—采集社会称为"原始富裕社会"。[2] 说他们富裕不是因为他们拥有的很多，而是因为他们的需求很少。他们可以用相对较少的工作来满足自己的这些需求，因此他们有大量的自由时间从事诸如唱歌编歌、演奏乐器、设计并缝制复杂的珠串、讲故事、玩游戏、参观其他部落这些活动，或者就是无所事事地休息放松。[3] 这正是那些快乐、放松的人不论身处何地都会进行的活动，就如深陷忙碌和焦虑泥沼的现代人所期望的那样。

农业逐渐改变了这一切。自从有了稳定的食物供应，人们就能生育更多的孩子。农业还促使或者说迫使人们在靠近自家田地的地方永久定居，而不是像游牧民那样过着逐水草而居的生活。但这些变化需要付出巨大的劳动成本。当以狩猎和采集为生的人熟练地收获着自然生长的作物时，农民们却必须从事犁地、栽种、开垦、照管牲畜等诸如此类的工作。好的耕作需要长时间地进行相对来说无须多少技能的重复性劳动，其中大部分劳动可以由孩子来完成。家中人口增多后，大一点的孩子不得不在田间地头操劳以养活他们的弟弟妹妹，或者留在家中帮忙照看弟弟妹妹。孩子们的生活逐渐发生了变化，原先还能自由地做自己感兴趣的事情，而到了农业社会，却要把越来越多的时间花费在服务家人的工作上。

农业为私有财产和阶级分化的出现提供了条件，这些条件瓦解了普遍存在于狩猎—采集社会中个体间的平等关系。因为狩猎—采集者必须不断地移动才能找到可捕获的猎物和可食用的植物，所以对他们来说，拥有一块土地或超出自身携带能力的物品是没有经济价值的。与此相反，农民家庭必须用篱笆桩圈定并保卫自己的土地，农民们不辞辛苦地犁地、播种和培育庄稼，他们承担不起外人闯入自家田地获取果实的后果。由于定居的生活方式，农民们可以储存食物并积累财物。这一切都为个体间地位差异的出现提供了基础。一个农民家庭拥有的土地和财产越多，他们的生活就越富裕。他们可以养活更多的孩子，孩子可以继承更多的财产、获得更高的地位，而这些都有助于他们吸引配偶并建立自己的农场。

如此一来，农业催生了一些与狩猎—采集社会截然相反的价值观，比如辛劳、童工、私有制、贪婪、地位以及竞争。

从狩猎—采集到农耕的变化使工作增加、玩耍减少，最能证明这一点的有力证据可能来自对狩猎—采集部落和与他们相近的那些刚开始从事农耕活动的亲缘部落所进行的比较。20 世纪 60 年代，人类学家詹姆斯·伍德伯恩

（James Woodburn）指出，即使周围的人全部务农，即使当地政府拼命催促，哈兹达部落的狩猎—采集者们仍拒绝务农，理由是务农工作量太大。[4]在一项正式的比较研究中，帕特里夏·德雷珀发现，已经定居，刚开始从事农业和畜牧业的朱瓦西人比邻近仍以狩猎—采集为生的朱瓦西人拥有更高的物质生活水平，但他们的自由时间要少得多。[5]定居人群的孩子比狩猎—采集部落里的孩子要做更多的劳动，玩的时间更少，而且定居者对待女孩和男孩的方式也出现了新的差异。女孩们在母亲或其他成年女性的密切监督下帮忙看护孩子、做家务，男孩们则帮忙放牧，放牧的工作使男孩们可以离开家继续探索和玩耍，远离成年人的干扰。在一项针对混合狩猎—采集和农耕两种生产方式的族群研究中，约翰·博克（John Bock）和萨拉·约翰逊（Sarah Johnson）在非洲博茨瓦纳发现，一个家庭用于狩猎和采集的时间越多，孩子们玩耍的时间就越多。[6]

许多人类学家所说的原始文化指的都是原始农耕文化，而不是狩猎—采集文化。农耕文化在社会结构和价值观上与狩猎—采集文化相去甚远。一个被广为宣传的例子是生活在巴西亚马孙雨林的雅诺马马人，因拿破仑·沙尼翁（Napoleon Chagnon）的《雅诺马马：凶猛的人》（*Yanomamö: The Fierce People*）一书而闻名于世。尽管沙尼翁将雅诺马马人的文化描述为类似于人类远古祖先进化过程中经历过的某种形态，但他们实际上并不是真正的狩猎—采集者，而且这种状态已经持续几个世纪了。雅诺马马人会从事一些狩猎和采集的活动，但他们的大部分食物还是来自种植地，主要是香蕉和芭蕉。农业的发展促使他们的人口密度增长到了纯狩猎—采集时期的两到三倍。[7]另外，随着相对固定的村庄逐步建立，人们的财产得以积累。沙尼翁在书中提到，雅诺马马人等级森严，在这种等级制度中，"大人物"对其他人发号施令，男性严酷地控制着女性。沙尼翁还发现，这些人相当好战，邻近村庄之间时常发生袭击和凶杀事件。尽管他们也重视玩耍，但比起狩猎—采集者，他们给予孩子们，尤其是女孩用于玩耍的时间要少得多。他们期望女孩们到了 10 岁左右就去做成年女性的工作。[8]

　　生活在巴布亚新几内亚的拜宁人的例子也可以证明原始农业社会中，人们用于玩耍的时间减少了。为了研究拜宁文化，简·法扬斯（Jane Fajans）曾花费数年时间与拜宁人共同生活，他表示，拜宁文化的核心价值观是工作，他们将工作视为玩耍的对立面。[9] 拜宁人常说的一句话是："因为工作，我们才被称为人类。"在他们看来，不工作的人就等同于动物。生而为人就是要通过努力劳动，包括耕种田地、驯养牲畜和管教子女，来将自然界的产物包括植物、动物、婴儿转变成"人工制品"，即庄稼、家畜和文明人。拜宁的成年人不重视孩童时期的玩耍，根据他们的一些说法，孩子甚至会因玩耍而受到惩罚，这不仅是因为玩耍占用了劳动的时间，还因为他们觉得玩耍是可耻的，他们的解释是：玩耍系天性使然，所以玩耍适合动物，而不适合人类。他们相信孩子是经由劳动而不是通过玩耍来学习所需要的知识的。当法扬斯让拜宁的成年人谈谈自己的童年时，他们通常会谈到自己曾多么努力地去接受工作并战胜孩童时期想要玩耍的渴望。拜宁人的生存哲学似乎刻意要与狩猎—采集文化背道而驰，即抗拒天性。

　　只工作不玩耍，聪明的孩子也变傻。难怪人们普遍认为拜宁文化可能是人类学家所发现的最为无聊的文化。20 世纪 20 年代末，著名人类学家格雷戈里·贝特森（Gregory Bateson）在他职业生涯的早期曾花费 14 个月的时间尝试研究拜宁文化，最终发现拜宁人实在是太无趣了，于是他放弃了这项研究，并在不久后写道："拜宁人过着单调无趣的生活。"[10] 在贝特森及其之后的一些观察者看来，拜宁人成年以后似乎一直缺乏好奇心、想象力以及玩耍的兴致，而且和大多数文化不同的是，拜宁人没有讲故事的传统。他们的谈话几乎全部围绕着工作和日常生活。

　　凶猛的雅诺马马人和报告中令人感到沉闷的拜宁人的文化是伴随农业

而来的关于文化变异的两个极端例子。并非所有的原始农业社会都与狩猎—采集部落在价值观上有如此巨大的差异。然而很显然，在世界各地，农业的出现减少了孩子们的自由玩耍时间，还促使人们使用惩罚性的方式养育孩子。在 20 世纪 50 年代进行的一项经典研究中，赫伯特·巴里（Herbert Barry）、欧文·蔡尔德（Irvin Child）和玛格丽特·培根（Margaret Bacon）利用人类学的文献，对原始社会文化的育儿观念和方法进行了排名。[11] 一端是强调服从和普遍运用体罚方式来达到目的的文化，另一端是重视培养孩子的自信，很少或从不使用体罚的文化。他们发现，这一排名与这些文化中人们的生存方式具有强相关性。**一种文化的农业发展程度越高，依赖狩猎和采集的程度越低，这种文化就越倾向于重视服从而贬低自信的价值观，并使用严厉的手段来管教孩子。**随后的研究也得出了类似的结论。[12]

　　正如众多研究者所指出的，当他们把理想的农民身上所具备的性格特征与理想的狩猎—采集者进行对比就会发现，关于育儿观念和方法的这种文化差异是有据可循的。[13] 农业发展的成功通常取决于是否遵循了可靠的方法，而变通是有风险的，如果作物歉收，农民就有可能丧失一整年的粮食供给。与狩猎—采集者不同，农民很少分享食物，所以一个家庭如果失去了作物，就有可能会挨饿。此外，农业社会普遍等级森严，因此服从于那些财富更多、地位更高、权力更大的人，对于维持社会的稳定、促进经济的发展是至关重要的。因此，理想的农民是遵守规则、顺从保守的，而农民对孩子实行严格的管教似乎也是为了培养他们的这些品质。

　　相比之下，成功的狩猎—采集者需要不断发挥创造力来适应变幻莫测的自然环境。对狩猎—采集者来说，每天获取食物的多少取决于个人和团队的共同努力，在这种情况下，每个人都会用最适合自己的方法以及最好的判断力来寻觅食物。方法的多样性外加团队成员之间的食物分享，让他们能够确保没有人会饿肚子。此外，狩猎—采集社会的成功并非取决于对任何高层的服从，而是取决于集体中的每一员是否有能力在平等交往的集体中有效地坚守自己的想法和愿望，在这样的集体中，正是商量和妥协，而非威胁和屈服，为众人达成共识铺平了道路。因此，理想的狩猎—采集者是果断、随性、有创造力且愿意冒险的，狩猎—采集者宽纵的育儿方式很好地培养了孩子的这些特质。

曾有一项涉及多种社会类型的研究表明，社会的结构与其育儿方式之间有着系统的关系。在一项研究中，卡罗尔·恩贝尔（Carol Ember）和梅尔文·恩贝尔（Melvin Ember）分析了 200 多种不同社会结构的大量资料，以确定哪些社会特征与体罚式的育儿方式存在强相关性。[14] 不出所料，他们发现，总体上来说，一个社会的暴力程度越高，父母体罚孩子的可能性就越大。殴打儿童与殴打妻子的频率、惩治罪犯的力度、发动战争的次数和社会暴力的其他指标呈正相关。但除此之外，其还与社会中阶层分化的程度密切相关。在一个社会中，人们之间的权力差异越大，父母体罚孩子的现象就越频繁。根据这一发现，研究者表示，父母使用体罚的最终目的是教育孩子尊重权力等级制度。有些人的权力比其他人的大，人们必须无条件地服从。

最后，我想再提出一条理由来解释狩猎—采集社会和原始农业社会在育儿方式上的差异。[15] 农业给人类带来的不仅仅是一种生产食物的新方法，它还引导人们用一种新的方式来思考人类与自然界的关系。狩猎—采集者认为，自己是自然界的一部分，他们与大自然共处，而不是与大自然对抗。他们认为大自然变幻莫测的现象是不可避免的，并尽其所能去适应自然界的种种变化。[16] 而农业是一种不断控制大自然的活动，它对动植物进行控制和驯养，以使其成为人类的附属品，而不是自然界中与人类平等的伙伴。我认为，随着农业的发展，人类开始将这种控制动植物的信念扩展到了对自然界其他方面的控制，包括控制孩子。

　　而现今大多数家长养育孩子的观念深受农业文化的影响。当大人说起养孩子，就像是在说养鸡或种西红柿；当大人说起训练孩子，就像是说驯马。成年人在育儿方面的谈话及思考方式表明，他们要为自己的孩子负全责，正如他们要为自己种植的作物及驯养的牲畜负全责一样，同时也表明他们可以掌控孩子的成长和表现。就像在驯马时，让马儿去做人想让它们做的事情一样，成年人训练孩子去做那些他们自认为会对孩子将来成才有所帮助的事情，无论孩子是否需要这些训练，或者作为个体，孩子能否从中受益。这种训练是以一种管教他人的理念去压制受训者的意愿，而这种理念对狩猎—采集者来说是陌生的。

　　当然，狩猎—采集者不曾受到农业文化的影响。在他们的世界里，所有的动物和植物都是野生的、自由的。大自然中幼小的植物和动物在自身力量的引导下自行生长、自主决定。当然，每一个幼小的生物都依赖于它所处的环境，但是其利用环境的方式则取决于它自身。幼小的树苗需要并利用土壤，但是土壤不会教给幼苗如何利用它；狐狸幼崽的生存环境包含它的父母，父母为它提供奶、肉以及舒适的生活条件，并持续不断地为它示范狐狸的行为，但决定狐狸幼崽何时、怎样获取奶、肉、舒适的生活条件以及示范行为的，是它自己，而不是它的父母。父母对于孩子，正如土壤对于幼苗，需要做的是提供一部分基本的生存条件，以供孩子以自己的方式达成自己的目的。这就是狩猎—采集者养育孩子的普遍方式，他们为孩子的成长提供一部分基本的生存条件，而不是对其施加控制。

封建制度和工业发展的进一步影响

　　随着农业在亚欧大陆的发展和普及，土地的所有权就等同于权力和财富，无地的农民逐渐依附于地主。地主们发现，他们可以雇人干活来增加自己的财富，于是奴隶制度、契约奴役制度和有偿劳动应运而生，成为地主们获取劳工的手段，发动战争的目的也是争夺并掌控土地和劳工。这就是孩子们成长的社会背景。

大约在公元 9 世纪或 10 世纪，纵观整个欧洲地区及大部分亚洲地区，封建制度是社会结构的主要形式。尽管封建制度有多种变化形式，但在一个典型的封建制度社会中，国家的所有土地都由国王一人占有，他将土地划块分配给强大的贵族阶层，贵族们转而又将他们分得的土地划块分配给下一个阶层的贵族，依此类推，逐层分配。在这个社会金字塔最底层的是农奴，他们占人口的绝大多数。贵族地主给农奴提供小块土地让他们种植自己的口粮，作为回报，农奴要付给贵族地主相应的租金，并为贵族地主提供服务。通常，农奴在奴役制度下依附于地主，因为在这种情况下，他们离开土地便无法生存，即使从事其他工作也于事无补，从任何角度来说，他们都是奴隶。农奴的孩子也处于相似的境地，不管多么年幼，都是一天到晚在地里干活，要么就是在贵族地主的大庄园里当仆人。只有一些幸运的孩子可以跟随商人当学徒，为他们服务多年的同时学会一些技能，成年后可以在一定程度上实现独立。[17]

对欧洲的大多数人来说，中世纪最有价值的特点便是服从——服从家中的父亲、庄园的领主以及国王。在中世纪，下层社会中的人的生活目的是服务和服从于上层社会中的人。就这样，教育变成了"服从训练"的代名词。为了使人们成为好的奴仆，随性和自由的精神被暴力摧毁。孩子们不仅会遭受父母的殴打，其他参与管教的人也会殴打他们。例如，一份大约在 14 世纪末期的文献描述道，一位法国伯爵建议贵族的猎人应选择七八岁大的男仆，并且应该体罚这个男孩，直至他对因未执行主人的命令而带来的后果感到一定程度的害怕和担忧。[18]

在法国、西班牙和英国，15 世纪时，君主专制取代了封建制度，国王获得了权力，而贵族丧失了大部分的权力。在君主专制下，每个人都直接为国王服务，而不是通过被贵族奴役而间接地为国王服务。然而在有些国家，封建制度延续了很长时间。最终，在大部分地区，工业及资本主义的结合颠覆了大规模的封建制度。

即使在中世纪，也不是每个人都靠自有土地或租赁土地为生。人们因为农耕生活方式，对物质产品的需求日益增长，一些人通过满足人们的这种需求而得以生存。他们制造农具、家具和服装，并对从农民手中购买的谷物和其他农产品进行加工。为了促进商品和服务的交换，货币经济、贷款机构和资本主义出现了。随着时间的推移以及新发明的出现，商品生产和服务方式不断革新，变得更有效率，但使用这些新方法的成本只有那些已经获得资金或能够借入大量资金的人才负担得起。有钱人创办企业，雇用没有钱的人当雇员。在英国，能够进行大规模生产的工厂从 18 世纪中叶开始成倍地增加。资本主义和工业随后蔓延到整个欧洲，一个全新的商人阶级从此崛起，并最终推翻了君主专制。没有贵族身份但拥有经济权力的企业主寻求在政府中的发言权并最终拥有了一席之地。

像土地所有者一样，企业主也需要劳动力，他们想尽一切办法用最少的报酬榨取最多的劳动，以此获利。这是人尽皆知的剥削，这种剥削在当今世界的某些地方仍然存在。包括孩子在内的所有劳工在恶劣的工作条件下将醒着的大部分时间都用于劳作，一周工作 6 ～ 7 天，工作所得仅能维持生存。企业主将孩子们从阳光明媚、空气新鲜、时不时还能玩耍于其间的田间地头，转移到了阴暗拥挤、肮脏不堪的工厂和煤矿中。每年有成千上万的童工死于疾病、饥饿和疲劳。工业发展也蔓延至美国，带来了类似的后果。到了 1832 年，在美国新英格兰地区的工厂里，有 2/3 的员工都是 7 ～ 17 岁的孩子，他们的工作时间从每日破晓直到晚间 8 点，每周工作 6 天。[19]

牢记这段历史，是为了让我们更好地思考并懂得我们如今的学校有着怎样的起源。

早期的宗教学校：教化和服从训练

宗教信仰反映了政治和经济现实，通常为当权者服务。狩猎—采集社会的宗教信仰并不拘泥于教条，而是让人感到轻松愉悦。他们的"神"通常代表着自然的力量，彼此之间相对平等，在人类面前几乎没有权威，是娱乐、灵感和理解的源泉。[20] 但随着农业的发展和社会等级的划分，宗教也随之而发展，"神"变得更加令人生畏，要求信众崇拜和服从，一些"神"被视为比其他"神"更加强大。这一趋势在一神教的发展中达到顶峰，那些宗教都建立在以一个单一、全能的"神"为首的等级森严的宇宙观之上，要求信众持续无限地奉献与崇拜。早期的宗教学校便是在这一背景下发展起来的。

早期宗教学校的主要教学方法是死记硬背，以教条的灌输为目标，不去激发孩子的好奇心。学习被认为是工作，而不是玩耍。有一些学校为了让孩子们宣泄情绪，允许他们在课间休息，但没人认为玩耍是学习的途径。在教室里，玩耍被视为学习的敌人。

对孩子们来说，重复和记忆那些强加给他们的课程知识是枯燥乏味的。孩子的天性促使他们不停歇地玩耍和自由思考，提出自己的问题，并以自己的方式探索世界。对于被迫上学这件事，孩子们感到不适，心有抵触，大多数情况下会进行抵抗，而这对成年人来说是不足为奇的。在历史上的这一时期，人们已经忘记去思考孩子们的喜好有何价值了。长期以来，暴力一直被用来强迫孩子们在田地和工厂里完成工作，一些报酬低廉、能力不

合格的教师相当残忍。德国的一位教师记录了他在 51 年教学生涯中对学生
实施的惩罚，其中一部分包括：“用棍棒打学生打了 911 527 次，用藤条打
了 124 010 次，用尺子打了 20 989 次，用手打了 136 715 下，打嘴巴打了
10 235 次，打耳光打了 7 905 次，打头打了 1 118 800 次。”[21] 显然，他为
自己所实施的“教育”感到自豪。

　　一名 18 世纪出生于美国马萨诸塞州的著名牧师约翰·伯纳德（John
Bernard）在他的自传中以赞许的口吻描述了自己小时候经常被校长殴打的
情形。[22] 他因为难以抑制的玩耍欲望而挨打，因为学不会功课而挨打，甚至
其他同学学不会功课时他也要挨打，因为他很聪明，被安排帮助其他同学学
习，当其他同学不能正确地背诵课文时，他就会因此而挨打。他唯一的抱怨
是，一个由他负责帮助的同学为了看他挨打而故意逃课。最后，他解决了这
个问题，方法是在放学后“痛打”了这位同学一顿，并威胁这位同学，如果
不听话，将来会挨更多的打。对这位牧师来讲，那些是美好的旧时光。

　　从 17 世纪末开始，普鲁士王国就为普及教育做出了巨大的努力。当时
的著名牧师奥古斯特·赫尔曼·弗兰克（August Hermann Francke）建立
了一个我们今天看起来很熟悉的教育体系。他制定了一套标准化的课程，并
开发了一套培训及认证教师的方法，以教会他们如何教授课程。弗兰克在每
个教室都安装了沙漏，这样每个人都可以根据时间、按照课程表上课。他提
倡用尽可能“温和”的管教方法，棍子只能用来惩罚行为不端的学生，而不
能用来惩罚背诵课文时出现错误的学生。然而，弗兰克明确表示，他的学
校的首要目标是打破并改造儿童的意志。他写道：“孩子性格的形成包括意
志和理解力。先把孩子天生的意志打破是十分必要的。那些寻求让孩子更加
博学的校长在培养孩子的理解力方面做出的努力值得称赞，但这还远远不够，
因为他们忘记了，打破孩子的意志，让他们变得服从才是最重要的任务”。[23]

弗兰克认为，想要摧毁孩子的意志，最有效的方法是在学校里不断地监控和监督。他写道："年轻人不知道如何规范自己的生活，如果任其自由发展，他们自然会倾向于做出懒惰和罪恶的行为。出于这一原因，我的学校规定学生永远不得离开监督者。监督者的存在将抑制学生做出犯罪行为的倾向，并慢慢削弱他的意志。"[24] 当代教育家也已经无数次地表达了同样的观点，只是说法可能有所不同。他们都坚信年轻人没有能力做出合理的决定，这一信念正是严密监控式的义务教育体系的基石。

学校是如何为国家服务的

到了 19 世纪初，欧洲的国家开始接管教育年轻人的任务。[25] 新建公立学校的主要目的不是扫盲。在这一历史时期，书面语无处不在，整个欧洲和北美洲民众的识字率都很高。有会阅读的父母，孩子在家里就很容易学会阅读。到了 19 世纪初，包括奴隶在内，美国大约 3/4 的人口拥有读写能力，而欧洲大部分地区的识字率与之相当。[26] 在大西洋两岸，有读写能力的人所占的比例远远高于需要读写技能的工作岗位所占的比例。政府和工业领导者主要关心的教育问题不是让人们识字，而是控制人们阅读的内容、思想和行为。教育界的世俗领袖倡导这样一种观点，即如果国家控制学校，如果法律要求儿童上这些学校，那么国家便可以将每一代新公民都塑造成理想的爱国者和劳动者。

18 世纪，德国的封建制度正在瓦解，每个君主都努力控制着束缚在自己土地上的农民，而农民们变得越来越难以控制，起义层出不穷，革命的言论弥漫在空气中。德国的教育领导人开始提倡强制性的公立义务教育，企图以此将农民转变为忠心耿耿、行为规范的德国公民。例如，1757 年，一篇刊登在普鲁士的经济学杂志上的文章预言道："农民从这种教育中获得的内心满足不仅会擦干他额头上的汗水，还会培养他为社会利益而工作的动力……不忠、懒惰、无所事事、不服从、混乱和苦役都将消失。"[27]

1794 年，普鲁士国王腓特烈·威廉二世（Frederick William Ⅱ）正式宣布，从今以后，儿童的教育是国家的职责，而不是父母或教会的职责。他还下令在每一个还没有学校的社区都修建了学校，强制入学的法令得到了有效实施。到 19 世纪 30 年代末，大约 80% 的普鲁士儿童在公立小学接受教育。[28]其他邦国也随之效仿普鲁士的做法。德国义务教育的课程主题是民族主义。用历史学家詹姆斯·梅尔顿（James Melton）的话说："在威廉二世统治下的德国，没有任何一种宗教比爱国更受欢迎了。孩子们觉得德语是所有语言中最完美的语言，而德国文学是所有文学中最优秀的。在地理方面，孩子们则被教导认为祖国的东、西、南、北方都被敌人包围着。"[29]

其他国家也纷纷效仿。学校教育逐渐被视为一项国家职能，对国家安全至关重要，就像军队对国家的作用一样。人们认为，国家强行要求儿童上学的权力相当于国家征募年轻人参军。在法国，拿破仑开始将学校教育视为军事训练的第一步。

英国是工业化程度最高的国家，也是最后一批采用义务教育制度的国家之一。居高不下的童工雇佣率是其主要阻力。企业主希望让贫穷的孩子在工厂工作，而家长们也不愿意放弃孩子们赚取的微薄但必不可少的收入。此外，到了 19 世纪，英国已经拥有了广泛而相当成功的教会和私立学校网络，在工厂工作的孩子可以在周日制的学校学习识字。各种各样的私立学校开始涌现，作为"教育"这门生意的一种手段，补充或取代了学徒制度。英国的统治阶级没有兴趣在民众现有读写能力的基础上进一步推广读写技能。事实上，如果他们能阻止民众识字率的提高，他们早就阻止了。早在 19 世纪初，平民们就开始阅读托马斯·潘恩（Thomas Paine）的《人的权利》（*Rights of Man*）和威廉·古德温（William Goodwin）的《政治正义论》（*Enquiry Concerning Political Justice*）等煽动性作品，并对此感到兴奋。

最后，在 1870 年，英国议会通过了教育法案，建立起一套公立小学教育系统，并要求所有 5 ～ 13 岁的儿童必须入学。推动这项立法的人中有真正关心儿童福利的改革者，他们相信，让孩子们走出工厂，走进学校，哪怕只是在一天中的一部分时间里，也将有助于打破贫困的恶性循环，给贫困儿童一个在社会中晋升的机会。与这些改革者结盟的是统治阶级的成员，他们像德国的统治者一样，把教育视为控制大众的一种手段。著名的神学家和历史学家约翰·布朗（John Brown）是英国公立学校义务教育最重要的支持者之一，他写道："为了培养一个好公民，有必要用早期的习惯给孩子留下深刻的印象，甚至用有益的偏见来束缚他的思想，例如让他形成一套与本土社会赖以建立的原则相一致的思想和行动。"[30]

在美国，马萨诸塞州是第一个强制推行公立学校义务教育的州。1852 年，在美国第一任州教育委员会秘书霍勒斯·曼（Horace Mann）的领导下，马萨诸塞州开始要求每个社区必须提供免费的公立学校教育，并强制所有 8 ～ 14 岁的儿童每年至少有 12 周的时间去学校上学。[31]霍勒斯·曼是普鲁士学校系统的早期支持者，他认为义务教育是一种启发儿童的方式，有利于工业的发展和国家的利益。[32]美国的其他州相继效仿，最后一个是密西西比州，该州最终于 1918 年通过了义务教育法案。

美国社会学奠基人之一爱德华·罗斯（Edward Ross）在 19 世纪末发表了一系列文章，阐述了美国义务教育背后的精神，这些文章后来被收录在《社会控制》（*Social Control*）一书中。罗斯主张让公立学校的义务教育成为维持社会秩序的一种手段。用他的话来说，**公立学校的任务是"从一个个**

家庭中收集小小的可塑的‘人类面团’，并在社会的揉面板上塑造它们”。[33]
罗斯明白孩子们会从自身所处的环境中学习，特别是从他们身边的人那里学
习，以确保与环境的一致性。罗斯还认为孩子们很容易受外界环境的影响，
会模仿成年人的行事方式。他写道：“给孩子们安排一个教师让他们去模仿，
而不是让他们在家中模仿自己的父亲。这样做的好处是，前者是一个精心挑
选的人，而后者不是。”[34] 的确，教师是经过挑选的人，他们由州政府挑选
并认证来给孩子们教授正确的思想而非其他歪理邪说。罗斯和威廉二世一
样，认为公立学校的义务教育在维持社会秩序方面是宗教在现实世界的替代
品。他写道：“几千年来，人们理解了信仰和宗教的手段，但教育的手段是
昨天的发现——或者，我应该说是明天？”[35] 他赞许地引用了丹尼尔·韦伯
斯特（Daniel Webster）的观点，即公立学校是“一个明智而自由的监管系
统，资产以及和平由此得到保障”。[36]

学校的日益强大和标准化

一旦公立学校的义务教育体系建立起来，在教学内容和方法上就会变得
越来越标准化。为了提高效率，孩子们按照年龄被分进不同的教室，就像流
水线上的产品一样从一个年级升至另一个年级。每位教师的任务是根据预先
规划的时间表，向“产品”中添加一些官方认可的知识，然后在将“产品”
传递到流水线的下一个工位之前对其进行测试。

在教室里，我们通常见到的是女教师而非男教师，主要是因为女教师的
薪酬更低，也因为女性会软化学校的形象，减少体罚的使用，使学校教育更
容易被心地柔软的家长接受。[37] 学生的任务和现在一样，是守时、听话、集
中注意力、按时完成作业、记忆知识并向教师反馈所教的课程内容，而不允

许质疑课程内容或学校规定的学习方法。

当马萨诸塞州于 19 世纪中期开始实行公立学校的义务教育时，规定的学年时长仅有 12 周，也只有 8 ～ 14 岁的儿童必须上学。随着时间的推移，在马萨诸塞州和世界各地的学校，学年时长都变得越来越长，规定孩子们受教育的年限也越来越长。正如第 1 章所述，20 世纪上半叶被认为是"美国儿童自由玩耍的黄金时代"，因为大多数孩子不再需要在农场或工厂里长时间地工作，学校课业也不像后来那么繁重。随着学年时长、上学年限的增加以及家庭作业的增多，还有越来越标准化的考试对孩子们升学的意义变得越来越重大，学校逐渐接管了孩子们甚至其家庭的生活。

今天，大多数人认为童年和学校教育不可分割地交织在一起。成年人根据孩子在学校的年级来分辨他们。成年人自然而然地把学习看成工作，而学校是模仿工厂的特殊工作场所，孩子们必须被迫在这里学习。所有这些看起来都是完全正常的，因为随处可见。很少有人会停下来思考这一切在人类进化的大背景下是多么的新奇和不自然，甚至已经忘记，孩子天生就是通过自我指导的游戏和探索来学习的，因此，成年人正越来越多地剥夺孩子们学习的自由，并让他们接受学校管理者设计的那些令人觉得乏味、痛苦且低效的学习方法。

Free
to Learn

第 4 章

强制性教育的"七宗罪"

"

认为通过强迫和所谓的"责任感"可以增强孩子

观察和探究的乐趣，

实在是一个非常严重的错误。

"

——

阿尔伯特·爱因斯坦　著名物理学家

It is a very grave mistake to think that the enjoyment
of seeing and searching can be promoted by means
of coercion and a sense of duty.

孩子们通常不喜欢上学，这一点似乎还需证实。多年前进行的一项大规模的调查研究表明，同样是孩子们每周都需要花费大量时间的地方，相比之下，学校会让孩子们感到更不快乐。[1]孩子们对学校的喜爱通常是因为他们在那里遇到的朋友，而不是因为课程内容。孩子们不喜欢上学简直就是一个笑话，不仅是在美国，在任何以法律形式强制孩子们上学的地方都是如此。这就像连环画中的标准情节：每学期开学的第一天是孩子们的哀悼日，也是家长们的欢庆日，他们显然厌倦了有孩子在身边的生活，而每学期的最后一天则恰好相反。然而，如果让成年人也遭受孩子们在学校的待遇，就没有人会觉得好笑了。

我曾经读过认知科学家丹尼尔·T. 威林厄姆（Daniel T. Willingham）的书《为什么学生不喜欢上学？》（*Why Don't Students Like School?*）。这

本书在学校系统中好评如潮，但我发现书中内容未能回答书名所提出的问题。威林厄姆的论点是，学生之所以不喜欢学校，在那里也学不到很多东西，原因在于教师没有充分地理解某些认知原则，因此教得不好，没能以最吸引学生的方式呈现教学材料。那么，如果教师们听从威林厄姆的建议，利用认知神经科学最新提供的关于大脑如何运作的原理来进行教学，学生们就会喜欢上学了吗？或许吧。几十年来，人们一直在看这类书籍，最开始是行为主义者写的，然后是皮亚杰学派（Piagetian School）的人写的，最近则是那些认知神经科学家写的，他们认为自己研究领域的新发现能解决学校的问题。

威林厄姆和其他写这类书的人一样，假装没看见那头坐在教室中间碾压孩子们的胖大象。孩子们不喜欢学校，我敢说对孩子们来说，学校就是监狱。孩子们不喜欢学校，是因为和其他所有人一样，他们渴望自由，而在学校里，他们是不自由的。

不承认大象的存在不只是威林厄姆的问题，也是美国整个社会文化的问题。上过学的人都知道，学校就是监狱，但几乎没有一个已经超出学龄的成年人会说出这一事实，因为这是不礼貌的。上过学的人都小心翼翼地回避这一事实，因为承认这一事实会让他们看起来很粗鲁，仿佛在指责那些善良的人不该做他们认为必须做的事。而那些善良的人怎么会把自己的孩子送进监狱或为监禁儿童的机构工作呢？美国建立在自由和自决原则基础上的民主政府，又怎么会制定法律要求儿童和青少年在监狱里度过他们的大部分时光呢？我也和大多数我认识的人一样，完整地接受了公立学校的教育，我母亲在一所公立学校教了几年书，我的姐姐、两个堂兄弟，还有许多亲爱的朋友，现在或曾经都是公立学校的教师，我怎么能把这些善良的人说成是监禁儿童的机构中的同谋呢？他们爱孩子，将自己的一腔热血倾注在孩子们身上，并为孩子的成长提供帮助。

根据常见的一般定义，监狱是指任何以非自愿形式监禁且限制他人人身自由的地方。学生们在学校就像成年人在监狱一样。在监狱里，囚犯被明确地告知必须做什么，如果不遵守就会受到惩罚，而学校里的学生必须花费比囚犯更多的时间去做被要求做的事。但是还有一个区别，那就是成年人被关进监狱是因为他们犯了罪，而孩子被送进学校只是因为他们到了上学的年龄。

有时人们用"监狱"这个词来比喻任何他们必须遵守规则、接受约束或者必须做令他们感到不快的事情的境况。一些成年人把他们的工作场所称为"监狱"，甚至把他们的婚姻称为"监狱"，但这些比喻并不符合这个词的确切意思，因为这些比喻涉及的都是自愿而不是非自愿的约束。在美国和其他国家，强迫某人从事自己不想从事的工作或与自己不想结婚的人结婚都是违法的。相反，如果你是家长，当你的孩子不想上学时，你要是不强制孩子去上学，你便违法了。的确，一些有经济实力的家长可以找到孩子和国家法律都能接受的替代性学校或给孩子安排在家上学，但这在当今社会并不常见。诚然，工作和婚姻在某些糟糕的情况下可能让人感觉像进了监狱，但我们通常所知的学校，更像监狱。

想想我们在第 3 章探讨的关于学校的历史渊源，这种情况就不难解释了。对于创办这些学校的教育改革者来说，学校本就是教养机构，他们坚信孩子们天生没有能力、不值得信任，需要学校教育的强制和纠正来将他们塑造成社会精英认为他们应该成为的样子。

除了"监狱"，另一个我认为值得大声说出的词是"强制性教育"。"强制"这个词听起来就像"监狱"一样刺耳，但是，只要有义务教育，就有强制性教育。如果要解释"强制"这个词的意思，那就是指一个人没有选择的余地。

值得讨论的问题是：强制性教育以及随之而来的对孩子们的监禁是好事还是坏事呢？大多数人似乎认为这是一件好事，甚至认为这是必须做的事。但我不赞同。在这一章剩余的部分里，我将概述我认为强制性教育所具有的七宗罪状，然后在接下来的几章中，我会提出大量证据证明，如果家长给予孩子足够的自由和机会，不去强迫他们，他们将会在自我激励之下以自己的方式出色地学习。

罪状 1：没有正当理由和正当程序就剥夺自由

这是强制性教育最明显的罪状，它为其他罪行提供了基础。民主价值体系的一个基本前提便是，在没有正当理由和正当程序的情况下，剥夺任何人的自由都是错误的。要监禁一个成年人，就必须在法庭上证明这个人犯了罪或对自己或他人构成了严重威胁。然而，成年人监禁儿童是因为他们的年龄。根据民主价值体系，因儿童的年龄而将其监禁是不道德的，除非成年人已经证明，所有在特定年龄范围内的儿童如果不被监禁，就会对自己或他人构成危险。但是没有这样的证据存在，而且正如我将阐明的那样，有很多证据与此相反。

罪状 2：阻碍了个人责任感和自我导向的发展

美国南北战争时期的将军戴维·格拉斯哥·法拉格特（David Glascow Farragut）9 岁时就被任命为美国海军的候补少尉，12 岁时，他在战争中被任命为一艘从英国缴获的船只的指挥官，临时领导了一支海军队伍，其中包括年龄是他 2 ～ 4 倍的成年人。[2] 伟大的发明家托马斯·爱迪生从 8 岁开始上学，3 个月后便离开了学校，因为他"大脑混乱"，被老师认定为不适合上学，这种情况要是放在今天可能会被诊断为 ADHD。随后，爱迪生便开始系统地自学。12 岁时，他便从自己创办的几项业务中赚取了与一个成年人相当的收入，两年后，他依靠自己的力量成功发行了一份报纸。[3]

法拉格特和爱迪生都是杰出的人才，但在 19 世纪初期至中期，即国家强制推行公立学校义务教育之前，儿童承担成年人责任的做法并不稀奇。而如今，在多数中等收入家庭中，没有人相信一个 12 岁的孩子可以在没有成年人陪伴的情况下照看婴儿或者从学校走回家。社会仅仅因为孩子年龄小就假定他们是无能的，也不能承担责任。

认为儿童甚至青少年没有理性决策和自我导向的能力是一个自证预言。成年人将孩子们束缚在学校里，束缚在其他由成年人指导的与学校类似的环境中，并让他们从事没有任何建设性意义的强制性工作，由此剥夺了他们培养责任感和自我导向所需要的时间和机会。于是，孩子们变得和他们的父母、老师一样，慢慢开始认为自己是无能的。随着时间的推移，随着强制性学校教育涵盖的受教育人群的年龄越来越大，这一信念所涉及的孩子范围也越来越广。

强制性教育隐含着这样一个信息，有时这个信息甚至是明确表示的，即如果你在学校里按照要求去做，一切都会很好。相信这一信息的孩子便不再为自己的教育负责，他们错误地认为，其他人已经弄清楚了自己需要做什么，并且知道要怎么做才可以成功。如果这些孩子生活不顺，他们就会扮演受害者的角色，认为"我的学校（或父母、社会）让我失望，这就是我的生活一团糟的原因"。这种童年形成的受害者心态可能会持续一生。

正如我在第 1 章所讨论的那样，随着学校教育日益成为年轻人生活中的主导力量，社会中的个人无助感也在增加。**马克·吐温喜欢说："我从不让学校干扰我的教育。"** 不幸的是，今天，由于自马克·吐温时代以来强制性学校教育的大规模扩张，对任何人来说，想要遵照这条格言生活已变得越来越难了。

罪状 3：削弱了儿童学习的内在动机，把学习变成工作

孩子们来到这个世界，迫切地渴望学习。他们天生充满了好奇心，天性爱玩，他们探索和玩耍的方式可以教会他们认识自己必须适应的社会环境及自然环境。孩子们是小小的学习机器。在出生后 4 年左右的时间里，在没有任何指导的情况下，孩子们学习了数量多到难以置信的技能和信息。他们学习走路、跑步、跳跃和攀爬，学习理解和使用他们所在文化的语言，并以此来表达自己的意愿，与人争论、逗乐、表达烦恼、交朋友以及提问题。他们获得了大量关于周围世界的知识。所有这些都是由孩子与生俱来的本能和动力驱动的。当孩子长到 5 岁或 6 岁时，这种强大的学习欲望和能力依然存在，而我们却用强制性的学校教育体系逐步削弱了它。**学校给孩子们上的最重要、也是时间最长的一课就是，让他们感受到，学习就是他们想要尽可能避免的工作，而不是他们认为的快乐游戏。**

学校教育的强迫性质使学习变成了工作。教师甚至直接称其为工作："你必须先完成工作，然后才能玩。"但不管教师怎么称呼它，在学校学习都是一项工作。任何一个人在被强迫的情况下，按照别人的时间表，使用别人指定的程序去做的事，都是工作。控制孩子学习的行为本身就把学习从一件快

乐的事变成了工作。

爱因斯坦喜欢数学，但讨厌在学校学习数学，他是众多指出了强制性教育的恶劣影响的伟大思想家之一。他在自传中写道：

> 现代的教学方法尚未完全扼杀孩子神圣的求知欲，这简直是一个奇迹，因为这株娇嫩的植物，除了刺激，更需要自由，没有这一点，它将毫无疑问地走向毁灭。认为通过强迫和所谓的"责任感"可以增强孩子观察和探究的乐趣，实在是一个非常严重的错误。[4]

关于他所接受的正规教育，爱因斯坦在其他地方写道："让一个人必须把所有东西都塞进自己的脑子里，不管喜欢与否。这种强迫产生了如此大的威慑力，以致我在通过期末考试后一整年的时间里，对任何科学问题的思考都感到反感。"爱因斯坦的天才之处在于他设法在学校教育中幸存了下来，而没有永久失去探索和思考的能力。

由于学生的大部分时间都在学校度过，因此，当他们的学习情况被评估，并与其他学生进行比较时，学习就不仅是工作，还会成为焦虑的来源。那些正在学习阅读并且比其他人的阅读速度稍慢一些的学生，会对在别人面前阅读感到焦虑。几乎每一个认真上学的人都会因考试和对失败的恐惧而感到焦虑。我在大学教授统计学时发现，有很高比例的学生因数学而焦虑，这显然是因为他们在学校里经历了因数学而带来的挫败。焦虑抑制学习是一个基本的心理学原理，一个人只有在愉悦的心态下，才能使学习效果达到最佳，而焦虑则会抑制愉悦感。

罪状 4：以助长羞耻、傲慢、愤世嫉俗和欺骗的方式评判学生

强迫人们做他们不想做的事并不容易。起初，藤条是学校里最常见的胁迫工具，另一个早期经常使用的手段是公开羞辱。校长会在同学们面前嘲笑行为不端或表现不佳的孩子，有时是口头上的，有时会让他们戴上一顶"傻瓜帽"，整天坐在一个特殊的傻瓜凳子上。

今天，老师很少使用藤条，尽管体罚在美国的许多州仍然合法，"傻瓜帽"也已经消失了，但是羞辱依然存在。学校现在主要依靠让孩子们不断考试，然后给他们评分并进行排名的方式来激励他们"学习"。如果孩子表现得比同龄人差，他就会感到羞愧或低人一等；如果孩子表现得比同龄人好，他就会感到自豪或有优越感。羞耻感会让一些孩子在心理上放弃努力，或者不断与自卑感作斗争；而那些因获得 A 和一些浅薄荣誉而过度骄傲的孩子可能会变得傲慢，蔑视那些在考试中表现不佳的人，也因此可能会对民主价值体系及其发展进程不屑一顾。

学校用来激励学生的分数和排名系统看起来就像是为了鼓励愤世嫉俗和作弊而设计的。学生们不断被告知高分的价值，因为能否在排名系统中领先并顺利毕业，都取决于分数。于是学生们开始相信，高分是他们学业的全部。等他们到了 12 岁左右的时候，大多数人都会对"学校从根本上来说是一个学习的地方"这一说法持怀疑态度。学生们开始意识到，自己被要求做的很多事情都是无意义的，而且他们会在考试后不久便忘记大部分考试内容。

学生们也开始意识到，学校里关于什么是作弊、什么不是作弊的规则界定是武断的，与学习没有什么关系。如果你创建了一个术语和事实性知识的

简表,然后在考试时查阅那张表,你就作弊了;但是,如果你创建了这样一张表,并把它临时记在脑子里,等考完试再忘掉它,这就不算作弊。如果你通过大量地复制、粘贴他人的文章来完成一篇学期论文,那就是作弊;但如果你在做这件事的同时进行了充分的转述,那就不算作弊。

学生们明白,在学校里区分是否作弊的规则就像游戏规则一样,但这不是他们想要选择去玩的游戏。他们在学习内容、考试方式或关于什么是作弊的规则方面几乎没有发言权,在这种情况下,他们很难遵守规则。因此,学校里的作弊现象如此猖獗也就不足为奇了。一份匿名的问卷调查显示,约有95% 的学生承认自己有过某种程度的作弊行为,约有 70% 的学生承认自己曾多次公然作弊,如抄袭其他学生的整张试卷或剽窃他人的整篇论文。[5]

调查还显示,近几年来,作弊数量总体上有所增加,而且大部分作弊者发生了变化。在过去,最常见的作弊者是 "差生",他们出于绝望而作弊;而如今,作弊发生率最高的是那些 "优秀的学生",这些学生的目标是顶尖的大学和研究生院,因此他们的考试压力最大。[6]正如一位高中毕业生在一次广播谈话节目中所说:"我在高中上优等班是因为我想进入最好的大学,而我们班的所有人都作弊了。我们需要分数才能进入最好的大学。"[7]与之类似,一位读过我关于学校作弊的文章的年轻人写信给我说:

> 虽然我并不以此为荣,但我是高中和大学里众多作弊学生中的一员。我从未被抓到过。甚至就连我们高中的毕业生代表也是个长期作弊的人。我的成绩中等偏上,尽管如果我不作弊的话,我的成绩也可以达到中等水平,但在我家,中等成绩是得不到认可的。我总觉得我是被迫变得更 "聪明" 的,可笑的是,变得 "聪明" 总比变得 "诚实" 要好。压力的结果就是,学生们因为不诚实而得到了奖励,这真的很可悲。

　　老师们经常说，如果你在学校作弊，你就是在自己骗自己，因为你在欺骗你自己的学习。但是，只有当你不靠作弊手段学到的东西，比你通过作弊方式节约时间用来做的其他事情更有价值时，这个论点才站得住脚。如果通过在科目 X 上作弊，你节约了更多的时间去学习你真正感兴趣的科目 Y，不管它是不是学校里的科目，你都没有真的欺骗你的学习。学生们都很好地理解了这个论点。根据我与学生交谈的经验，对他们来说，在众多反对作弊的论点中，最有说服力的是通过作弊，他们正在伤害那些没有作弊的学生。大多数学生都不想伤害其他学生。他们视制度为敌人，对通过作弊来打击制度这一点没有多少疑虑，但他们通常不会把其他学生视为敌人，所以当他们认为自己在伤害别人时，他们也会感觉很糟糕。事实上，作弊者被抓有时是因为他们与其他学生主动谈论了自己的作弊行为，而谈论内容不小心被传到了学校管理者的耳中。强制性的学校教育促成了"学生反对制度"的态度，从中引发的问题是非常严重且没有止境的，比如揭发作弊行为的诚实学生变成了告密者。

　　在其他方面，通过作弊获得高分在许多学生看来是一个"三赢"的局面：他们自己想得高分，他们的父母想让他们得高分，他们的老师想让他们得高分。老师们通常不难发现作弊行为，但他们往往选择了忽视，因为学生的高分会使他们脸上有光，尤其是在标准化考试中取得的高分。事实上，在这个高风险考试盛行并让校方为之承担责任的时代，我已经听到过很多老师和校长为了保住工作，人为提高学生分数的例子。许多家长也不会去谴责孩子的作弊行为，反而时刻准备着向法院起诉那些敢于指控学生作弊行为的学校管理者。

　　强制性学校教育制度的一个悲剧是，它教导学生，生活是一系列必须通过的关卡，无论如何，成功在于别人的评价，而不在于你自己真正的、自我满足的成就。许多人一旦离开学校，体验到了更多的自由，就开始设法脱离或部分脱离这条轨道，但是有太多的人永远不会离开这条轨道，他们永远像学生一样，比起真正地获得成就，他们总是更在意别人的评价。这些人会继续行骗——在科学、商业、法律、政治或他们从事的任何职业领域中。对他们来说，在学校养成的作弊习惯会持续一生。

罪状 5：干扰合作发展，宣扬霸凌

人类天生是一个高度社会化的物种，为合作而生。甚至在学校里，孩子们也找到了互相帮助的方法。但是，不管孩子们在学校听到了多少宣扬助人为乐的教育宣讲，从学校制度的设计上来讲，它就是反对合作、教人自私的。强制性的竞争以及持续不断的评分和排名都在隐晦地告诉学生，他们的工作是为自己着想，并且要比别人做得更好。事实上，一个学生给另一个学生太多的帮助也是作弊，因为帮助别人可能会给自己带来伤害：提高了被帮助者的分数，却因此降低了自己的排名。少数非常热爱学校的学生对此深有体会，他们成为无情的优等生，更感兴趣的是击败别人，而不是帮助别人。

学校里按年龄分班，孩子们缺乏自由玩耍的机会，这使得他们的协作力以及同情心的培养和发展进一步受阻。在正常情况下，孩子通常要在自由和自我导向的社交游戏中发展合作和互助的能力，他们会在游戏中学会解决分歧，考虑彼此的需求，以使游戏继续下去。在这一方面，混龄游戏尤为有价值。研究者发现，游戏中年幼孩子的存在会自然地激活年长孩子的养育本能，年长的孩子在玩耍时会帮助年幼的孩子，通过这种方式，他们学会了引领自己培养成熟和有爱心的观念。但是，这种情况在学校里很少见。在学校里，孩子们被迫只与同龄人交往，而自由且无人监督的玩耍却很少见或者根本没有。在过去的几十年中，随着学校教育在儿童生活中占据的比例越来越大以及混龄游戏的减少，心理学家调查到，年轻人中"自恋"（过度自我关注并缺乏对他人的关注）的流行率正不断上升，这也不足为奇。[8]

学校中的按年龄分班、竞争氛围，以及学生在学校管理中发言权的缺失，这一切都为竞争性同盟或小团体的产生提供了绝佳的条件，而这些同盟或小团体又为霸凌提供了基础。未被任何主流团体接纳的孩子可能会被无情地捉弄，而且无法逃脱。

想象一下每天在学校里被欺负是什么感觉，而这就是许多孩子当下的处境。假设你 15 岁、13 岁或 11 岁，由于某种你无法控制的原因而被同学们挑出来作为嘲笑和羞辱的对象，那么在学校的每一天，对你来说都如同身在地狱。你被冠以各种难听的绰号，同学们故意在走廊上撞你，把你手里的书打掉，午餐时没有人和你坐在一起，即便有也是不断地骚扰你直到他们自己停下来。这些人不是漫画里野蛮的恶霸形象，比如爱偷小孩子午餐钱的人，而很可能是受欢迎的学生中的一员——运动员、啦啦队员、预科生，他们不仅受其他学生的欢迎，就连老师、学校管理者和社会上的成年人也喜欢他们。

但是，法律要求你必须上学，不管你在学校里受到什么样的对待。有些孩子的父母有能力也有意愿送他们去私立学校或者说服校董事会让他们在家接受良好的教育，但你不是这小部分人中的一员。你别无选择，那你该怎么办？如果你像成千上万被欺负的孩子一样，每天在学校都遭受这样的痛苦，你就得以某种方式忍受它。你得让自己变得坚强，并从这恶劣的环境中生存下来。可能只有你自己能够体会你遭受的一切。你可能会想到自杀，甚至会幻想对整个学校进行暴力报复。如果你像大多数孩子一样，那么这样的念头就只会停留在幻想之中。然而，如果你是一个特别脆弱的人，那么绝望或愤怒或两者兼有的情绪就会爆发成暴力，要么针对自己，要么针对学校。只有到那时，校园霸凌才会成为更大范围里的社会问题。

海伦·史密斯（Helen Smith）在她的《伤痕累累的心》（*The Scarred Heart*）这本书中讲述了美国华盛顿州里奇兰市 13 岁女孩阿普丽尔·米歇尔·海姆斯（April Michelle Himes）自杀的故事：

> 学校里的孩子们说海姆斯胖，朝她扔东西，还把她推来推去。那些孩子嘲笑她，还散播谣言说她在胸罩里塞了纸巾。海姆斯试图自杀，她的父母带她去精神病院接受了住院治疗，并寻求了心理咨询师的帮助，但这些都没用。在规定的 180 天出勤时间中，海姆斯缺勤了 53 天。之后她被告知必须返回学校，或者面见逃学委员会，然后再由逃学委员会将她送往青少年观护中心。最终，海姆斯做出了自认为更好的选择，那就是自杀。如果在过去，海姆斯本可以选择辍学，但现在，像她这样的孩子被义务教育困住了。[9]

每当这样的事件发生，学校系统都至少会在一段时间内认真对待霸凌问题。他们通常的做法是制定某种与 "反霸凌" 相关的课程或计划，并要求所有学生都参加。这是一门新的必修课，是社会文化对我们在孩子身上看到的每一个问题做出的下意识反应。在过去的二三十年里，美国和其他国家都尝试了许多类似这样的课程和计划，并进行了许多研究，来检验它们是否有效。但到目前为止，还没有任何一个 "反霸凌" 的课程或计划被证明是长期有效的。[10]没有一个项目能够从根本上解决问题，如果不从根本上改变学校的基本结构，就无法解决问题。

霸凌发生的所有场所都有共同的特点，即这些场所中的人都没有政治权力，并被自上而下地统治着，因法律或经济上的需要被约束在其中。例如，它经常发生在成年人的监狱和少管所中。被欺负的人逃不掉，也没有立法权或司法权去对抗欺负者。

通过按年龄分班将孩子们关在牢笼里，让他们无法躲避那些骚扰他们的人，在一个以竞争和胜人一筹为最高价值的环境中教育他们，并剥夺他们在学校管理中任何有意义的发言权，学校系统的这些做法成了滋生霸凌的温床。

罪状 6：抑制批判性思维

教育的一大目标是培养批判性思维。尽管教育者们口口声声在谈论这个问题，但是大多数学生还是学会了避免对他们的功课进行批判性思考。学生们知道他们在学校的任务是在考试中取得高分，而批判性思维会对此造成影响。为了取得好成绩，你需要弄清楚老师想让你说什么，然后说出来。我无数次在大学和高中的课外讨论中听到学生们表达这样的观点。我努力在大学课堂上培养学生们的批判性思维，[11] 但说实话，评分和排名系统虽然是贯穿学校教育体系的主要动力，但它极大地阻碍了学生们在课堂上进行辩论和批判性思考。在由教师决定分数和排名的系统中，很少有学生会批评甚至质疑教师提出的观点，如果教师试图通过评分来诱导学生进行批判性思考，那么也只会产生错误的批判。

要进行批判性思考，人必须有动力和自由来表达自己的想法并提出自己的问题。但是在学校里，学生们知道自己的想法和问题并不重要，重要的是有没有能力对那些他们没有问过也不感兴趣的问题提供"正确"的答案。所谓"正确的答案"，是指教师或考卷出题者指定的答案，而不一定是学生真正理解或关心的答案，或真正认为正确的答案，或在日常生活中有用的答案。

我曾经试图帮助一名高中生辅导数学作业，她的言行很好地概括了这个现象。她假装礼貌地听我解释了为什么一种解方程式的方法是有效的，而另一种却无效，几分钟后，她大声说道："我很欣赏你的尝试，但我不需要也不想知道为什么这种方法行得通！我需要知道的只是如何按照老师想要的解题步骤，得到他想要的答案。"她是一个大家公认的"好学生"，她可能代表了绝大多数这样的学生。

学生们认识到，要想深入钻研学校里的那些科目是不可能的，即使他们想这样做，他们的时间也不允许，因为他们必须遵守学校制定的作息时间表。此外，许多学生认为他们还必须参加一定数量的正式性的课外活动，以证明他们是顶尖大学寻求的那种"全面发展"的人才。那些任由自己追求某个喜爱科目的学生可能会面临其他科目不及格的风险。为了成功，学生们必须全力以付掌握有限的信息并获得浅薄的理解，才能在考试中表现出色。

在学校里，还有一个抑制学生批判性思维发展的重要因素，那就是焦虑。评分和排名系统对学生们进行的持续评估削弱了他们的批判性思维能力。不仅是因为这种持续评估会引导学生们寻找教师想要的东西，还因为它引发了焦虑。批判性思维建立在创造力之上，而创造力的发展需要一定程度的趣味性。批判性思考者会对各种想法进行尝试，他们喜欢站在对立面思考问题，看看会发生什么，以此探索各种想法背后的结论。但是，焦虑阻止了这些想法，并迫使人们沿着陈旧的路径前进。焦虑能够促使大脑对死记硬背的知识做出迅速的反应，但它抑制了新思想或新见解的出现。

罪状 7：知识和技能的多样性减少

通过强迫所有学生学习相同的标准化课程，学校系统减少了学生们选择其他道路的机会，而学校课程仅代表对当今社会很重要的知识和技能的一小部分。在这个时代，没有人能学到比所有已知知识更多的东西，那么为什么要强迫所有人都学习同样的内容呢？在下一章中，我将提出证据，证明当孩子们可以自由地追随自己的兴趣时，他们会选择各种各样不可预测的道路。孩子们会培养自己的兴趣，勤奋地工作，在令他们着迷的专业领域成为专家，然后找到能够利用自己的知识、技能和热情谋生的方法。被迫接受标准化课程的孩子很少有时间去追求自己的兴趣，而且他们中的许多人都认为自己的兴趣并不重要。有些人克服了这一点，去探索学校课程之外的道路了，但绝大多数人都做不到。

在学校之外的现实世界中，个性和知识的多样性都是有价值的。成长的一部分任务是找到最适合自己个性的壁龛。然而，在现代学校的教室里，只有一个壁龛，那些个性不合群的人被视为失败者，或被认为患有"精神障碍"。学校不会调整自己去适应个性的多样性，而是试图塑造每个个体的个性，让他们去适应学校。这方面最明显的例子是当今学龄儿童中 ADHD 的高诊断率。

有些孩子天生比其他孩子更活跃、更冲动，这让他们在学校陷入了困境。对他们来说，每天忍受着单调和乏味在教室里静坐几个小时，做他们不感兴趣的作业，比一般的孩子更困难。在当今高压教育的世界里，这些孩子被贴上了 ADHD 的标签。根据撰写本书时最权威的数据，美国大约有 12%的学龄男孩和 4% 的学龄女孩被诊断患有 ADHD。[12] 绝大多数此类诊断是由学校教师引发的。想想吧！ 12% 的男孩，约占美国所有男孩的 1/8，都被贴上了精神错乱的标签，因为他们不能或不愿意长时间地参与他们觉得无聊的课程。这本身就是一种罪恶。今天，我们甚至听到越来越多三四岁的孩子也被诊断患有 ADHD 并被要求服药，因为他们在幼儿园不能或不愿安静地坐着！

几十年前，在我上小学的时候，大人们似乎能认识到，让孩子们长时间坐着学习是不正常的。我们上午休息半个小时，午饭时在户外玩一个小时，下午再休息半个小时，我们几乎从来不做作业。我们每天 6 个小时的学校生活包括 2 个小时的户外游戏和 4 个小时的教室学习。我不是说那时候的学校很棒，但至少没有现在这么糟糕。今天的很多小学已经不再提供这样的休息时间了，而那些无法适应学校单调乏味生活的孩子被诊断为 ADHD，并被要求服用强效精神类药物，这些药物能立刻降低他们的自发性，让他们能够专心听老师讲课，完成大量无意义的作业。没有人知道这些药物对人类大脑的长期影响是什么，但对动物的研究表明，这些药物可能会影响大脑神经元连接的正常发育，而随着年龄的增长和成熟，大脑神经元连接的发育本会让人变得更容易控制、更少冲动。[13] 也许这有助于解释为什么如今越来越多的 ADHD 病例延续到了成年。与许多精神类药物一样，用于治疗 ADHD 的药物可能会让患者产生长期依赖。

不久前，我向一些家长了解了情况，这些家长在孩子被诊断为 ADHD 后让孩子从公立学校退学，开始在家接受教育。根据他们的报告，在绝大多数情况下，这些孩子在家接受教育后已经停药并且没有特别的学习问题。[14] 当孩子们可以追求自己的兴趣而不是按照别人为他们规划好的道路去走时，当他们可以尽情玩耍时，大多数孩子在学习上没有问题，也不需要精神类药物的治疗。

我在这里列出的罪状并不稀奇。与我交谈过的许多教师都意识到了强迫性教育的这些负面影响，许多人也在努力工作以试图消除这些影响。一些教师在制度允许的情况下，试图给学生灌输尽可能多的自由和玩耍意识；许多教师尽其所能地缓和学生因失败而产生的羞耻感，减少他们的焦虑情绪；尽管存在障碍，但大多数教师都允许并努力培养学生们之间合作与同情的精神；许多教师想尽办法培养学生的批判性思维。但是这个强制性的系统不支持他们这么做，特别是在美国社会把这个系统越来越深地推向它的自证预言的今天。甚至可以公平地说，在强制性的学校教育系统中，教师不能随心所欲地教，学生也不能随心所欲地学。一位教师在回应本章内容的初稿时写道："我不去选择我教的东西，国家会选择。教师们知道孩子们学习中的奇妙之处，但我们不被允许对此采取任何行动。我保住工作的能力取决于我有多少学生通过了（国家规定的）考试。"但与学生不同，教师可以自由退出。

我还必须补充一点，人类，尤其是年轻人，具有非凡的适应性和聪明的头脑。许多学生找到了方法，能够克服因被迫上学而产生的消极情绪，并把注意力集中在积极的方面。他们与上述"七宗罪"抗衡，想方设法合作、玩耍、帮助他人克服羞耻感、正确处理骄傲自大、与霸凌行为作斗争、努力进行批判性思考。尽管在学校里会受到阻碍，他们仍会花时间在他们真正感兴趣的事情上。但要想做到这一切，同时还要满足强制性教育的要求，需要付出巨大的努力，许多人没能成功。至少，完成毫无意义的作业和遵守学校的命令就已大大削减了学生们本可以自由学习的时间。

我在这里描述了强制性学校教育的七大罪状，但称之为"七宗罪"其实有欠妥当，因为你可能还会发现其他罪状。一位读者建议我把"干扰家庭生活"作为它的第八大罪状，因为很显然，学校教育消耗了家庭成员们可以在一起休闲娱乐的时间，还影响了家庭和谐，因为父母们要监督孩子们完成家庭作业，应对孩子们因学校教育而产生的消极情绪和不良行为，在某些情况下，父母们每天都要为了逼孩子们上学而与他们抗争。

减少孩子们的在校时间，减少家庭作业，并将课间休息时间增加到几十年前的正常水平，这些都能对当下的教育困境有所帮助，但不能解决根本问题。为了摆脱本章所描述的这些罪状，成年人需要摒弃人类历史黑暗时期产生的思维和行事方式，在当时，人们认为教育的首要目标是服从。成年人需要抛弃整个体系，重新思考如何才能帮助孩子们以他们自己的方式学习，而不是强迫他们学习别人决定他们应该学习的东西。无论是向前看还是向后看，这都将是一个巨大而美妙的飞跃。狩猎—采集部落中的猎人是对的，他们认为孩子需要自由才能教育自己，这一点在今天的社会和狩猎—采集部落时的社会一样适用。

第 5 章

一所"另类"的学校，
打开孩子的生涯教育

"

人类好奇心的本质就在于他们本能地
想要了解自己所处的世界。

——

丹尼尔·格林伯格　瑟谷学校创始人

People naturally want to make sense of their world.

　　20 世纪 60 年代初期至中期，年纪轻轻的丹尼尔·格林伯格（Daniel Greenberg）先后担任了哥伦比亚大学物理学和历史学的教授，已然是科学史上新兴领域里一颗冉冉升起的新星。熟知格林伯格的人都预言他的学术生涯将长盛不衰。除了在学术上颇有建树，格林伯格也是一位备受欢迎的老师。正是教学的工作让他思考了一些问题，而这些问题似乎要比他一直在研究的亚里士多德的新译本要重要许多。本科生们声称喜欢上格林伯格的课，但格林伯格发现，学生们采用的是被动的学习方式。即使是在属于美国常春藤盟校的哥伦比亚大学，学生们学习物理或历史的主要动机似乎也是在学习尽可能少的学科内容的前提下获得最高的分数。格林伯格想知道，既然并非出于真心和热爱，学生们为什么还要去学这些课程呢？于是他发出诘问：我们的教育体制出了什么问题，才会阻碍学生们培养浓厚的兴趣，进而阻碍他们在受教育的过程中追求这些兴趣？

以我的经验来看，大多数年轻有为的教授都会在某个阶段对教育体制感到担扰，然后又在某个时刻放下担扰，继续投入教学。他们年复一年地坚守在教学岗位上，认为自己的职责就在于调动学生学习的积极性，并让他们在考试中取得好成绩。但格林伯格不是那种轻易打消疑虑的人，他甚至开始认为，这所大学与他再也无法容忍的教育体制简直"沆瀣一气"。格林伯格意识到，正是大学通过教育部门推行了他所谴责的 K-12 教育政策，他也因此做出了震惊众人的举动——辞去教授职位，和妻子汉娜·格林伯格（Hanna Greenberg）一起搬到了马萨诸塞州东部萨德伯里河地区的"荒野"，开始思考教育的本质并为之著书立说。

格林伯格在那个时代的早期著作中，有一篇名为"新哲学纲要"（Outline of a New Philosophy）的论文。他在论文中对"知识是由某些固定的真理构成的"这一理论提出了质疑。[1] 格林伯格认为知识是流动的，今天的真理放到明天可能就会变成谬论或"半真理"；若从不同的角度或出于不同的目的来看，两个在逻辑上相互矛盾的观点可能都是正确的。我们所说的"知识"或许更适合被称为"模式"或是有助于人们理解其周围世界的"解释性概念"。从这个角度来看，我们在对知识进行判断时，更多是在关注其实用与否，而非是真是假。好的想法可以帮助一个人理解其所处的人际社会或物质世界的某个层面，从而引导他在该世界中前行。

这种知识观否定了固定教育课程的价值。最理想的情况是，人们可以自由地利用他们能够找到的任何有用的资源，包括但不限于他人的教学和著作，来开发自己的模式和概念，并借助这些模式和概念来解释他们需要或希望解释的内容。格林伯格认为，人类好奇心的本质就在于他们本能地想要了解自己所处的世界。在努力寻求自己真正感兴趣的问题的答案时，人们自然而然地会使用任何有助于他们解决这些问题的资源。但是，人们对同一问题的兴趣点并不一定相通，相同的资源也不一定对所有人适用。

格林伯格还深入思考了美国的民主原则及其与教育的相关性。在《美国教育的危机》（*The Crisis in American Education*）一书中，他和一群教育改革者① 表示："当今美国的教育制度是有史以来最不具备美国特色的教育制度。"[2] 他们指出，美国的民主建立在三个基本理念之上：第一，人人拥有某些基本权利；第二，受决策影响的人在决策制定中理应有发言权；第三，所有人享有获得成功的平等机会。但这些理念在学校里只是口头上说说，并没有落到实处。言论自由、集会自由、选择幸福之路的自由以及被指控犯罪时受到公平审判的权利，都是学生们无法享受到的。学生们在学校规则的制定以及每日日程的规划方面几乎没有发言权。机会均等被现有的教育体制颠覆，在该体制下，学生们必须沿着学校预先规定好的道路前进，并根据其进步程度被判定为"合格"或"不合格"，更不允许有任何"脱轨"的倾向。格林伯格认为，在一个民主国家里，学校教育的主要目的之一理应是帮助学生们获取成为民主公民的机会，并承担起民主公民的责任；而如果在学生成长的过程中剥夺了他们获取民主公民权的机会和应该承担的相应责任，又何谈有效地实现学校教育的这一主要目的呢？

因此在《美国教育的危机》一书中，格林伯格及其同事认为，民主学校应该是"供思想自由徜徉的市场，让人才自在发挥的企业系统"。[3] 学生们理应有探索自己感兴趣领域的自由，有权利在全方位了解问题后得出自己的结论。在民主国家，学校是供学生探索和发现的宝库，而不是灌输知识的场所。

一所真正民主的学校

1968 年，格林伯格和妻子汉娜联合一群学龄儿童的父母，共同创建了

---

① 后来格林伯格和这些人共同创建了瑟谷学校。

瑟谷学校。学校自创立至今仍在运营当中，本书撰写之时，格林伯格夫妇也都还在该校任职。40多年来，他们每年都被校会推选连任。

40多年来，瑟谷学校可以说是美国教育中最不为人知的秘密——大多数教育专业的学生从未听说过它，教育学教授也忽视它，但这并非出于恶意，而是因为教授们无法将其纳入自己的教育思想框架中。但这个秘密现在正逐步"揭开面纱"，被该校的毕业生们以及曾就读于该校的学生们传播开来。如今，全世界大约有30多所学校是参考瑟谷学校的模式建立的。我预测，最迟50年后，瑟谷学校的模式将出现在所有教育学相关的教科书中，并或多或少被一些甚至所有公立学校采用。在未来的50年里，教育工作者们会意识到，当前的教育方式是早该被摒弃的糟粕。

要想真正理解瑟谷学校，就不能用看待传统学校的眼光来看待它。瑟谷学校既不是蒙台梭利学校，和杜威学校或皮亚杰建构主义学校也有所不同。与典型的传统学校相比，以上提及的这三类学校采用的教学方法可能更符合儿童天然的学习方式，但教师仍然在教学中占据主导地位。此外，这三类学校里的教师还是要求学生按照既定的时间表学习既定的课程，并根据学生在这一过程中的表现对学生进行评估。而瑟谷学校采用的教学方式则截然不同。要想理解这所学校，就必须先认可以下理念，即"**成年人不能控制孩子的教育，应该让孩子自己教育自己**"。

瑟谷学校位于马萨诸塞州弗雷明翰市的城乡结合地区，是一所私立日校，招收4岁及以上至高中年龄段的学生。该校不以考试成绩等能力指标作为招生门槛，学生通过面试和为期一周的参观体验后即可入学，这是为了确保学生及其家长在入学前对学校有足够的了解。近年来，该校的学生人数在130～180人的范围内波动，成年教职员工的人数则为9～11人。这所学校的学费很低，学生人均预算约为周边公立学校的一半，更是远低于其他私立学校，因此该校绝不属于"精英学校"之列。如果美国所有公立学校都遵循瑟谷学校的模式，每年将节省数千亿美元的税款。

这所学校是一个民主的社区。校会是主要行政机构，将所有学生和教职员工囊括在内，在"一人一票"的基础上运作，即不论年龄、资历，每人均有投票权。校会每周开一次例会，总体上全权负责学校的管理，包括行为规则的制定、员工的聘用及解雇，以及重大预算支出的决策。大多数民主国家都不要求所有人参与治理，这在瑟谷学校同样适用，大多数教职员工和相当数量的学生参加大部分乃至全部会议，而其他人，尤其是年龄最小的一批学生，则只在会议议题与他们直接相关时才参加。例如，如果会议议题是"关于是否关闭脏乱的游戏室的讨论"，那么一群4～7岁的孩子很可能就会参会。此外，绝大多数人都会参加每年春天举行的年度员工选举，为来年的员工招聘提供参考。

学校的规则由司法委员会负责执行，该委员会的成员会定期更换，但始终包含一名教职员工、两名投票选出的负责主持会议的学生办事员，再加上五名同样是投票选出的年龄涵盖全校学生年龄跨度的学生。当一名学生或教职员工被指控违反学校规定时，原告和被告必须同时出席司法委员会会议，由司法委员会听取证词并收集其他必要的证据，确定被告"无罪"或"有罪"。若确定"有罪"，则对被告处以适当判决。司法委员会受理的案件既包括诸如"在需要保持安静的室内制造噪声"等严重程度较低的案件，相应惩罚可能是在一段时间内被禁止进入该房间，也包括偷窃、破坏公物或非法使用毒品这类罕见案件，对此的惩罚可能是停学，若屡次犯错，经历多次停学后将被开除学籍，当然这种情况比较少见。有争议的案件和程度最为严重的案件都要提交校会审议。

教职员工，包括仍然在职的创校"元老级"员工，合同均是一年一签，如果要留任，必须每年由校会重新雇用。鉴于学生人数远多于教职员工的人数，二者比例约为 15：1，因此教职员工若能从年复一年的考核中始终留任，那代表他们获得了学生们的认可和欣赏。这些教职员工心地善良、德才兼备、能力超群，为营造良好的校园环境做出了重大而积极的贡献，是学生们视为模范、榜样的成年人。

简而言之，教职员工就相当于这所学校所组成的社区里的成年人，他们的职责包括：确保学生的安全；为有需要的学生提供安抚；开展校会规定的各种例行事务，以维持学校高效、合法地运行；保护学校免受外部侵害，通过自身技能、知识和思想为学生们提供引导。以我熟识的一位瑟谷学校教职员工为例，虽然他的主要职责是按时更新电脑系统并保持其平稳运行，但他热衷于角色扮演游戏，对政治、文学、现代和古代历史以及心理学感兴趣，因此也深受具有同样喜好的学生的欣赏。他与其他教职员工一样，也负责执行校会做出的许多决定。教职员工们并不自称"教师"，因为他们明白，学生们从彼此身上、从游戏和探索中学到的东西比从作为成年人的教职员工身上学到的更多。这些教职员工与学生一样要遵守校规，当他们被指控违反校规时，也会受到同样的审判。毕竟，没有人能凌驾于法律之上。

瑟谷学校的校舍由一座维多利亚时代的大农舍和翻修过的谷仓组成，学生们可以整天自由地在学校的建筑之间以及占地大约 4 公顷的校园里随意走动，与他们喜欢的人交往。学校不会按照空间或任何组别对学生进行分配，这里也没有所谓的"一年级生"、"中学生"或"高中生"。学校许多房间的墙上都摆满了书，有可供所有人使用的电脑，有可用于各类学科和技能教育的设备及师资，学生们可按需取用。8 岁及以上的学生可以在任意时间段自由出入校园，但 8 岁以上、13 岁以下的学生需由另一名学生陪同并共同签名后方可离校，以便学校的教职员工知晓学生前往的目的地和预期返回的时间。学生们常去的是毗邻校园的一个大型国家森林公园。学校会依照学生的要求开设特定科目的课程，但不会强制或变相鼓励学生参加，很多学生甚至从来没有上过一节课。课程也没有规定的上课形式和课程计划，一切全凭学生兴趣，若学生感兴趣，那便继续上；若学生没兴趣，便及时停止。

瑟谷学校的教育理念有一个基本前提，即每个人都对自己的教育负责。学校不设置课程，不开展考试，也不以排名或其他方式评估学生。但以下两种情形除外：第一，学生若想使用昂贵或具有潜在危险的设备，如电脑、厨具或木工工具，则必须先证明自己有使用"资质"，能够正确使用该设备；第二，学生若想取得学校的文凭，必须撰写一篇论文并进行答辩，证明自己已经具备毕业的能力，并且已经是能对自己负责的成年人，可以顺利适应校外生活。论文将由了解学校教育理念的校外评审员进行评估。为保证师生之间不相互评判、不相互敌对、始终相互支持，学校教职员工不参与学生论文的评估。

总而言之，瑟谷学校的运作方式几乎与传统学校完全相反。一些来访者事先只知道这是一所学校，而如果他们在工作日的任意时段到学校访问，看到的景象都会让他们以为学校正处于课间休息时间：学生们正在玩耍、交谈、闲逛，享受各种各样的自由活动。在户外，可以看到学生们成群结队地在草地上吃午餐、爬树、在池塘里钓鱼、玩四方游戏、打篮球、用软剑玩击剑、骑自行车或独轮车、荡秋千或者在操场器械上打闹；在室内，可以看到学生们在做饭、打牌、玩电子游戏、用电脑编程、弹吉他或创作歌曲、在不违反规定的情况下嬉闹、讨论电影或最新的少年吸血鬼小说、闲聊、谈论政治话题、看音乐录影带、搭乐高、自顾自地朗读或是给比自己年纪小的孩子念书、在美术室画画或是通过售卖饼干为学校活动筹集资金。来访者们几乎找不到看起来像是学科作业的东西，比如几名学生和一名老师在参加历史研讨会，或是几名青少年在一起钻研数学问题，或是一个自娱自乐的孩子，专注而一丝不苟地在黑板上写字母表，并在写不出来时，向身边年长的学生求助。

这所学校从各个方面都淋漓尽致地实现了丹尼尔·格林伯格和其他学校创建人早期提出的愿景。这是一个完全民主化的社区，在这里，学生们自始至终享有自由，并履行着民主公民应肩负的责任；在这里，学生们对自己的教育全权负责，任何有趣的想法都可以自由表达。在不伤害他人、不违反学校规定的前提下，所有人的努力都受到同等重视。但是这真的有用吗？在这所学校里，学生们真的能学到为实现当今社会文化所定义的"成功"所需要的知识吗？

一所为教育而办的学校

我对瑟谷学校产生兴趣可以追溯到多年前，那时我 10 岁的儿子斯科特在该校就读，也就是我在序言中提到的情况。很快，我欣喜地发现斯科特在这所学校过得很开心，他觉得瑟谷学校就是一所学校应有的样子。不过我也有些疑虑，因为这所学校与传统的学校完全不同，而我们这一代人或多或少都活在他人的期待中，会对一切不够"正统"甚至看似"异类"的事物感到恐惧：进入这样一所学校，是否意味着斯科特未来的选择会减少？他能被大学录取吗？这个选择是否会断送他的某些职业道路？当时，学校的很多教职员工和毕业生父母给我讲述了很多关于这所学校的毕业生在各行各业取得成功的事例，试图让我安心，但作为一名科学家和一名有责任心的家长，我没有停止追问。与此同时，我产生了以这所学校为对象进行学术研究的兴趣。我很好奇，想尽可能地了解这所学校的一切，包括其运作方式。在那之前，我所有的研究都是在大学的实验室里进行的，以大鼠和小鼠为研究对象，旨在了解哺乳动物某些基本行为的动机、情绪背后的激素影响大脑的运作机制。但是现在，我开始对儿童的游戏、探索过程和遵循天性的学习方式产生了兴趣。

为了消除作为家长的担忧，我决定对瑟谷学校的毕业生进行一次系统的调研，这也是满足我学术好奇心的第一步。我发现时任瑟谷学校兼职教师的传记作家戴维·查诺夫（David Chanoff）也有意开展这样的调研，于是我们一拍即合。在我就任大学的赞助下，我和团队进行了这项研究。

我们的调研对象是瑟谷学校毕业至少满一年的学生。调研所指的"毕业生"包括持有高中文凭的学生，以及 16 岁及以上没有获得文凭但没有计划继续接受中学教育的学生。在我和团队开展调研之时，这所学校的规模相比现在要小得多，而且当时办学仅 15 年。学校的档案显示，有 82 名学生符合我们的调研条件，其中有 4 名学生离校时未获得文凭。我们找到了这 82 名毕业生中的 76 名，其中 69 名，即所有符合条件的学生中的 84%，或我们找到的学生中的 91%，同意且真正参与了调研。我们设计了一份详细的调查问卷，大多数受访者填写了我们邮寄的调查问卷，一部分受访者则通过电话采访或面对面采访的形式回答了问卷上的问题。我们要求受访者回忆并描述他们在校时参加过的活动，询问他们离开瑟谷学校后继续求学或就业的详细情况，以及在这样一所非同寻常的学校就读的经历，给他们之后生活的各个方面带来了什么样的阻碍或益处。我们还进一步了解了受访学生的家庭背景，以及他们来到瑟谷学校的初衷。

我们的研究结果发表在了《美国教育杂志》上，[4] 这个结果使我确信，瑟谷学校是一个运作良好的教育机构。受访者中有 75% 的学生接受过高等教育，他们表示，在从瑟谷学校毕业后申请自己选择的大学时，没有遇到太大的困难，被录取后，也能在学校里表现良好。其中一些人，甚至包括此前从未参加过正式课程学习的学生，进入了享有盛誉的著名高校，而且表现良好。从整体上来说，这些受访者无论是否接受过高等教育，都成功地找到了自己感兴趣的工作，并能够以此谋生。他们从事的职业领域十分广泛，包括商业、艺术、科学、医学以及其他服务和技能类行业。

当被问到在这样一所不同寻常的学校上学，是否给他们带来了阻碍时，大约71%的人表示他们没有遇到任何阻碍，少数报告存在阻碍的人也表示这些阻碍很容易克服。例如，一些上了大学的人表示，起初他们觉得自己对传统学校的一些科目一无所知，但他们还是毫不费力地缩小了自己与传统学校毕业生之间的差距。让我感到惊讶的是，竟然没有一名受访者抱怨自己难以适应正统的大学教育或就业模式。在采访中跟进此事时，受访者通常会告诉我们，继续学业还是从事特定的工作，决定权掌握在他们自己手中。他们在做自己喜欢的事的同时也充分认识到，在追求自己喜好的过程中有必要遵循某些制度性的规定。其中一些毕业生在去瑟谷学校上学前，因为无法自主选择而对学校规定的作业产生过叛逆情绪，但从瑟谷学校毕业后，这些人却并没有对大学和工作中的规定和要求产生反感情绪，因为无论是上大学还是工作，都是他们自己做出的选择。毕业生们还指出，无论是在大学的生活中还是在工作经历中，他们所享有的自由都比在传统学校里多得多。

大约82%即绝大多数的受访者表示，他们在瑟谷学校的求学经历使他们在学业进修和职业生涯的发展中都受益匪浅。这些益处大致可以归纳为四类。

第一类益处是责任心和自我导向。受访者们解释说，在瑟谷学校，他们需要自行安排日程，需要为自己的错误负责，如果要对学校做出改变，就必须按照学校的民主程序进行。由此产生的个人责任感一直伴随着他们，并使他们在高等教育和工作环境中受益。

第二类益处与第一类密切相关，即受访者们表示自己在学业进修或所选职业的生涯发展中表现出了强烈动机。因为曾在充满乐趣的环境中学习，这种经历会促使他们选择继续求学。这些受访者写道，他们对自己十分感兴趣的一些活动和想法展露出强烈的好奇心，并且十分愿意去学习和探究这些活动和想法。此外，大多数人表示，他们在继续从事自己选择和喜欢的工作时，往往情绪高涨。一位从 9 岁就开始在瑟谷学校就读的毕业生，目前是大学里的优等生，他这样说：

> 大学里有很多人在一些实质性的领域里比我经验丰富，但我能够从态度优势上很快弥补和他们之间的差距。我秉持的态度是，上大学的目的在于追寻乐趣，要充分利用并尽情享受大学所能提供的一切；而许多人的态度是，上大学是某种禁锢下不得已的选择。他们从未思考过自己人生的其他可能性。

第三类益处是获得特定的技能和知识。在瑟谷学校的玩耍和自发性的探索，让许多受访者深刻地理解了他们最感兴趣的领域，从中获得了非凡的技能，进而在这些领域开始自己的职业生涯或继续接受高等教育。我将在后文对第三类益处进行详细阐述。

第四类益处是不惧权威。受访者们认为这主要得益于他们在瑟谷学校与教职员工之间建立的相互尊重的关系，还有参加校会和司法委员会会议锻炼了他们详细、清晰地表达自己观点的能力。这些人表示，他们与大学教授和雇主之间的关系融洽，能够顺畅地沟通，在需要时也不难向他们寻求帮助和建议。例如，一位从一所著名的私立大学获得经济学学士学位的受访者说："我会在经济系的办公室里走来走去，和教授们交流，就像在瑟谷学校的办公室一样自在。我始终觉得每个人都有权这样做。大多数学生感到自己和教授之间有'鸿沟'，将教授视为'假想敌'，自然不习惯以这种方式与'敌人'相处。我就不会有这种感觉。"随后这名受访者又谈到自己组织的一个俱乐部，其宗旨就是为学生和教师搭建桥梁，让他们聚在一起。

在回答调研的最后一个问题，即"如果当初在传统学校而不是在瑟谷学校上学，我的人生会更精彩吗"时，所有人给出的答案都是否定的。除了两名没有回答这个问题的学生，其余受访者中有 11 人表示"很高兴"、有 56 人表示"非常高兴"自己在瑟谷学校而不是在传统学校就读。许多人提到前文所述的四类益处，认为正是这些益处让他们得以昂首阔步地走向毕业后的人生。也有很多人说，之所以庆幸自己能在瑟谷学校就读，是因为他们在这里享受了无忧无虑、自由自在的童年，并作为独立的个体受到了尊重、得到了重视。还有一些人特地撰文讲述学校的民主氛围和规程对他们而言有多么重要。一位受访者如是写道："学校对民主理念的阐述，特别是关于个体责任的辩论，给我留下了深刻的印象。我仍在努力探索自己应尽的责任并进一步履行，这种心态对我生活的方方面面都有所裨益。"

在我和团队的初始研究开展之后，瑟谷学校也以曾在该校就读的学生为对象，进行过两次系统的深入调研，调研结果以书籍形式出版。[5] 彼时，瑟谷学校的毕业生人数相比我和查诺夫最初启动调研时增加了不少，而且学生们从瑟谷学校毕业后，也有了更丰富的生活阅历。不过学校开展的调研所得出的一般结论与我们的调研结果类似：学生们从瑟谷学校毕业后，不管是在高校学习还是选择就业，都能有出色的表现，且其中绝大多数人认为自己之所以能取得成功，主要是因为在这所学校掌握了有用的技能，培养了良好的心态并塑造了正确的价值观。

毕业生们为何能取得成功

瑟谷学校的运作理念与当今社会文化中关于教育的主流思想相悖。大多数人认为，孩子需要耐着性子听完课，努力完成指定的作业，如此才能取得成功。所以，提出与此不一致的观念简直是"冒天下之大不韪"。即便孩子可能会抱怨或反抗，甚至不得不服用精神类药物才能集中精力完成指定的功课，大多数人还是认为，为了孩子今后的成功，这样做是有必要的。

在听说瑟谷学校毕业生的成功事迹之后，大多数人倾向于在维持原有教育理念的前提下找出这一现象的成因。比如有人认为，在某些看不到的地方，一定有成年人在给孩子们授课；有人猜测，要么是这些孩子在家中接受了父母的教育，要么是学校的教职员工能力卓越，能够操控孩子，让他们自愿学习该学的知识和技能。

我可以肯定地说，以上两种情况都不存在。的确有一些父母抱着"反正可以自己在家给孩子授课"的想法，让孩子到瑟谷学校就读，不过这些父母很快就打消了这一念头，因为试图在家中授课本身就与学校的教育理念相悖，最后他们只有两种选择：要么停止在家中授课，要么让孩子从瑟谷学校退学。不可否认的是，学校的教职员工的确能力超群，能够以身作则，并在与学生们的交流中潜移默化地影响他们的学习方式，但教职员工们并没有兴趣操控学生去学习特定的课程。他们坚信，孩子们通过自主选择的方式主动学习，能够产生最佳效果。帮助孩子学习的最好方法就是让他们自己学习，教师或家长只在孩子们寻求帮助或建议时介入，而且只在孩子们要求的范围内给出适当的帮助或建议，绝不过度干预。

为了给学校的成功找到合理的解释，还有一些人认为，瑟谷学校的学生在入学前就属于特殊群体，无论他们接受什么样的教育，都一定会取得成功。尽管学校没有设置入学要求，但只有少数学生自愿选择或被家长允许在这所学校就读。试想一下，选择在这所学校就读的学生都是谁呢？他们有什么"特别"之处吗？尽管这些学生当中的确有一部分在多数传统教育者看来容易在未来取得成功，但其余大部分学生并没有这种特质。在我们对毕业生的调研中，超过一半的受访者表示，在进入瑟谷学校之前，他们是传统公立学校里的"问题学生"，他们的问题包括常常不听管教、屡次考试不及格等，有些学生甚至被诊断患有学习障碍；其他受访者则表示，因为父母信任学校，所以从一开始就选择把自己送到瑟谷学校上学；还有部分学生虽然在公立学校表现良好甚至优异，但还是被瑟谷学校吸引而中途转学进入该校。

据我观察，在瑟谷学校，不存在"某种性格的学生会表现不好"之说。有些学生喜欢冒险，有些则谨小慎微；有的学生十分独立，有的则喜欢团队合作；有的学生行为端正，有的则一直和学校的司法管理制度"作对"；有的学生爱好学术研究，有的对学术不感兴趣；有的学生喜欢自己参与营造的井然有序的校园环境，有的则更偏爱杂乱一点的环境。在瑟谷学校，每个学生都有自主选择的权利，他们可以自由安排日程以满足个人诉求。学校也不会按照统一的模式塑造学生，相反，学生可以通过改变环境来适应自身发展，确保周边环境始终和自己的成长相得益彰。

我认为，"瑟谷学校的教育模式只适用于某些特殊学生群体"这个论点根本站不住脚。结合我自身的观察和学校教职员工提供的报告，不难发现，学校里表现不好的极少数学生，要么是因为屡次犯下情节严重的错误而被司法委员会和校会依正当程序开除，要么是本身患有严重的精神障碍，无法通过社交和玩耍进行学习。被诊断患有 ADHD 的孩子可以在学校里表现优异，但患有严重自闭症的孩子，因为缺乏与他人正常社交和玩耍的能力，所以通常在学校里表现不好。在我看来，瑟谷学校显然适用于所有正常的孩子，在这里，孩子们得以充分发挥自己的天性，从而主导自己的人生，他们可以与周围的人建立社会联系，学习必要的知识，以便在滋养自己的文化中立足。瑟谷学校的教育模式之所以有效，是因为在我们所处的时代和地域，它能够发挥相当于狩猎—采集部落的功能。

为什么将瑟谷学校比作狩猎—采集部落 [6]

瑟谷学校的创建人并没有想建立一个狩猎—采集部落的模型，他们的目标是创建一所符合美国民主原则的学校。不过在我看来，这所学校恰恰包含了狩猎—采集部落的某些元素，而且这些元素对于孩子们充分发挥自我教育的天性至关重要。也许这不是巧合，因为许多人类学家指出，狩猎—采集部落就是原始的民主社会。[7]我认为让孩子们有效地发挥自我教育的天性需要一些条件，而这些条件，狩猎—采集部落和瑟谷学校都具备。

玩耍和探索的时间与空间

在玩耍和探索之中进行自我教育是需要投入大量自由时间的。这里的"自由时间"是指一个人可以随意支配和安排的时间，不受权威人士的施压、评判或干涉。这些"自由时间"可以用来结交朋友、实践想法、动手操作、体验无趣而后克服无趣、从犯错中吸取教训、发现并培养自己的兴趣爱好。在狩猎—采集部落中，成年人几乎不对儿童和青少年提要求，部分原因在于，他们认为年轻人需要在自我探索和玩耍中成长为有能力的成年人，这一点在瑟谷学校也是同样的。

自我教育还需要空间——用来漫游、逃离、探索的空间。理想的空间应包含与滋养孩子成长的文化相关的环境元素。狩猎—采集部落的成年人相信自己的孩子拥有良好的判断力，在冒险时知道该和成年人保持多远距离是安全的。在瑟谷学校，在不超越社会司法制度的范围内，学生们同样受到了如此这般的信任。他们可以探索学校周围的森林、田野和附近的小溪，可以去参观当地的商店和博物馆，也可以去其他任何感兴趣的地方，前提是不能隐瞒行踪，并要采取足够的安全措施。

混龄玩耍

我在第 2 章曾提到，由于狩猎—采集部落里孩子的数量过少，不存在以年龄段区分儿童游戏团体的情况，所以不同年龄段的孩子势必会在一起玩耍。而在瑟谷学校，学生的数量已经足够多，他们本可以选择只跟年龄相近的人一起玩耍，但他们没有这样做。研究表明，瑟谷学校的学生常常自愿和不同年龄的孩子一起玩耍。[8] 不以年龄划线分组的游戏可以让年幼的孩子向年长的孩子学习技能和复杂的思维方式，也可以让年长的孩子学习如何照顾、引导年幼的孩子，在人际交往中变得更加成熟稳重。我将在第 9 章对此进行更为详尽的解释。

能接触知识渊博、有爱心的成年人

在狩猎—采集部落，成年人的世界与孩子的世界并不是相互割裂的。孩子们日日看着成年人的所作所为，听着成年人的故事、讨论和争辩，并在游戏中模仿和学习。在需要大人的帮助，或者遇到其他孩子也无法回答的问题时，孩子们可以向部落中的任何一个成年人求助。部落里所有的成年人都关心孩子们的成长，而事实上，其中许多成年人就是孩子的叔叔、阿姨或者其他亲属。

在瑟谷学校，虽然成年人与孩子的人数比远远小于狩猎—采集部落，但这并不妨碍他们之间的自由交往。学校范围内的任何地方，教职员工能去，学生也一样能去。学生们可以聆听成年人的讨论、观察成年人行事，还可以随时加入成年人的活动。无论有任何需要，学生们都可以向任意一位教职员工求助，比如想找人给个膝盖坐一坐、借个肩膀哭一顿，或是想寻求个人建议，或是希望有人能帮自己解决无法解决的技术问题，或者偶尔需要以辅导或授课的形式提供更长时间的帮助等。学校里的成年人就像孩子们的叔叔、阿姨一样，他们熟知每一个学生，为学生们的成长感到骄傲。教职员工要想连任就必须在每年举办的投票选举中胜出，而学生们的投票至关重要。所以，能获得连任的教职员工必然都是真心喜欢孩子、受孩子们爱戴且能有效满足孩子们需求的人。

能接触并自由使用相关设备

要想学会使用一种文化工具，必须先能接触到这些工具。狩猎—采集部落里的孩子可以接触到的工具包括刀、挖掘棍、弓箭、捕猎罗网、乐器、独木舟等。而在瑟谷学校，学生们可以接触到我们所处文化中最常用的各种设备，包括电脑、厨具、木工工具、艺术材料、乐器、各种运动设备以及堆满书籍的壁柜，当然，也可以使用开放校园政策允许范围内的其他设备。

能自由交流思想

如果人们可以自由地分享观点和想法，不必受到审查且不用担心遭人排挤，那么人类的智力将得到最好的发展。据人类学家报告，狩猎—采集部落的成员们在信仰方面并不是刻板的。[9]部落成员们畅所欲言，对那些会影响群体的想法进行无休止的辩论。在瑟谷学校也是如此。这所学校将自身与任何政治或宗教意识形态相剥离，所有人的所有想法都可以摆在明面上讨论。因此，在瑟谷学校，想法是可以触发思考并用来辩论的，而不是让学生们死记硬背然后在试卷上写出来的。学生们在家里可能不太能听得到关于政治、宗教或哲学思想等各个领域的讨论，但在学校里可以。

免受霸凌

自由探索和玩耍的前提是确保个人的人身安全，不受羞辱和霸凌。狩猎—采集部落和瑟谷学校都提供了这样的环境。人类学家指出，狩猎—采集部落文化中紧密的人际关系、不分年龄的交融以及非竞争的平等道德观有效防止了霸凌行为的发生。[10] 如果一个孩子欺负另一个孩子，那么年长的孩子会迅速介入并阻止。这在瑟谷学校也是一样，而且对该校的研究表明，如果有年幼的学生在场，年长的学生就不容易产生剧烈的情绪波动（详见第 8 章）。此外，瑟谷学校基于民主原则建立的校园规则和司法系统也可以防止恶性霸凌行为的发生。学生如果感到自己被骚扰了，可以"指控"霸凌者，要求其出席司法委员会的会议。由于瑟谷学校的学生们既是规则的制定者又是规则的执行者，所以他们比传统学校的学生更懂得尊重规则。

民主制管理

狩猎—采集部落和瑟谷学校都是民主制的。我在前文提到过，狩猎—采集部落并不遵循所谓的"首领决定制"，攸关群体的决策需要经过长时间的讨论，直至所有参与讨论的人意见达成一致。瑟谷学校的管理有一套正式的民主程序，校会的讨论和投票也包括在内。在民主制的管理下，学校里的每一个人都有一种责任感，而责任感正是教育的动力来源之一。通俗来讲，如果我的意见能够被采纳，如果我对团体的行事和运作方式拥有真正的发言权，那么我在思考事情时就会更加慎重，发言时也会更加理智，因为我接受教育不仅仅是为了我自己，也是为了让我所在的群体变得更好。

学生在校活动和职业生涯的关联

在接下来的 4 章中，我会更多地着墨于学生们在瑟谷学校及其他可以自由玩耍和探索的环境中，是如何进行自我教育的。不过我要先提出一个议题,这也是瑟谷学校毕业生们在接受调研时反复提到的,那就是:学生的在校活动与后续职业生涯的关联。通过玩耍和探索,学生们找到了自己喜欢的活动,因为喜欢所以更加擅长这些活动,甚至在此后从事与这些活动紧密相关的工作。下面我列举了一些毕业生的案例,这些案例能够直观地展现学生们的在校活动与他们后续职业生涯之间的联系。除非另有说明,此处所有直接引文均来自《瑟谷学校传奇Ⅰ:童年的王国》(*Kingdom of Childhood*),在书中,31 名曾就读于瑟谷学校的学生自述了他们在学校里的经历。[11]

- 卡尔在 22 岁时参加了我和查诺夫发起的对瑟谷学校毕业生的初期调研,那时他已经是一家电脑软件开发公司的创始人兼总裁,这家公司的年营业额超过 100 万美元。卡尔之前在公立学校里成绩很差,七年级结束后才转学到瑟谷学校。他在瑟谷学校时对电脑和编程产生了浓厚兴趣,当时恰逢家用电脑行业兴起,卡尔产生了将电脑引入学校的想法,他也因此成为学校的电脑供应商负责人,从中学到了很多商业知识。毕业时,他已经成长为一名专业的软件开发师,又精通商业运作,擅长和商务人士打交道。在采访中,卡尔还提到了一件颇有些讽刺的事:几年前给他打不及格分数的那所公立学校,目前是他的客户之一。可见,同一名年轻人,是在被"压迫"的情况下接受教育,还是在自由的环境中追寻自己真正的兴趣,两者产生的结果可以说是天壤之别。
- 卡罗尔在瑟谷学校就读期间喜欢上了船只,后来她成了一名邮轮船长。她时常在校园的池塘里玩小船。十几岁时,她凭借开放校园政策提供的便利,花了很多时间在附近的海岸地区学习航海和帆船技术。
- 弗雷德在瑟谷学校完成了小学和中学教育,后来成为一所重点大学的数学教授。从瑟谷学校毕业后不久,他接受了一次采访,解释说自己小时候对科幻小说非常着迷,进而对物理学和数学萌发了同样的热情，在瑟谷学校就读的最后几年，他一直在自学物理和数学。在谈及科幻小说和数学之间的联系时，他说："科幻小说大多以介于'可能'与'不可能'之间的事物为描写对象。好的科幻小说一般有两个思路，要么试图与任何已知的事实相矛盾，要么改变一个假设并进行验证，这一点和许多数学概念相似。"[12]

- 弗兰是一位高端时装设计师，同时也是某高端服装品牌的负责人。她从小就对纺织品和缝纫很着迷。一开始，她给洋娃娃做衣服；十几岁时，她开始为自己和朋友做衣服。在一次采访中，她说："有一次我和亚历克西斯发现，女装的袖子和男装的袖子在形状上有很大的差异，从那时起我才真正开始学习打版和制作图案。我开始给别人做衣服，比如给我的男朋友做衬衫，给别人做皮革衫，还会做些刺绣来赚钱。我只穿牛仔裤，但我会在牛仔裤上绣上漂亮的图案。找到工作后，我便开始着手自制职业装，它们后来挂满了我的整个衣橱。"在瑟谷学校的帮助下，弗兰得以在波士顿一位服装设计师门下实习，并就此开启了自己的职业生涯。

- 大概没人会相信，一个孩子的理想是将来成为一名殡仪师吧？然而亨利就是这样一个孩子。亨利在某位家人离世后，看到殡仪师给予失去至亲的人们以莫大的安慰，这让他产生了成为殡仪师的念头。在瑟谷学校，亨利从解剖动物尸体的过程中进一步坚定了成为殡仪师的想法。在一次采访中，他谈到自己十几岁来到瑟谷学校后的经历："如果发现有同学和我一样喜欢科学和生物学，我就会跟他们一起四处搜寻动物尸体并对其进行解剖。我最美好的回忆之一就是和梅勒妮开着车在路上寻找动物尸体，找到之后就用垃圾袋把它捡起来，路人看我们的眼神就像看疯子一样。之后，我们会把动物尸体骨肉分离，只留下头骨用来观察对比。我想，除了瑟谷学校，其他任何学校恐怕都不会允许我们鼓捣动物尸体和骨架。毕竟，'真正的'学校可不会让你在餐桌上解剖浣熊。"亨利现在已经是一名成功的殡仪师和遗产规划师。

- 海伦成了一名医生。她十几岁时不顾父母的反对来到瑟谷学校，每天清晨在餐馆打工，用以支付自己的大部分学费。在一次采访中，她说："从瑟谷学校毕业后进入医学院继续学习，这就是我最理想的状态。我喜欢发现问题并解决问题。13 岁时我读到《悉达多》（*Siddhartha*），开始对东方文化产生兴趣，也开始练习瑜伽和冥想。我感到有些地方有问题，于是就尝试去解决这些问题，一直以来我似乎都是这么做的，然后冥冥之中我就来到了瑟谷学校。我喜欢阅读。别人送给我的书或多或少都和健康有点关系，包括卡拉在我去瑟谷学校上学时送给我的《心灵助产术》（*Spiritual Midwifery*），这些书在早期培养了我对医学的兴趣。我觉得学习如何抚养孩子也很重要，我从中了解到一些我自身认知以外的知识，比如母乳喂养可以持续很长时间，还有父母可以陪孩子睡觉直至他们长大一些。听到或看到这些我尚未经历的认知之外的事情会让我感到兴奋。在学校教职员工的影响下，我形成了自己的世界观，而不仅局限于将世界看作一个广大的地域。教职员工对学生的引导才是教育的关键所在，这是我的经验之谈。"

- 汤姆成了一名主机械师，也负责开发高科技工业机器。这是本章的最后一个案例，所以我在转述他的故事时会引用更多他本人的原话，内容同样摘自《瑟谷学校传奇 I：童年的王国》中的一次深入采访。从汤姆所说的故事中，我们可以对瑟谷学校有一个全面的了解：

在公立学校那段屡屡受挫的日子里，父母一直是我坚强的后盾。六年级时，我想尽一切办法全身心地抵抗公立学校的制度（大家最好不要效仿）。来到瑟谷学校之后，我发现这里没什么是需要我去反抗的，所以我也不必再像在公立学校里那样去学一些坏习惯，比如抽烟。只有在有人强迫我去做我不喜欢且非常抵触的事情时，反抗这一行为才有意义。在瑟谷学校，没什么值得我反抗的东西，所以我只需要玩就行了。

捏橡皮泥大概是我做过的最专注的事情。那时我和朋友们常去美术室捏橡皮泥，其间我们基本不会离开，到了午饭时间就在美工桌上吃午餐，吃完又继续捏，捏到晚上美术室关门才离开。有时我们会用橡皮泥捏出一个"金矿开采地"，或是包含不少"旅馆"和"酒吧"的"城镇"。总之我们会捏出很多建筑、车辆和人的形象，并利用这些捏出来的形象布置各种场景。不过呢，大部分时间我们都在用橡皮泥进行"创作"，比如捏出一个又一个坦克和飞机。其实我现在做的是和当时差不多的事情，只不过曾经我是用橡皮泥"捏造"物品，而如今我是真正在设计产品。现在的我和当时的我同样专注，不分日夜地投入其中，唯一的区别是，孩童时期不需要处理成年人才会有的这么多麻烦事。

我用橡皮泥来开拓自己的"商业版图"，捏了很多工厂的模型，包括一个罐头厂。我当然也可以在头脑中凭空构建出要建造的工厂的样子，但是我曾在电影和书本里看到过类似装瓶厂的样子，便从中借鉴完成了作品，毕竟捏出来的形象还是要符合现实。鉴于我们可以使用的橡皮泥数量有限，而且这个游戏的乐趣在于不断创造，所以我们只能把捏好的作品推翻重来，如此循环往复。

后来我和朋友们有了新的想法——用旧轮子等物品制

作手推车。我们常常跑到地下室去，修理人们捐赠的旧物品，比如旧自行车之类的东西，然后让教职员工或学长带我们去镇上的垃圾场，把找到的自行车或三轮车零件带回去，用来制造新的车子。这就像在做小本买卖——修理旧车，必要的话给它们刷漆，再贴标出售，价格从 50 美分到 75 美分不等。

虽然学校里没人知道我想了解什么知识，但他们会教我如何获取信息。如果我想查找些什么，他们就会教我使用图书馆目录，或者教我怎么跟校外的专家交谈。如果只是待在家里，没有到瑟谷学校就读，我想我的学习能力不会这么强。

如果我在学校喝了酒，那一定是因为我做了一个蒸馏器。一个孩子偷偷把少许威士忌酒放进午餐盒里，和一个孩子用三、四个月的时间制造一个蒸馏器，然后自己制造出威士忌酒，这两者之间的区别是很大的。悄悄说一句，我其实从来没有喝过自己做的威士忌酒，让我着迷的是制作威士忌酒的原理和过程。威士忌酒是我在获得了学校的许可下一步步制造出来的，按照学校的规定，我有权拥有这些酒。如果当初我只是说自己想在学校喝些威士忌酒，那么大概每个人都会说："不行，那是违法的。小孩儿可不能在学校喝威士忌酒。"

再来说说我在愚人节用"喷射机关"搞破坏的故事。学校厨房里有一个旧的信号控制面板，只剩下一部分电线了，还有一部分电线垂到了地下室里。我把挡风玻璃清洗泵连接到地下室的一块电池上，然后挂在一个小喷射器的喷嘴上，制成了一个"喷射机关"。我把机关放置在两个炉子之间，让它对准一个座位。等到有人坐到那个座位上时，我就按下一个小按钮，坐在座位上的人就会遭到"袭击"。

现在的我依然和过去一样。我时常想，是不是瑟谷学校造就了现在的我？我没有确定的答案。但如果答案是肯定的，我也并不意外，因为这所学校真的让我受益匪浅。来到这里以后，就连曾经在公立学校时困扰我的胃痛都消失了，我也不再把时间浪费在愚蠢的抗争上了。

Free

to Learn

第 6 章

大人不去掌控儿童的教育，
儿童会自我教育

> **66**
>
> 我们的大脑是连接在一起的一个单一认知系统，
> 使所有其他动物的大脑都相形见绌。
>
> **99**

—

丹尼尔·丹尼特　著名哲学家、塔夫茨大学哲学教授

Our brains are in effect joined together into a single
cognitive system that dwarfs all others.

　　1999 年 1 月 29 日，时任印度一家教育技术公司科学总监的苏伽特·米特拉（Sugata Mitra）发起了一项关于儿童自我教育能力的有趣实验。他打开了一台安装在他工作大楼外墙上的电脑，这座大楼正对着印度新德里最贫穷的贫民窟之一。这个社区的绝大多数孩子都未受过教育，他们不识字，也从未见过电脑。米特拉打开电脑，让它保持开机状态，并告诉一拥而上的孩子们，他们可以玩这台电脑。然后，他用安装好的永久摄像机来监控电脑周围的活动。

　　大多在 7 ～ 13 岁之间的孩子立即开始探索起这个奇怪的装置，在他们看来这就像某种电视机。他们触摸了一些部件，并意外地发现，他们可以通过在触摸板上移动手指来拖动屏幕上的指针。更让人兴奋的是，当指针移动到屏幕的某些地方时，会变成一只手；当指针是一只手时，通过按触摸板，他们可以改变屏幕。孩子们急切地找来自己的朋友，向他们介绍这台迷人的机器。他们会互相分享源于个体或团体的每一个新发现。几天之内，在没有任何成年人指导的情况下，几十个孩子都开始用电脑听音乐、玩游戏、用微软画笔画画，以及做其他任何地方的孩子都会用电脑去做的事情。

随后，米特拉和他的同事在印度其他地方重复了这项实验，总的来说，无论是在农村还是在城市，结果都是一样的。只要有一台电脑向公众开放，孩子们就会很快聚集过来，探索并使用这台机器。除了相互分享，他们没有依靠任何外界的帮助就发现了使用它的各种方法。[1]孩子们启用不同的名称来指代电脑及其配件，还有屏幕上的各式图标以及点击图标后所执行的任务。例如，一群孩子用他们的母语印地语将指针称为"针"，将文件夹称为"橱柜"。

在有网络连接的电脑上，孩子们学会了如何上网。联网的电脑能使他们获得全世界的知识。不会阅读的孩子通过与电脑的互动开始学习阅读，那些有阅读能力的孩子有时会找到并下载他们感兴趣的文章，那些文章，通常是用印地语或马拉地语等他们认识的语言写成的。初学英文的孩子会通过人机互动或与他人讨论电脑的相关知识来学习新单词。在一个偏远的印度村庄，以前对微生物一无所知的孩子通过与电脑的互动了解了细菌和病毒，并开始在日常对话中恰当地使用这些新知识。[2]

米特拉估计，他和他的同事每安装一台电脑，在电脑变得触手可及的3个月内，就会有300名儿童学会使用电脑。这意味着，3个月的时间里，100台电脑能使3万名儿童学会读写。通过使用电脑，米特拉认为他们可以完成以下大部分或全部任务：使用所有 Windows 操作功能，包括单击、拖动、打开、关闭、调整大小、最小化、菜单、导航等；用电脑画画；加载和保存文件；玩游戏；开展教育和其他项目；在联网的情况下浏览网页、上网冲浪；设置账户；发送和接收电子邮件；在网上聊天；进行简单的故障排除，例如解决扬声器不工作的情况；下载和播放流媒体①；下载游戏。³米特拉和他的同事将他们的实验称为微创教育的实例，这个名字借用自外科手术，是指一种对儿童生活干预最小的教育。

米特拉的实验说明了人类天性中的三个核心，即好奇心、游戏性和社会性是如何完美地结合起来，以达到教育目的的。好奇心把孩子们吸引到电脑前，激发他们去探索电脑；游戏性促使他们学习并掌握了许多电脑技能；社会性让每一个孩子学习到的知识像星火燎原般传递给其他几十个孩子。在前几章中，我提到了人类的"教育本能"，给出了有关其本质的线索，并提供了证据，证明它可以像在狩猎—采集部落中一样，为我们当今社会文化中的教育提供基础。在本章，我将更详细地阐释人类自我教育的强大驱动力。

可教育的动物

从进化的角度来看，人类是可教育的动物。人类受教育的程度远远超过其他任何物种。正如第 2 章所讲，教育就是文化的传承，它是一系列的过程，通过这些过程，每一代人都能获得上一代人的技能、知识、礼仪、信仰和价值观，并在此基础上建立自己的文化体系。按照这样的定义，教育与一种特殊的学习有关。所有动物都会学习，但只有人类会在很大程度上从同类中的其他人那里学习，从而创造、传播和建立文化，并不断传承下去。

至少在 200 万年前，人类的基因序列开始沿着进化的轨道前进，这使

---

① 指传输音频、视频或多媒体文件的一种网络多媒体传播方式。——译者注

人类更加依赖于文化传承。随着时间的推移，人类发展了狩猎、采集、加工食物、保护自己免受肉食类动物的伤害、分娩、照顾婴儿和抗击疾病的方法，这些方法依赖于详细的知识和熟练的技能，而这些知识和技能绝非任何个人或群体能够独自发现和创造的。人类的生存建立在前几代人的积累之上，正如我们的祖先也仰赖他们的祖先那样，我们越发依赖同类、同族之间或族群之间合作、共享的能力，这需要社会道德、规则、礼仪、故事以及共享的文化信仰和价值观的传播和传承。简而言之，人类社会开始依赖教育。

今天，当我们提到教育时，大多数人会想到的是学校教育。换句话说，他们认为教育是成年人对孩子所做的事情。但教育早在学校教育出现之前就有了，即使在今天，大多数教育也是在校外进行的。说人类是可教育的动物，是指人类天生拥有获取和依赖自身所属文化中的知识和技能的本能驱动力。今天，在大多数人的心目中，教育的责任在于成年人，他们有责任使孩子获得文化中某些方面的知识和技能，无论孩子是否愿意。但是**纵观人类历史，教育的真正责任总是落在孩子们自己身上的，即便到了今天仍然如此。**就像孩子们来到这个世界时，本能地想要觅食，具有求生的内驱力一样，当他们来到这个世界时，也本能地想要自我教育——学习他们必须做的事情，以便成为他们所属文化的有效成员，从而生存下来。从广义上讲，这些本能的驱动力即好奇心、游戏性和社会性。

自然选择在很大程度上是通过建立和修改已经存在的结构和本能来起作用的。所有的哺乳动物在某种程度上都好奇、贪玩、爱交际，但是在人类这个物种中，这些特点已经得到了极大的扩展与塑造，用以适应我们独特的教育需求。

好奇心：探索和理解的驱动力

　　每当米特拉和他的同事在一个新的地方安装一台户外电脑时，孩子们都会因为好奇而围着它。他们想知道这个奇怪的东西是什么，它是如何工作的。他们特别想知道能用它来做什么。

　　亚里士多德在公元前 4 世纪以"好奇乃人类之天性"这句话开启了一部科学思想起源的巨著。[4]没有什么比这更明显的了：小婴儿注视新奇事物的时长通常要大于注视熟悉事物的时长；而人在弥留之际，也常会忍受着痛苦坚强地想要多活一会儿，因为他们还想知道接下来会发生什么。在人类从出生到死亡的所有清醒时间里，我们的感官对周围世界的变化始终保持警觉，也就是说，我们的好奇心在不断增强。如果把一个人困在一个始终不变的环境中，让他没有新的东西可以探索，没有新的东西可以学习，那么在任何地方，这都被认为是残酷的惩罚，即使这个人所有其他的欲望都能得到满足。对一个健康的人来说，对知识的渴望是永不停歇的。

　　当然，人类不是唯一有探索动机的物种，所有生物都会探索它们的环境，以寻找供其生存的所需。但是，对一些动物来说，探索只涉及随机或半随机的运动。阿米巴原虫随机移动，直到它接触到预示着附近有食物的化学分子，才会继续朝同一方向移动，直到吞下食物；觅食的工蚁从蚁巢中随机向外移动，同时留下微弱的化学痕迹，[5]如果一只蚂蚁找到了食物来源，它就会回到蚁巢，同时留下一条比化学痕迹更牢固的足迹，蚁群中的其他蚂蚁便可随之而来。与原生动物和昆虫相比，哺乳动物的探索方式更加直接，这些方式似乎是为了获取其生存环境中的多种信息而精心设计的。通过探索，它们可以了解自身所在寰宇一隅的初步布局，包括食物来源、捕食者、逃跑路线、潜在藏匿地、睡觉或抚养幼崽的安全地点，以及是否存在同族的其他成员，无论是敌人、朋友还是潜在的配偶。[6]

　　最系统的探索研究是在大鼠身上进行的。当把一只大鼠放在一个全新的环境中时就会发现，大鼠最强的初始驱动力是恐惧。实验中的这个环境通常是一个顶部敞开的大盒子或迷宫，里面有各种各样的物体、路径和障碍，大鼠一开始会一动不动地蜷缩在角落里，然而渐渐地，恐惧减少了，它的探索动力便开始显现，开始进行短暂的"旅行"。在每一次"旅行"中，大鼠都可能会用后腿直立起来几次，环顾四周，嗅一嗅，然后匆匆回到原先的角落。随着时间的推移，大鼠变得更加大胆，开始探索更大的区域，到处嗅，用胡须和前爪感受物体。即使已然彻底摸透了这个环境，大鼠还是会继续进行周期性的巡逻，检查是否有任何新的变化。如果一个新的物体出现在熟悉的环境中，大鼠会先小心翼翼地靠近它，一点一点地探索它，直到它也变得熟悉。许多实验表明，大鼠通过这种探索获得了有用的信息。[7] 例如，在一组实验中，实验人员先让一只大鼠探索一个复杂的竞技场，其中包含一个或多个藏身地。随后，让这只大鼠和其他没探索过竞技场的大鼠一起在测试中故意受到惊吓，结果表明，这只探索过复杂竞技场的大鼠比之前没有探索过的大鼠能更快地跑到藏身地。[8]

　　大多数关于人类好奇心和探索的研究都是在婴儿、幼儿或学龄前儿童身上进行的。在数百次实验中，人们发现婴儿注视从未见过的场景时所用的时间相比已经见过的场景要长很多。事实上，这种对新奇事物的偏好在用来评估婴儿的感知和记忆能力方面非常可靠。婴儿看一个新图案或新物体的时间明显长于他们看已经看过的图案或物体的时间，这说明他们一定察觉到了两者之间的差异，并在某种程度上记得那个见过的图案或物体。[9] 而且，婴儿观看那些似乎违反物理定律的事件的时间也明显长于他们观看那些遵循物理定律的事件的时间。[10] 例如，让他们看到一个物体被推到了架子的尽头然后不见了，但是并没让他们看到这个物体是下落还是上升，3 个月大的婴儿会更多地选择向上看，而非向下看。婴儿在尝试理解周围世界的过程中，所有与预期不一致的事件似乎都会吸引他们的注意力。

大约 6 个月大时，婴儿开始用手和眼睛探索世界。他们会试图抓住任何触手可及的新奇物体，把它放在眼前，从一边转到另一边，从一只手传到另一只手，摩擦、挤压、拉扯、扔掉又捡起来，总的来说，他们的行为就像是在故意测试物体的属性。[11] 当婴儿熟悉了一个特定的物体时，这种行为就会急剧减少，但当一个新的、不同的物体取代旧的物体时，这种行为又会完全恢复。通过这样的行为，婴儿很快就了解了周围物体的属性，以及如何利用这些属性。他们学会了根据物体的属性让它发出声音、弹跳晃动，或者将其拆卸破坏、扭成新的形状等，这取决于物体的性质。在探索的过程中，婴儿的表情严肃而紧张，就像学者在苦苦研读书本，又或是科学家在兴奋地摆弄试管。每一个发现都伴随着一个惊喜时刻。如果你想在一个不隐藏情绪的科学家脸上看到好奇和发现的原始情绪，请观察任何一个正常的 9 个月大的婴儿探索新物体的过程。

随着孩子们慢慢长大，他们的好奇心非但没有减弱，反而激发出了更复杂的探索形式。心理学家劳拉·舒尔茨（Laura Schulz）和她的同事对孩子们进行了多次实验，向他们展示如何解开周围世界的谜团。在一组实验中，实验人员向一群 4 岁的孩子展示了一个盒子，盒子里有两个杠杆。[12] 按下一个杠杆时，一只玩具鸭会从盒子顶部的缝隙中弹出；按下另一个杠杆时，则会弹出一个用吸管做成的人偶。实验人员以两种不同的方式向不同的孩子演示这个盒子。一种方式是分别按下每个杠杆，这样孩子就可以看清按下每个杠杆时出现的结果；另一种方式则总是同时按下两个杠杆，因此孩子不知道是哪个杠杆控制了哪个物体的出现。然后实验人员让每个孩子选择，可以继续玩这个演示盒子，也可以玩其他新的玩具。结果是，那些看到两根杠杆同时被按下的孩子更多地选择继续玩演示盒子，而其他孩子则相反，更多地选择玩新的玩具。

对这个实验结果合乎逻辑的解释是这样的：那些看到了每个杠杆被相继

按下的孩子便不再对盒子感兴趣了，因为他们对这个盒子已经没有什么疑惑的地方了；相比之下，那些看到两个杠杆同时被按下的孩子则想要继续探索这个盒子，这样他们就可以尝试分别按下每个杠杆，看看究竟是哪个杠杆控制了鸭子或人偶，还是两个都能控制。孩子们受到好奇心的驱使，想知道盒子是如何工作的，他们对已知的结果不太感兴趣。实验还表明，4岁的孩子能够进行相当复杂的因果推理。他们意识到，要想完全了解盒子是如何工作的，必须看到每根杠杆分别引发了什么结果，而不仅仅是两个杠杆一起操作时引发了什么结果。

在另一组实验中，舒尔茨和她的同事指出教学工作会干扰孩子们的探索活动。[13]他们让4岁和5岁的孩子去探索一种玩具，这个玩具在以不同的方式作用时可以产生4种不同的效果：当一根管子从另一根管子里拔出来时，它会发出吱吱声；当一个藏在管子末端的小按钮被按下时，它就亮了；当一个黄色小垫的某些部分被按下时，它会响起音乐；当孩子看着其中一根管子时，它会出现孩子脸部的倒影。在教学条件下，实验人员故意向孩子们展示并解释了如何让玩具产生其中一种效果，如发出吱吱声；在演示条件下，实验人员在孩子们面前玩这个玩具，让它发出吱吱声，但这样做似乎只是因为他们自己觉得好玩，而不是在教学；在控制条件下，实验人员在把玩具给孩子们之前什么也没做。结果是，与在教学条件下的孩子相比，在控制条件和演示条件下的孩子随后花费了更多的时间来探索玩具，并发现了玩具更多的玩乐效果。显然，在教学条件下的孩子倾向于得出这样的结论，即这个玩具唯一能做的事情就是发出吱吱声，因为这是实验人员向他们展示的全部内容。那些在非教学条件下的孩子没有理由相信实验人员已经向他们展示了关于这个玩具的所有玩法，所以他们能够更充分地探索它以发现更多的可能性。

有理由相信，教学工作对孩子好奇心的这种抑制作用在学校里无时无刻不在发生。例如，一位老师向学生们演示了一道算术题的某种解法，那么大部分学生会认为这一定是这道题唯一的解法，他们不会去探索其他的解题方法，即使被允许，他们通常也不会，久而久之，他们就无法深入了解问题的所有维度或掌握运算的全部能力了。最终，学生们失去了探索数学的乐趣，也不会超越老师所教的内容。

游戏性：练习和创造的驱动力

游戏性即玩耍的动力，其在服务教育方面与好奇心是互补的。好奇心促使孩子们寻求新的知识和对知识的理解，而玩耍则促使他们实践新的技能并创造性地使用这些技能。在米特拉的实验中，好奇心引导孩子们接近电脑并通过操作它来发现其特性；然后，游戏性让他们变得善于利用这些特性来达到自己的创造性目的。例如，在探索了电脑的绘画程序后，孩子们开始大量实践，用它来描绘自己的想法，而非电脑中已有的东西；同样，在探索了Word 程序后，许多孩子开始用它来创作自己的笔记，也只是为了好玩。在这个过程中，孩子们便熟练掌握了电脑绘画和电脑写作的技能。

在一系列经典的研究中，英国发展心理学家米兰达·休斯（Miranda Hughes）和科琳·赫特（Corrine Hutt）记录了两岁孩子探索和玩耍这两种行为之间的差异。[14] 当第一次看到复杂的新玩具时，孩子们的典型表现是有强烈的探索欲，他们表情严肃，眼睛紧盯着玩具。当孩子们摆弄玩具以发现它的特性时，他们的注意力持续集中，随着新发现的出现，不时会露出惊讶的表情，有时还夹杂着喜悦。只有在探索了一段时间之后，孩子们才开始玩耍，通过重复的动作来让玩具产生已知的效果，或者将其融入想象游戏中。从探索到玩耍这一转变的标志，是他们的面部表情从专注、严肃转向放松、微笑，心率也会随之变化。探索过程中，孩子们的心率缓慢而稳定，表明注意力高度集中；而在玩耍过程中，孩子们的心率则更加多变，这代表他们处于一种更放松的状态。在探索过程中，孩子们屏蔽了实验人员和其他潜在的干扰；而在游戏过程中，孩子们变得更愿意与实验人员互动，并在游戏中融入了其他事件和物体。

在动物的世界，玩耍行为不像探索行为那样普遍，但似乎在所有哺乳动物和部分鸟类中存在。**从生物学和进化的角度来看，玩耍是大自然为了确保包括人类在内所有年幼的哺乳动物练习并掌握在环境中生存和发展所需技能的自然方式。**这套游戏实践理论是一个多世纪以前由德国哲学家、自然主义者卡尔·格罗斯（Karl Groos）首次提出并发展的，他在《动物的游戏》（*The Play of Animals*）和《人类的游戏》（*The Play of Man*）这两本书中提供了证据。

格罗斯在对进化和游戏的思考上走在了时代的前列。他理解达尔文的著作，对生物的本能有着深刻的现代理解。他认识到，动物，尤其是哺乳动物，必须在不同程度上学会运用自己的本能。年幼的哺乳动物带着以某种方式行事的生物性驱动力即本能来到这个世界上，但要想使其有效，这些行事方式就必须加以练习和完善。按照格罗斯的说法，动物的玩耍本质上是一种实践其他本能的本能。他写道："不能因为动物年幼时嬉闹就说它们贪玩，只能说它们的生命中有一段青春时期是为了玩耍而设置的。因为只有这样，它们才能在未来的生活中，以个体经验来补充遗传禀赋的不足。"[15] 这与他的理论相一致。格罗斯按照游戏所锻炼的技能类别，对其进行了分类，包括运动游戏，如奔跑、跳跃、攀爬、在树上荡秋千等，还有狩猎游戏、格斗游戏以及护理游戏，如嬉戏式地照顾婴儿。

格罗斯对玩耍的生物学目的的解释让我们理解了动物世界中的玩耍模

式。首先，他解释了为什么年幼的动物比年长的动物玩耍时间更长。它们总是在玩耍，是因为有更多的东西需要学习。其次，这也解释了为什么哺乳动物比其他种类的动物更爱玩耍。昆虫类、爬行动物、两栖动物和鱼类带着相当固定的本能来到这个世界，它们的生活方式使它们不需要学习太多的东西便能生存，因而它们身上几乎没有玩耍的迹象；哺乳动物有着更灵活的本能，必须通过玩耍提供的学习和练习来补充和塑造。

格罗斯的理论也解释了不同种类的动物在游戏性上的差异。那些生存方式最不依靠先天本能而最仰赖后天学习的物种，通常也是最爱玩耍的。在哺乳动物中，灵长类动物最需要学习，它们是所有动物中最贪玩的。在灵长类动物中，人类、黑猩猩和倭黑猩猩①最需要学习，也是最贪玩的物种。此外，在哺乳动物中，肉食类动物通常比草食类动物更有趣，很可能是因为捕猎需要比吃草学习更多的东西。除了哺乳动物，只有鸟类经常被观察到有玩耍行为。最贪玩的鸟是鸦科鸟类，如乌鸦、喜鹊和渡鸦，还有鹦鹉和猛禽，如鹰及其亲属。这些鸟都是长寿鸟，与其他鸟类相比，它们的大脑占体重的比例更大，在社交生活和获取食物的方式上也表现得更加灵活和聪明。[16]

玩耍的目的是促进技能的学习。这一观点有助于我们理解为什么不同种类的动物会以不同的方式玩耍。你大概率可以通过了解一种动物为了生存和繁殖必须掌握哪些技能来预测它们会玩什么。狮子的幼崽和其他掠食者的幼崽喜欢玩跟踪和追逐游戏；小斑马、小羚羊和其他被捕食的动物喜欢玩嬉戏和躲避的游戏；小猴子喜欢在树上玩耍，比如在树枝间荡秋千。在雄性为了接近雌性而需要相互争斗的物种中，年轻的雄性比年轻的雌性更多地参与争斗的游戏。在某些种类的灵长类动物中，年轻的雌性更喜欢玩照顾幼崽的游戏，而年轻的雄性则不会。

_____

① 一种与黑猩猩和人类关系密切的类人猿。

在《人类的游戏》一书中，格罗斯将他对动物游戏的见解扩展到了人类。[17]他指出，人类要学习的东西比其他动物多得多，玩的东西也比其他动物要多得多。事实上，世界各地的年轻人在放任自由的情况下，通常都会通过玩耍的方式来发展成年后必须具备的技能。格罗斯还指出，人类比其他任何物种都更需要学习不同的技能，这取决于他们所处的独特文化。因此格罗斯认为，自然选择在人类孩子身上"制造"了一种强烈的驱动力，即观察成年人的活动，并将其融入自己的游戏中。每种文化中的孩子都既会参与对全人类而言都是必不可少的活动，也会参与独属于自己文化的特殊活动。

为了扩展格罗斯的理论，我在这里列出了儿童游戏的普遍类型，以及每种类型与人类基本生存技能之间的关系。

身体游戏。像所有哺乳动物一样，人类必须发展强壮的身体，学会以肢体协调的方式移动，因此我们参与体育游戏，包括跑步、跳跃、追逐和类似其他哺乳动物的打斗游戏。孩子们不会主动通过举重或跑步的方式来保持身材，没有什么是比这更枯燥且令人厌倦的了。相反，如果有机会，他们会互相追逐、摔跤或玩击剑，直到筋疲力尽。虽然在所有文化中都会出现一些形式的身体游戏，如相互追逐，但其他形式的身体游戏，如击剑或骑自行车，则是具有人工制品和模型的文化所特有的。

语言游戏。人类是语言动物，所以孩子们会通过玩语言游戏来学习说话。没有人会刻意教孩子说话，他们会通过玩耍自己学习。在大约两个月大的时候，婴儿开始发出重复、拉长的元音样的咕咕声："哦——哦——哦，啊——啊——啊……"四五个月大的时候，咕咕声逐渐变成牙牙学语，因为婴儿开始把辅音和元音连在了一起："巴——巴——布——巴——嘎——哒——哒——哒……"这种类似语言的声音只有在婴儿高兴的时候才会出现，它有着一定的结构，完全是自发的。婴儿发出这些声音不是为了得到什么东西，而纯粹是为了娱乐自己。所有这些都会发挥作用，随着时间的推移，牙牙学语的声音变得越来越像孩子的母语，到了大约一岁时，孩子的第一句话出现了，并可能以一种顽皮的方式一遍又一遍地重复。此后，孩子们的语言游戏也开始变得越来越复杂，其形式也越来越受其所处特定语言环境的影响。孩子们开始使用短语、双关语、押韵、排比和替代性的语法结构——所有这些都有助于巩固他们对母语各个方面的理解。仔细听就会发现，任何一个玩语言游戏的孩子，不管是在自言自语还是在模拟对话，其中都有许多语言结构练习的例子，这对孩子们来说是一种快乐的挑战。而成年人世界的语言游戏，我们则称之为诗歌。

探索游戏。我们是智人，是聪明的动物，能够理解世界，因此有了探索游戏，它将探索和玩耍结合起来，以促进我们对世界的理解。我之前对探索和玩耍的行为作了区分，但现在我还要补充一点，即在我们人类这个物种中，这两者经常融合在一起。大部分的儿童游戏既是玩耍，也是探索。随着孩子们的技能在游戏中不断发展，他们会继续对游戏中的新发现持开放态度。在米特拉的实验中，能够自如使用一两个电脑程序的孩子仍会对程序的功能有新的发现。正如我将在第 7 章中描述的那样，每当孩子或成年人将想象力和创造力带入他们探索的努力中时，他们都是在将玩耍和探索相结合。而对成年人来说，这种结合被称为科学。

建造游戏。人类是靠建造东西而生存的物种，人类建造的东西包括庇护所、工具、帮助我们交流的设备以及帮助我们从一个地方迁移到另一个地方的设备，因此有了建造游戏，它让我们学会如何建造。在建造游戏中，孩子们努力建造出自己心中的某种物体。一个孩子无论是在堆建沙堡，还是在用积木搭建宇宙飞船，或是在描画长颈鹿，都是在玩建造游戏。在许多情况下，建造游戏中构建的对象是所属文化中成年人构建和使用的真实物品的缩影或迷你版本。狩猎—采集部落的孩子会制作缩微版的小屋、弓箭、吹管、捕网、刀、弹弓、乐器、挖掘棍、木筏、绳梯、迫击炮、杵以及篮子。通过这样的游戏，他们变得善于建造，到成年时，便能熟练地制作精巧、有用的实物版本。建造游戏可以是文字、声音，也可以是物质实体。世界上每个地方的人，无论是成年人还是孩子，都可以在建造游戏中创作故事、诗歌和旋律。在当今社会文化中，电脑程序、小说以及密码都是建造游戏的成果。它既可以是智力游戏，也可以是体力游戏。

假想游戏。人类是富有想象力的动物，能够想到一些不存在或不在眼前的事物，因此有了假想游戏或角色扮演游戏，它帮助我们塑造了想象力，并为逻辑思维的发展提供了基础。在这种类型的游戏中，孩子们会对他们假想出来的世界的本质建立某些命题，然后有逻辑地将这些命题表演出来。这样的过程让孩子们发展了想象力，使他们能够思考那些并不会立即出现的事物，这是人类在规划未来时所做的事，也是科学家们通过发展理论来解释或预测现实世界中的事件时所做的事。我将在第 7 章对此进行更多的阐述。

社交游戏。人类是一个高度社会化的物种，必须与他人合作才能生存，因此有了多种形式的社交游戏，这些游戏让我们学会合作，并学会以社会接受的方式抑制自己的冲动。当孩子们在一起玩富有想象力的游戏时，他们不仅锻炼了自己的想象力，还通过角色扮演锻炼了自己的行为举止，让自己能够根据什么是合适的、什么是不合适的社会共识来行事。他们也借此练习了谈判的技巧，在决定谁将扮演什么角色、谁可以使用什么道具、扮演什么场景以及如何扮演时，孩子们会通过谈判达成一致。与他人相处和达成协议无疑是人类最有价值的生存技能之一，孩子们正是在社交游戏中不断练习这些技能的。在第 8 章中，我将详细介绍社交游戏。

上述各种游戏类型之间相互并不冲突。它们是按功能分类的，也就是说，它们指的是这类游戏可以为人类提供的不同功能。任何给定的游戏实例都可能具有不止一种功能。一次生动有趣的户外集体游戏可以是身体游戏、语言游戏、探索游戏、建造游戏、假想游戏或社交游戏。所有这些游戏类型交织在一起，能够把我们塑造成全能且高效的人。

世界各地的孩子，只要有机会与其他孩子自由接触，就会用以上所有游戏类型来玩耍。然而，具体细节因文化而异。与格罗斯的理论相一致的是，孩子们尤其喜欢自身文化所重视的活动。狩猎—采集部落中的孩子喜欢玩狩猎和采集的游戏，农村的孩子喜欢玩照顾动物和栽培植物的游戏，现代城市中的孩子喜欢玩的游戏包括阅读和数字游戏，他们还喜欢玩电脑和其他现代技术产品。

除格罗斯的理论之外，我还要补充一点，孩子们的游戏不仅天然与成年人所推崇和重视的技能有关，还具有一种更强烈的倾向，就是他们喜欢掌握那些处于文化前沿的新技能。正因如此，孩子们通常能比他们的父母更快地学会使用新技术。从进化的角度来看，这绝非偶然。**从遗传学的角度来看，孩子们认识到自己需要学习的最重要的技能是那些在未来会变得越来越重要的技能——属于他们这一代人的技能，可能与父母那一代人的技能不同。**在科技和掌握这些科技所需的技能日新月异的今天，这种对新事物的吸引力尤为可贵。

人类的社会性，以及分享信息和想法的本能

苏伽特·米特拉在印度所做的实验不仅展示了好奇心是如何引导孩子们接近和操作电脑，游戏性又是如何引导他们熟练地使用电脑的，还展示了社会性是如何使新知识和技能如星火燎原般在孩子们之间传播的。[18] 由于孩子

们天生具有社交能力和语言能力，因此他们的思想与同伴们的思想是紧密相联的。在米特拉的实验中，当一个孩子有了一个新的发现，比如知道了如何在电脑上下载文档，那么这个发现很快就会传播到附近的整个同伴群体，然后这个群体中的某个孩子又把这个新发现传递给他在另一个群体中的朋友，于是新知识的火花便带到了那个群体，在那里点燃了新的火苗。诸如此类的故事在大约 300 名使用过户外电脑的孩子们中间上演。每个孩子的每一次发现都成了社交网络中所有孩子的发现。在我写作本书时，慈善家们正在研究一个叫作"让每个孩子拥有一台笔记本电脑"的项目，以期将识字和知识的宝库带到全世界。然而，依据米特拉的研究，慈善家们不需要给每个孩子都发一台笔记本电脑，当孩子们共享一台电脑并相互学习时，他们会学到更多。

还有一项研究也验证了米特拉的观察，即孩子们在一起学习比单独学习收获更多。在这一章的前半部分，我描述了劳拉·舒尔茨研究 4 岁儿童探索行为的两个实验。这是他们的另一个实验，[19] 舒尔茨和她的同事让 4 岁的孩子们探索一种玩具，当打开玩具的开关时，隐藏在玩具内的电机就会开始工作，两个颜色鲜艳的齿轮都在转动。为了激发孩子们的探索行为，实验人员提出了问题：是什么导致了每个齿轮的转动？更具体地说，电机是先带动了齿轮 A，齿轮 A 再带动齿轮 B，还是相反的顺序，又或者是电机同时带动了两个齿轮？孩子们可以通过一次卸下一个齿轮的办法来解决这个难题，看看当开关打开时，另一个齿轮发生了什么，但他们必须自己去发现这个方法。舒尔茨和她的同事发现，与独自探索的孩子相比，结对探索的孩子更容易解决这个难题。他们两人一组，在探索的过程中彼此分享知识，每个孩子的见解都成了双方的见解。

人类有许多生物适应性，这使得我们会自然甚至自动地向周围的人学习。其中之一便是反射性的注视追随。当一个人注视另一个人时，目光会自动地、反射性地移动，去注视那个人在注视的点。这种反射能够帮助我们理解其他人在想什么或在说什么。比如当一个人说"哦，那很美"时，我们的目光会自动完成注视追随以帮助我们当即知道这个人所说的"那"指的是什么。

对婴儿和幼儿注视追随的研究是最充分的。从大约 6 个月大开始，婴儿便倾向于看他们身边的看护者在看什么。[20] 这种条件反射让婴儿经常能看到并注意到他们的看护者所关注的环境中的物体和事件，而那些可能是他们需要了解的所属文化中最重要的事情。注视追随也有助于婴儿学习语言。当一个婴儿听到妈妈说出一个陌生的单词时，如果他和妈妈正看着同一个物体，婴儿就有机会知道这个单词是什么意思。[21]

没有任何其他动物表现出了像人类那样的注视追随能力。事实上，我们眼睛的独特颜色可能也是一种特殊的适应性，这种适应性是通过自然选择产生的，它使我们能够追随彼此的目光，从而更好地理解彼此。人眼中相对较暗的蓝色或棕色的圆形虹膜区域，被眼球其他可见部分即巩膜区域的亮白色鲜明地衬托出来，这使得其他人很容易看到我们在看什么。其他灵长类动物，包括黑猩猩和倭黑猩猩，它们的巩膜都是深色的，与虹膜难以形成对比。黑猩猩和倭黑猩猩确实会进行一些注视追随，并可以通过这种方式学习，但它们的注视追随远不如人类那样不假思索，而且也不太精准，因为它们的注视追随完全取决于其整个头部的运动，而非眼睛。[22]

当然，人类适应社会学习的最佳能力是语言。人类在婴儿期和幼儿期通过语言游戏学习语言，并用语言来支持我们随后的大部分社会学习。语言不仅可以让我们讲述此时此地的事情，还可以讲述过去、未来、遥远和假设的事情，这是其他动物做不到的。正如哲学家丹尼尔·丹尼特（Daniel

Dennett）[①] 所说："将我们的大脑与鸟类或海豚的大脑进行比较几乎没有意义，因为我们的大脑是连接在一起的一个单一认知系统，使所有其他动物的大脑都相形见绌。除此之外，还有一项创新置入了我们的大脑，那就是语言。"[23]

当你抱着研究外星球生物的超然心态，倾听任何年龄段人们的日常对话时，你会对语言的力量和人们在每分钟交换的信息量感到惊讶。随着孩子年龄的增长，他们对语言的使用会变得越来越复杂精巧，他们在交谈中彼此交换和发展出来的思想也变得越来越复杂。在一篇教育学硕士论文中，记录并分析了美国伊利诺伊州一所学校师生之间的日常对话，该校仿建自瑟谷学校。[24] 以下是其中一段未经编辑的对话。像大多数未经编辑的对话一样，如果看不到伴随文字的手势，就有点难以理解，不过你应该可以猜出个大概。当你阅读这段对话时，要想一想这些学生只言片语中包含的复杂思想，以及他们可能会从中学到什么。这种学习并没有教师或书本的指导，也没有考试作为评价。其中拉翠斯 16 岁，皮特 12 岁，蒂娜 14 岁，贝萨妮 15 岁（所有名字都是化名），他们在谈论拉翠斯想要废除皮草行业的愿望。

> **皮特**：我们这样说吧，一个农民有一片牧场，他养了一些猪，这就是他的生活……我想这就是这个农民所做的事。这是他的生活，这是他的事业。
>
> **拉翠斯**：我们不是在谈论肉制品行业。我们谈论的是皮草行业。它们是两码事。

---

① 丹尼尔·丹尼特是享誉世界的哲学泰斗，他在《直觉泵和其他思考工具》（*Intuition Pumps and Other Tools for Thinking*）一书中，倾囊相授 77 种好用的思考工具，助你清醒思考。该书中文简体字版已由湛庐引进，浙江教育出版社于 2018 年出版。——编者注

蒂娜：如果你愿意的话，你可以吃肉来生存。

拉翠斯：但你把它们当外套穿，就像是在说："我不特别吗？"

皮特：我不会这么做的。

贝萨妮：我不明白你们在争论什么。

拉翠斯：我们争论的焦点是，皮特说穿皮草的人，拥有皮草农场的人，那是他们的事，如果他们想，那是他们的选择。这是完全荒谬的，因为不是他们选择要夺走另一个动物的生命。我觉得这不应该是他们的选择。

皮特：你觉得不应该，但事实就是这样。

贝萨妮：这只是他的观点。

拉翠斯：皮特，根据法律，这的确是事实，但根据法律，它也说，在伊利诺伊州，现在虐待动物是重罪。你可以拥有一个皮草农场，用毒气熏死动物，扭断它们的脖子，电死它们，这难道不荒谬吗？不残忍吗？所有的事曾经都符合法律。过去，拥有奴隶和财产是某人的私事，只有男人才有选举权……法律只是规定当下的事情，并不能决定什么是对、什么是错。你的观点很鲜明，但是我在期待你有一些论据来支持它。

然后，话题转到了相关领域，涉及法律的目的、法律和道德的区别，以及民主国家应该允许何种程度的自由等问题。这些是普通的孩子们在相互交谈，但是他们在努力理解抽象的智力和道德概念，并且相互挑战，以便更清晰地思考和表达。孩子们只是在聊天，这样的聊天无时无刻不在发生，是一种非常有效的教育手段，尤其是对 11 岁、12 岁或更大的孩子来说，他们用语言来探索彼此的思想，就像 4 岁的孩子用手来探索玩具一样有动力。

学校如何挫败儿童的教育本能

为什么学校的课程不能像米特拉观察到的印度贫困儿童玩电脑时那样点燃热情并传播见解呢？答案显而易见。在校学生不能自由追求自己的兴趣，或以自己选择的方式追求这些兴趣。学校里的孩子或多或少会受到持续的评价，对评价的关注和对老师的取悦，或者对某些孩子来说，是对这种取悦的拒绝，经常会压倒甚至破坏他们发展一般兴趣的可能性。学校里的孩子们经常被告知解决问题的正确方法是唯一的，并被引导相信其他方法都不对，这种做法压制了令人兴奋的发现的潜力。正如米特拉本人所指出的那样，学校按年龄对孩子们进行分隔，阻止了本应存在的知识和技能多样性的出现，而这种多样性正是儿童自主地向他人学习的关键。[25]

好奇心、游戏性和有意义的社交、谈话在学校都会受到抑制，因为这一切都是以自由为基础的。心理学家苏珊·恩格尔（Susan Engel）和她的同事对美国幼儿园和五年级的课堂进行了一项观察研究，发现这两个年级的孩子都对任何需要他们学习的东西表现出了极大的好奇心。[26]但当孩子们提问时，他们问的往往是规则和要求，比如完成一项任务需要多少时间，而不是主题本身。关于主题的问题几乎全部由老师提出，学生的任务是猜测老师想要的答案。当学生确实表现出兴趣时，老师通常会浇灭他们的兴趣，以免耽误课程进度。

例如，当两个幼儿园的孩子在练习本上描摹字母时，他们停下来看了看碰巧放在桌子上的印有简短谜语的雪糕棒。当孩子们开始阅读并尝试猜出激发他们兴趣的谜语时，老师将它拿走了，并说："我们先把雪糕棒收起来，这样你们就可以专心写字母了。"另一个例子是，在五年级的一堂关于埃及人早期使用轮子拉重物的课上，老师给每个小组的同学都发放了一块木板、一些要在木板上运输的砖块、一根绳子、一些小木轮、一把尺子和一张告诉他们如何处理这些材料的练习册。当一个小组开始用不是练习册中所阐述的方式对这些材料进行实验时，老师不带责备地说："孩子们，课间休息时你们再进行实验，现在要上科学课了。"

这在很大程度上就是学校的意义所在——抑制好奇心和热情，让学生们能够及时完成作业。难怪孩子们在学校的时间越长，对所教的科目越不感兴趣。许多大规模研究表明，随着年级的增长，学生对课程的兴趣会逐渐下降，特别是科学类课程，也包括其他科目的课程和家庭作业。[27] 然而，一项研究表明，这种下降并不是不可避免的。[28] 在这项研究中，研究者对以色列各公立学校五年级至八年级学生的科学兴趣进行了评估。结果表明，传统公立学校的学生表现出了典型的兴趣下降，但那些所谓的民主公立学校的学生却没有。事实上，在以色列的民主学校里，学生们对科学的兴趣会逐年增加。到了八年级，这些民主学校的学生对科学的兴趣要比传统公立学校的学生大得多。以色列的民主学校在民主性以及学生的自主性上远不及瑟谷学校，但相比于传统学校，他们确实会在课程学习上给予学生更多的自由。在以色列的民主学校里，老师可能会允许学生们在科学课上自主进行实验，而不仅仅是遵循练习册上列出的实验步骤进行操作。

第 7 章

用游戏心态学习，效果会更好

" "

在无知是福的地方，聪明就是犯傻。

——

托马斯·格雷　英国诗人、学者

Where ignorance is bliss, 'Tis folly to be wise.

　　大约 30 年前，在美国弗吉尼亚理工学院暨州立大学，一个由詹姆斯·迈克尔斯（James Michaels）领衔的心理学家研究小组在现实世界进行了一个简单的实验——研究人员在大学生中心的台球厅附近闲逛，观看他们的台球友谊赛。起初，研究人员只是远远地观察玩家们的表现，计算每位玩家击球进洞的比例，并据此判断玩家对游戏的熟练度，并将他们分为"专家型"玩家和"新手"玩家。接着，研究人员缩短观察距离，也让玩家们明白，自己在游戏中的表现会受到研究人员的评估。研究人员在观察了多名玩家在多场游戏中的表现后发现，相比之下，"专家型"玩家在受到密切关注时会表现得更出色，其平均击球成功率从 71% 上升到 80%；但"新手"玩家在受到关注时反而表现变差，其平均击球成功率从 36% 下降到 25%。[1]

　　其他一些基于类似任务的实验也得到了相似的结果，即当研究对象认为自己的表现会受到他人的观察和评估时，那些已经熟练掌握技能的人会表现得更为出色，而那些对技能还不太熟练的人则会表现得更差。研究发现，比起像打台球这样的体力活动，外界的观察与评估对脑力劳动的消极影响更甚，比如解决数学难题或反驳古典哲学家的观点。[2] 如果某项任务涉及创意思维或是要学习一种很难掌握的技能，那么在受到外界的观察和评估的情况下，几乎所有参与者的表现都会变差。[3] 负责评估的人员地位越高，说明其评估结果越重要，对学习者的抑制作用也就越大。

因此，研究人员有充分的理由相信，"评估让熟练掌握技能者表现更好，却会让尚未熟练掌握技能的人表现更糟"这一结论同样适用于学校教育。学校是学习和实践的圣地，而非高手炫耀的竞技场。然而，学校无休止地监测和评估学生的表现，似乎已经成为干预学生学习、只为成绩优异的学生服务的地方。那些可能已经事先在家中或别处学习过学校课程的学生，通常能在学校里表现出色，而那些没有提前学过的学生就会陷入困境。这时，评估就对这两类人群产生了"此消彼长"的效果，即提前学过的学生在接受评估时表现更好，而没提前学过的学生则表现更糟。评估之所以会产生这样的负面影响，是因为其引发的心理状态与游戏心态相悖，而游戏心态是学习新技能、解决新问题和参与各种创造性活动的理想状态。

这一章主要讲玩耍的力量。首先，我将探讨心理学研究得出的四个一般性结论，我认为这些结论都说明了玩耍对教育有着重要的推动作用。接着，我将介绍玩耍的定义，并解释其定义的每一个特征会对玩耍的力量产生什么样的影响。

玩耍的力量——基于四个结论

这里探讨的四个结论均已被大量实验证实，研究学习和表现的心理学家对这四个结论耳熟能详，但教育工作者可能对此知之甚少。总之，这四个结论表明，当一个人的游戏心态受到负面干预时，其学习、解决问题以及创造等方面的能力均会被削弱；而当一个人的游戏心态受到正面干预时，此类能力均会有所增强。[4]

评估带来的压力会阻碍进一步的学习

前述迈克尔斯的研究便已得出了这一结论。若想在实验中对研究对象施加压力使之表现更好，一个简单的操作就是开诚布公地对他们的表现进行观察和评估。但数十项实验结果表明，这种施压方式会使那些技能尚不熟练者或初学者表现更糟。以游戏心态打台球、解数学题或巧妙地反驳他人观点的人，表现要优于那些试图给评估者留下深刻印象的人，除非后者对任务已经十分熟练。

为提高创造力而施加的压力会抑制创造力

心理学家特里萨·阿马比尔（Theresa Amabile）在布兰迪斯大学致力于研究创造力，成绩斐然。在一组经典的实验中，她让几组人在限定的时间内完成一项创造性的任务，比如绘画、创作拼贴画或写诗。研究对象中既有孩子，也有成年人。每次实验，阿马比尔都会给研究对象施加一定的干预，以增强他们的创作动机。阿马比尔会告知其中一部分人，最终将以创意为标准对他们的作品进行评估和排名，排名结果将决定作品能否被选去参加比赛，或者能否因创意而获得奖励。

在这之后，阿马比尔委托了一个评估小组对作品的创意进行评估，且评委们事先并不知晓实验中进行的干预。尽管创意好坏不易界定，但评委们在评估时表现出了明显的一致性：他们认为最具创意的都是原创的作品，它们能让人眼前一亮，而且这些作品在某种程度上也具有符合预期、意义非凡、条理清晰的特质。

这组实验得出了一个重要的结论：为增强创造力而进行的任何干预都会抑制创造力。[5]在一次又一次的实验中，最具创意的作品都是由那些未受到激励性干预影响的人完成的，包括在创作时没被告知作品将被评估的人，以及认为自己的作品无缘参与排名的人，还有那些从未获得过任何奖项的人。这些人的创作目的十分纯粹，只是为了"好玩"。用本章的术语来说，他们就是在"玩耍"。

要想让人们在拔河时使出更大的力气，或者坚持做一些无趣且重复的任务，如剥豆子或抄写句子，那么施加一些激励性的措施就可以促使他们表现得更好，既可以让他们置身于竞赛环境下，也可以在一旁监督他们，或是给他们以丰厚的物质奖励，这些做法都能让他们的表现有所提升，但这种方式不适用于提高人的创造力，奖励太丰厚反而会削弱创造力。因为要想使创造力增强，仅靠努力是无法做到的。创造力就像火花，只会在适合的精神状态下迸发，而高强度的激励反而会扰乱这种精神状态。

正如阿马比尔本人所指出的那样，对那些靠创作谋生的人来说，她的发现属于意料之中的结果。许多卓有成就的小说家、剧作家、艺术家、音乐家和诗人都写到过或在采访中说到过类似的观点：若要保持创造性的思考和产出，就千万不要想着去取悦观众、取悦评论家、获奖或赚取版税，因为这些想法都是创造力的"拦路虎"；应该做的是全神贯注于作品的创造，只关注这一纯粹的目的。例如，当著名小说家约翰·欧文（John Irving）被问及他在写作时是否会担忧这本书在未来的销量时，他回答说："不不不，千万不能有这种想法！写作的时候，只需要关注所写的作品即可。"[6]

培养游戏心态有助于提高创造力和运用洞察力解决问题

阿马比尔开展的大部分经典研究完成后，保罗·霍华德-琼斯（Paul Howard-Jones）和他的同事也进行了一项实验，并提出了一种提高艺术创造力的方法。在实验中，他们要求幼儿创作拼贴画，然后由一个评估小组对作品的创造力进行评估。在创作拼贴画之前，其中一部分孩子可以自由地玩25 分钟橡皮泥，从而进入游戏心态；剩下一部分孩子则用这 25 分钟的时间完成某个非游戏任务，比如抄写课文。评估小组认为，结果表明，那些处于游戏心态下的孩子创作的拼贴画更有创意。[7]

还有一些研究者研究了情绪对于运用洞察力解决问题的能力的影响，其中最著名的是康奈尔大学的心理学家爱丽丝·艾森（Alice Isen）。运用洞察力解决问题需要某种创造力的加持，也正是这种跳跃的思维为人们提供了看待问题的不同视角。在灵光乍现的那一刻，所有此前似乎无解的问题都迎刃而解了。说到这类洞察力问题，那就不得不提起卡尔·邓克尔（Karl Duncker）的蜡烛问题实验。这一经典的实验在 20 世纪 40 年代提出，此后被应用在不胜枚举的心理学实验中。

在蜡烛问题实验中，每个研究对象都会被分到一根小蜡烛、一盒火柴和一盒图钉，他们需要在不借用其他物品的情况下，想办法将蜡烛固定到公告板上，且蜡烛还能正常燃烧。解决这个问题的诀窍在于把图钉从盒子里倒出来，然后用图钉把盒子钉在公告板上，再把蜡烛放置到盒子里。通常情况下，大多数人，包括名校的大学生在内，都无法在规定的时间内解决这个问题。他们没有意识到图钉盒竟然可以有其他的用途。在艾森设计的实验中，她先让参与实验的第一组大学生观看了一部时长 5 分钟的喜剧电影片段，第二组大学生观看了一部时长 5 分钟、有关数学的严肃电影片段，第三组大学生则未观看任何电影。在这之后，艾森向他们提出了蜡烛问题。实验结果很有意思，观看喜剧的学生中有 75% 的人成功解决了问题，相比之下，其他两组学生分别只有 20% 和 13% 的人成功解决了问题。[8] 虽然只是观看了 5 分钟与蜡烛问题毫无关联的喜剧电影，但对大多数参与者来说，蜡烛问题却变得更简单了。

在其他实验中，艾森和她的同事发现，情绪的控制可以提高人们在许多情况下的洞察力，包括攸关生死的危急情形。在一项实验中，实验人员向医生们展示了一种难以诊断的肝病病历，该病例包含一些误导性信息，不利于医生识别关联信息并得出正确的解决方案。实验进行时，在给一部分医生展示病例前，实验人员会先给他们一小袋糖果，以此作为施加情绪控制的手段，其他医生则没有。实验结果与艾森的预期一致，即得到糖果的医生可以更快速地做出正确的诊断，更灵活地进行推理，考虑信息更为全面，也更不容易被错误的线索误导。[9]

艾森本人以及引用其研究的理论家认为，这些实验证明，积极的情绪可以有效提高创造性思维和深度推理的能力，而其中要数游戏心态这种积极情绪的效果最为显著。实验中那部喜剧电影或许让大学生们产生了这样一种感觉："哦，原来这个实验不是测试，就是为了好玩而已！"我想那包小糖果对医生也有类似的影响。当然，对医生来说，最重要的是在实际诊断过程中能够保持积极的情绪。

游戏心态能够帮助幼儿解决逻辑问题

在英国进行的一项实验中，M. G. 迪亚斯（M. G. Dias）和 P. L. 哈里斯（P. L. Harris）发现，幼儿可以在游戏环境下解决逻辑问题，在严肃的环境中却不行。[10] 这些问题是三段论，属于亚里士多德最早提出的经典逻辑问题。三段论要求答题者根据已知的两个前提中的信息，判断某个特定的结论是真是假，还是无法根据现有前提确定。当前提与具体现实相吻合时，三段论一般比较容易解答；但如果前提是反事实的，即与现实相矛盾时，三段论的难度也便相应增加。当时，英国的研究者们在进行这些实验时普遍认为，能否解决反事实三段论取决于一种推理能力，而幼儿并不具备这种能力。

下面是研究者在实验中使用的一个反事实三段论的例子：

> **大前提**：所有的猫都会"汪汪"叫。
> **小前提**：玛芬是一只猫。
> **请问**：玛芬会"汪汪"叫吗？

已有研究，包括瑞士著名发展心理学家让·皮亚杰的研究都表明，年龄在 10 岁或 11 岁以下的孩子通常无法正确解决这样的三段论，即他们无法给出逻辑学家认为正确的答案。当英国研究者以严肃的语气向幼儿提出以上反事实三段论时，孩子们的回答符合皮亚杰等人的预期。他们说："不，猫会'喵喵'叫，它们不会'汪汪'叫。"也就是说，如果给出的前提与孩子们在现实世界里的具体经历不相符，那么孩子们是无法对这一前提进行思考的。但是，当研究者像玩游戏一样向孩子们提出同样的问题时，孩子们会觉得这些问题的设置背景是一个假想的世界，此时就算是只有 4 岁的孩子也能够解决这个问题。他们回答说："是的，玛芬会'汪汪'叫。"

在游戏情境的帮助下，年仅 4 岁的孩子竟然轻易解决了大众认为 10 岁或 11 岁孩子才能解决的逻辑问题，真是不可思议，对吧？然而，后续实验表明，如果这些逻辑问题以更具游戏趣味的方式呈现，那么即便是两岁的孩子也能解决。[11] 其实这些实验结果是可以解释的，并不是什么值得震惊的事情，具体原因我将在后文解释，不过聪明的读者或许已经明白其中的原因了。

以上所有发现都向我们展示了玩耍所具备的强大力量。但这又引出了另一个值得探究的新问题："玩耍"到底是什么？为什么它能对学习、创造和解决问题的能力产生如此强大的助力？

什么是"玩耍"[12]

当我们深挖"玩耍"这一概念时，会发现它具有很多自相矛盾的特质，比如："玩耍"认真却不严肃；琐碎却又深刻；富有想象力和自发性，但也受到规则的约束，且依托于现实世界；充满童趣，但成年人创造的许多伟大成就都离不开它。从进化的角度来看，"玩耍"是一种天然的行为，它能帮助儿童和其他哺乳动物的幼崽掌握生存和发展所必需的能力。换个角度来看，"玩耍"是上天赐予的礼物，它让地球上的生命变得有价值。

尽管给玩耍下定义并非易事，但至少值得尝试。只有了解了玩耍的特征，才能进一步解释玩耍对教育的影响机理。关于玩耍，以下三点需要牢记。

首先，玩耍的特征体现在动机和心理状态方面，与行为本身的外在形式无关。比如，两个人可能同时在扔球、敲钉子或在电脑上打字，但是可能只有一个人是在玩耍。要想分辨是谁在玩耍，就必须观察他们的表情和行为细节，从而推断他们的行为动机以及他们对此行为的态度。

　　其次，玩耍的定义没有绝对明确的界限，可以按任意比例与其他动机和态度相融合。因此，形容词"好玩的"通常比名词"玩耍"更适合用来定义某种行为，毕竟任何行为都能用"好玩"的程度来衡量，但要判断某种行为是否属于"玩耍"，似乎只能给出"是"或"不是"这两种非常确定的答案。在从事任何一项活动时，人们或多或少都可以用"玩耍的态度或精神"来对待。一般而言，纯粹的玩耍，即"好玩"程度为 100% 的活动，在孩子中比在成年人中更常见。对成年人来说，玩耍总是掺杂在与责任相关的态度和动机当中。虽然没有一个标准可以用来衡量各种行为的"好玩"程度，但据我估计，写作这本书的"好玩"程度约为 80%。当然，这个比例在我写作的过程中会出现波动，比如当我因交稿截止日期临近或评论家的评价而感到焦虑时，比例就会下降；而当我只专注于当前的研究或写作任务时，比例则会上升。

　　最后，不能仅靠某个单一的明显特征就轻易给某个行为是否是玩耍下定论，而是要综合考虑多个特征。在我之前，已经有人对"玩耍"进行过研究和描述，并提出了其所具有的诸多特征。但我认为，这些特征都可以归结为以下五点：第一，玩耍由本人自主选择、自我导向；第二，玩耍的方式比玩耍的目的更重要；第三，玩耍的结构或规则是由玩家的想法而非物理层面上的必然性所决定的；第四，玩耍是富有想象力的、非文字的，在心理上以某种程度远离"真实"或"严肃"的生活；第五，玩耍需要一种积极、警觉但无压力的心态。[13]

　　如果某项活动几乎涵盖了以上提及的所有特征，那么大多数人可能就会将其称为"玩耍"。这里所说的"大多数人"也包括学者以外的其他人，即使是孩子也极有可能使用"玩耍"这个词来描述具备这五个特征的活动，因为这些特征恰好体现了我们对玩耍的直观感觉。但需要注意的是，这五个特征与人们参与活动时的动机和态度有关。我将对这些特征进行逐一阐述并稍作延伸，探讨每个特征所带来的启示，这也将有助于我们思考玩耍所具有的教育价值。

玩耍由本人自主选择、以自我为导向

首先强调一点，玩耍是一种自由的表现。玩耍是遵循个人意愿的行为，而不是一种义务，这应该也是大多数人对玩耍最基本的常识性理解。例如，一项研究显示，在幼儿园孩子们的眼中，只有在课间休息时自愿做的事情才算是"玩耍"，而学校课程中的所有活动都属于"作业"，包括一些趣味性的活动，如手指画、接力赛跑和听故事。[14]

玩耍的乐趣在于那种自由自在、不受约束的喜悦感。玩耍并不总是伴随着欢声笑语，而能带来欢声笑语的行为也不一定是玩耍，但如果某种行为的确是玩耍，那么当事人必然会有这样一种感觉：对，这就是我现在想要做的事。玩家是自由的个体，而不是其他人游戏中的棋子。玩家不仅可以自主选择玩或不玩，而且一旦进入玩耍状态，便可以按照自己的意愿行事。不过玩耍也有一定的规则，所有玩家都必须遵守这些规则，而且要想改变规则必须征得所有玩家的同意。关于这一点，我将在后文进一步阐述。因此可以说，玩耍是最民主的一项活动。在涉及多个玩家的社交游戏中，某个玩家可能会在一段时间内成为领导者，但这取决于其他所有玩家的意愿。领导者提出的每一条规则都必须得到所有其他玩家的同意，或至少是默许。游戏中最大的自由在于可以随时退出。玩家们希望游戏继续，但是他们也知道，其他玩家如果不高兴的话有权自由退出，从而导致游戏结束。因此在玩耍的过程中，孩子们会学到如何在取悦他人的同时取悦自己。这一点我在前面的章节里也有提及，并将在第8章进一步阐述。

玩耍由当事人自主选择、以自我为导向，但成年人总会忽视或者压根不了解这一点，而是试图干涉、控制孩子玩耍，结果往往适得其反。其实成年人完全可以和孩子们一起玩，有时甚至可以成为游戏里的领导者。但要想达到如此境界，他们至少需要符合孩子们对玩伴的期待，表现出和孩子们同样的敏感性。由于成年人通常被视为权威人物，因此当成年人引领游戏时，孩子们常常不敢轻易退出，也不敢对游戏规则提出异议。因此，对许多孩子来说，有成年人参与的游戏根本不是在玩耍。当孩子们感到自己被强迫时，游戏的体验感就消失了，与之相关的所有好处也就随之消失了。对于那些注重游戏体验感的孩子来说，像是学校设计的数学游戏和成年人主导的体育活动，其规则都是由成年人制定的，并不算真正意义上的玩耍。成年人主导的游戏可能也非常有趣，对于那些自主选择参与的孩子来说也是好玩的，但对那些没有自主选择、被动参与的孩子来说，则无异于一种惩罚。

其实从本质上来讲，孩子的玩耍和成年人定义的玩耍没什么不同。各项研究一再表明，对于那些能够自主决定工作方式和工作时间的成年人来说，他们会在工作中体验到玩耍的感觉，尤其是在做一些比较困难的工作时。相比之下，那些必须听从他人指示、几乎没有自己的创造性投入的人，则很少把工作视作玩耍。[15] 此外，数十项研究表明，如果人们依照自己的意愿选择执行某项任务，会比受他人强迫而执行这项任务时更有干劲，效率也更高。[16]受他人强迫时，人们倾向于只做到"及格"，即以尽可能少的工作量去满足最低的任务要求。我相信你对这些发现并不感到奇怪，要知道，社会学家有时会不遗余力地证明一些显而易见的事实。然而有趣的是，在和孩子有关的事件上，人们常常会忘记这些显而易见的事实。其实无论年龄大小，每个人都喜欢自由选择和自我导向，讨厌被他人强迫和严格控制。当我们强迫孩子们在学校"学习"时，他们也会像成年人那样想方设法逃离学习。

玩耍的方式比玩耍的目的更重要

行为自由的前提是我们没有感到自己受到了别人的强迫，否则这些行为就算不上自由，或者至少没有自由的体验。我们做出某些行为是因为我们认为这样做能够达成某些特定的目的，比如挠痒痒是为了摆脱瘙痒感，看见老虎就逃跑是因为害怕自己被吃掉，学习枯燥的书本知识是为了在考试中取得好成绩，做一份无聊的工作是为了赚钱……如果没有瘙痒感，没有老虎，没有考试，没有对金钱的需求，我们也就不会去挠痒痒，不会逃跑，不会去学习枯燥的书本知识或者做无聊的工作。以上这些行为都不属于玩耍。

如果我们从事某项活动纯粹是为了达到某个目的，而与活动本身无关，那么这项活动就不是玩耍。在非玩耍状态下，我们最看重的是行为的结果，而行为本身只不过是为了达到目的而采取的方式和手段。在非玩耍状态下，我们通常会选择耗时最短、最省力的方法来达到目的。例如，一个不爱玩的学生为了得到他想要的"A"而进行最小的学习投入，他的一切努力都是为了在考试中取得好成绩。对他来说，只有与考取好成绩相关的学习才不是白费力气的。

但是在玩耍状态下，一切截然相反。玩耍是一种专注于其本身的行为。具有游戏心态的学生享受的是学习某门学科的过程而很少关心考试。在玩耍状态下，由于玩家的注意力集中在方式而非目的上，因此他们不一定会寻找最简单的方式去达到目的。试着对比以下两种情形：第一，猫捉老鼠；第二，猫以捉老鼠为乐。第一种情形中的猫会采取最快的方式杀死老鼠，而第二种情形中的猫则"欲擒故纵"，它会尝试各种捉老鼠的方法，尽管不是所有的方法都有效，而且每次抓到老鼠后都会放它一条生路，这样就可以不停地重复"捕捉—放生"的过程了。捕食的猫享受结果，玩耍的猫享受过程。当然，被捕捉的老鼠既不享受过程，更不享受结果。换句话说，玩耍是由内在动机即活动本身驱动的，而不是由外在动机即活动本身以外的某种奖励而驱动的。

　　玩耍一般也有目的，但这些目的是玩耍固有的一部分，却不是参与玩耍的唯一原因。相对于玩耍的目的，玩耍的方式更为重要。例如，建造游戏的目的非常明确，那就是建造出玩家头脑中构想的物象。但请注意，这种游戏的主要目的在于"创造"物象，而不是"获得"物象。试想一下，孩子们正在堆沙堡，此时一个成年人走过来对孩子们说："别白费劲了，我来给你们示范一下怎么建造一座沙堡。"这无疑会破坏孩子们的兴致。同样，在玩竞技类游戏时，不管是孩子还是成年人都想得分并赢得比赛，但当他们真正沉浸在游戏当中时，激励他们的是得分和试图获胜的过程，而不是最终分数的多少或是否获胜的结果。如果不遵守游戏规则、以作弊的方式加速赢得胜利或是绕过游戏流程、通过某种捷径获得胜利，那就不属于真正的玩耍。

　　成年人如果想知道在自己的工作中，玩耍的成分占比是多少，那么不妨问自己这样一个问题："假设即使不做这份工作，也能得到同样的报酬、同样的发展前景，同样能得到来自外界的认可，同样能为世界做出贡献，我是否会选择辞职？"如果你毫不犹豫地选择"是"，那么这份工作就不在玩耍的范围内；如果你不太情愿辞职或者压根不想辞职，那么这份工作中玩耍的成分比例就比较高，意味着这是自己喜欢做的事，并不会因外在回报而发生改变。

　　B. F. 斯金纳（B. F. Skinner）是著名的行为科学家，他的观点曾在20世纪中期占据心理学的主导地位。斯金纳提出了一整套心理学理论，其理论基础是：所有行为产生的动机都是为了达到预期的目的、获得预期的回报或是获取斯金纳所说的"强化物"。尽管如今心理学家们已经摒弃了这种狭隘的观点，但很多经济学家仍在推崇这种观点。经济学家们将人看作理性的会计师，认为我们理应以最少的付出获取最大的金钱或商品回报。现代经济学理论和已然过时的斯金纳心理学理论一样，都很好地解释了如何让人或大鼠做它们不想做的事，可一旦我们把视角转向玩耍，这些理论就站不住脚了。由于玩耍在某种程度上已经融入了人类的大部分行为，因此无法用斯金纳心理学理论和现代经济学理论来解释人类所有的行为。

研究表明，在某些情况下，奖励实际上会降低一个人参与某项活动的可能性，因为奖励会给人灌输一种观念，即这项活动是工作而不是玩耍。马克·吐温在很久以前就告诉过我们这个原理，他比我认识的任何行为科学家都更了解人类行为。他笔下的主人公汤姆·索亚让自己的朋友本粉刷围墙，非但没有给本付钱，还让本觉得能为汤姆粉刷墙壁是自己的荣幸。在 20 世纪 70 年代初进行的一项经典实验中，密歇根大学的一组研究人员采取了与汤姆·索亚完全相反的举动——为一群学龄前儿童设置奖励，从而将一项原本有趣的活动变成了工作。[17] 经过初步观察，所有孩子都喜欢用彩笔画画，而且会将大部分空闲时间花在画画上。在实验中，孩子们被分成了三组：第一组孩子被提前告知，用彩笔完成一幅画后，他们可以获得一份炫酷的"优秀玩家"证书；第二组孩子则被要求画一幅画，完成之后，会给他们颁发证书作为惊喜；第三组孩子也被要求画一幅画，但是没有任何奖励。每一组的实验独立进行，互不干扰。

实验得出了两大重要结果。第一，将三组孩子的画作全部混在一起，由评委进行评估后，发现第一组孩子的画作质量明显低于其他两组；第二，在随后进行的没有任何奖励的自由游戏中，第二组和第三组的孩子用彩笔画画的时长一致，而第一组孩子画画的时长只有第二组和第三组孩子的一半。研究人员认为这两个结果证明，已知的奖励让孩子们开始重新思考"用彩笔画画"这一行为，认为画画是为了获得奖励，而不是为了好玩。在这种情况下，孩子们用在画画上的精力变少了，认为只要投入能够获得奖励的精力即可，而在没有奖励时，他们也逐渐失去了画画的动力。但意料之外的奖励并不会产生如此效果，因为这种奖励不会成为激励因素。孩子们事先不知道自己会获得证书，所以他们也不会给自己"画画只是为了获得奖励"这样的心理暗示。已有几十个后续实验使用各种各样的活动和奖励进行了类似的研究，既有以成年人为对象的研究，也有以孩子为对象的研究，都得到了类似的结果。[18]

这些发现给我们的启示很明显。**过分关注奖励和结果可能会削弱玩耍带来的益处，尤其是在竞技类游戏中，如果太过执着于获胜这个目的而忘了享受游戏的过程，那么游戏带来的益处就会减少。**如果游戏变成了个人证明自己优于他人的手段，或者变成了获取团队胜利的"需要"，那就已经不再是玩耍了。一旦奖励成为参与游戏的主要原因，玩耍的氛围便就此打破。我想，如果学校不试图以奖励和惩罚的手段来督促学生学习的话，那么对历史、数学、科学和外语等学科的学习就不会从值得享受的活动转变成恼人的工作，会有更多的学生在知识的海洋里遨游。

玩耍是由心理规则引导的

玩耍时，玩家可以自由选择，但玩耍的形式也有讲究。玩耍有其结构，这个结构源自玩家头脑中的规则。玩耍的规则其实就是玩耍的方式，这也进一步佐证了一个观点，即在玩耍中需要更关注方式和手段，而非目的。玩耍就等同于玩家按照自己选择的规则行事。物理规则和生物本能都是不以个人意志为转移的，但玩耍的规则有所不同，这些规则属于心理概念，需要玩家有意识地记住并遵从。

例如，玩建造游戏有一个基本规则，即必须用好已有的材料，这样才能创造或设计出具体的物象。为了实现这一点，玩家就不能随意堆砌积木，而是要根据脑海中构思好的形象来安排和摆放。即便是表面上看起来很狂野的混战类游戏，如嬉闹式的打斗和追逐，也要遵守既定的规则。例如，格斗游戏有一个约定俗成的规则，即玩家虽然会模仿真实格斗的一些动作，但并不会给对方造成实质性的伤害。玩家不会用尽全力击打、踢、咬或抓挠对方，尤其是体力占优势的一方。相比真实的打斗，格斗游戏会有严格的控制，是一项克制的游戏。

规则形式最为复杂的要数游戏研究者们所说的社会戏剧性游戏，即角色或场景扮演游戏，孩子们可以玩"过家家"，表演结婚或假装自己是超级英雄。根本规则在于，每一位玩家都必须按照自己和其他玩家对角色的共同理解来扮演角色。以"过家家"游戏中的宠物狗为例，扮演宠物狗的玩家必须四肢着地走来走去，而且不能像人一样说话，只能像狗一样"汪汪"叫；而扮演神奇女侠的时候，因为玩家们一致认为神奇女侠从不落泪，所以扮演该角色的玩家即便摔倒或受伤都得忍住不哭。

为进一步阐述社会戏剧性游戏的规则，心理学家维果茨基以一对姐妹的故事为例展开论述。这对姐妹的年龄分别为 7 岁和 5 岁，虽然她们是有血缘关系的亲姐妹，但她们有时还是会玩"扮演姐妹"的游戏。[19] 尽管是亲姐妹，但她们在生活中很少考虑自己的姐妹情谊，行为方式也并不一致。在现实生活中，她们时而友好相处，时而产生矛盾，时而互不理睬。但当她们在游戏中扮演姐妹时，就会按照自己认知里的姐妹关系行事——穿相似的衣服，说相似的话，走路时两个人手挽着手，细数两人的相似点，谈论自己的与众不同之处。在游戏中扮演姐妹时，她们遵守游戏规则，自控力更强，投入的精力也更多。

正式游戏的规则是最明确的，比如跳棋和棒球。这类游戏有着以口头方式确定的规则，而且通常是一代一代传下来的，能够最大限度地减少模糊性，从而避免歧义。现代社会中的许多正式游戏都是竞技类游戏，设立正式规则是为了确保所有玩家都受到同样的约束，正式游戏里的真人玩家在游戏中必须遵守规则。当然，这类游戏的某"官方"版本除外，因为在这类版本的游戏中，玩家通常可以按照需要修改规则，不过任何规则的变动都必须征得所有玩家的同意。

值得注意的是，任何形式的玩耍都需要玩家具有较强的自控力。处于非玩耍状态时，孩子以及成年人的行为动机通常源于即时的生理需要、情绪或心血来潮。但在玩耍时，任何人都必须以所有玩家认可的、适合游戏的方式行事。游戏之所以能够吸引玩家、让他们着迷，正是因为游戏的规则是由玩家自己制定的，或者玩家能够欣然接受游戏已有的规则。

最为强调玩耍基于规则这一特征的学者是维果茨基。维果茨基在 1933 年发表了一篇关于玩耍对孩子成长发育的作用的文章，他在文章中分析了"玩耍是自发、自由的"与"玩家必须遵守规则"这两点之间的明显矛盾：

> 矛盾之处在于，在玩耍时，孩子们会采取阻力最小的方式做自己最想做的事情，毕竟玩耍就是为了开心。与此同时，孩子们也学会了遵循阻力最大的方式，即服从规则，放弃自己想要的，这是因为服从规则和放弃冲动可以让他们在玩耍中获得最大的快乐。在玩耍的过程中，孩子们需要不断抑制自己的冲动行为，时刻面临着两难的抉择：是遵守游戏规则，还是按自己的意愿行事……因此，玩耍的本质属性在于，规则已经转变成了欲望。规则拥有最强大的推动力，所以玩家们才会选择遵守规则。这种规则是一种内在的规则，是自我约束、自我决定的规则。在这种情况下，孩子们能够在玩耍中获得最大的收获，这些收获会进一步成为将来规范他们实际行为的基本道德准则。[20]

维果茨基认为，孩子们想要玩耍的强烈欲望成了他们学习自我控制的驱动力。孩子们在玩耍时抵制一切冲动和诱惑，避免打破游戏规则，因为他们觉得能继续玩耍才是更大的乐趣。对于维果茨基的分析，我想补充一点，孩子们的确能够接受甚至渴望游戏规则，但如果规则变得过于烦琐，他们也可以自由选择退出游戏。这样一来，这种矛盾就不那么重要了。孩子们的意愿是自由的，不受游戏规则的限制，可以随时选择退出游戏。正因如此，在给玩耍下定义时，我们才会反复强调"可自由退出"的权利，这是玩耍的一个重要特征。如果没有这种自由，游戏规则就会变得难以忍受。毕竟，在现实生活中被要求表现得像神奇女侠是很可怕的，但是在玩耍中，因为可以随时退出，所以扮演神奇女侠才能带来如此大的乐趣。

玩耍是富有想象力的

玩耍的另一个矛盾之处在于，它认真却不严肃，亦虚亦实。在玩耍中，玩家们进入的游戏世界虽然依托于现实世界、利用现实世界中的道具，内容通常也与现实世界有关，而且在玩家眼中它就是真实的，但其实在某种程度上，这个游戏世界在思维和精神上已经与现实世界剥离开了。

毫无疑问，在社会戏剧性游戏中，玩家们可以"天马行空"，尽情设想人物和情节，但其实在人类任何形式的玩耍活动中，想象都是不可缺少的元素：在混战类游戏中，格斗是一种佯装，而不是真实意义上的格斗；在建造游戏中，虽然玩家们声称自己是在建造一座城堡，但他们知道这是一座假的城堡；在具有明确规则的正式游戏中，玩家们必须接受一个已经虚构出来的场景，而这个场景构成了游戏规则的基础，例如在国际象棋的虚拟世界里，"象"只能在对角线上移动。

游戏中的假想与游戏所遵循的规则是相辅相成的。游戏发生在假想世界里，遵循的是玩家头脑中的规则而不是现实世界里的自然法则。在现实中，得有真的马才谈得上骑马；但在游戏中，只要规则允许，就算没有马也能"骑马"，比如，现实中的扫把在游戏中就可以当作一匹马。在现实中，国际象棋里的一枚棋子从本质上讲只是一块被雕刻了的木头；但在国际象棋游戏中，作为"象"或"骑士"等角色，这些棋子被赋予了特定的能力，移动时也受到相应规则的限制。虚构的场景影响着游戏规则，而游戏所依托的现实世界则是次要的。孩子们在玩耍中学会了掌握主导权，而不只是被动接受。在游戏世界里，孩子们的想法占据主导地位，并借助现实世界里的道具来实现自己的想法。

游戏都有"进行模式"和"暂停模式"，但是在不同的游戏中，这两个模式可能区分得不明显。"进行模式"是指在游戏世界里的状态，而"暂停模式"就是暂时回归现实世界的状态，比如系个鞋带、去洗手间或是纠正某个玩家不遵守规则的错误行为。在"进行模式"下，玩家们绝不会说"我在玩游戏"，正如在莎士比亚的戏剧《哈姆雷特》里，主角不可能在舞台上大喊"我在假装谋杀我的继父"。

成年人有时会对孩子在玩耍时的那股认真劲儿感到困惑，不理解为什么他们在玩游戏时会拒绝将自己的行为称作"玩游戏"。大人们担心孩子无法区分假想和现实，但其实这种担心没有必要。我儿子 4 岁的时候经常扮演超人，有时甚至会持续一天以上。在那段时间里，他会极力否认自己是在扮演超人，这使得他幼儿园的老师担惊受怕。我告诉老师，其实我儿子没有想过真的要从高楼大厦上跳下去，也没有想过要去拦截真正的火车。等他脱下超人斗篷，正式进入游戏的"暂停模式"时，他就会承认自己刚刚只是在玩。听了我的解释后，幼儿园老师稍感宽慰。当玩家承认自己是在玩游戏时，就意味着"魔法解除"，他已自动从"进行模式"切换到了"暂停模式"。

人性的一个神奇之处在于，即使是两岁的孩子也能区分真实和假想。[21]
比方说，一个两岁的孩子拿着一个装满"水"的空杯子，倒在洋娃娃身上，
说："哎呀，洋娃娃都湿透了。"其实孩子知道洋娃娃并不是真的湿透了。要
教会这么小的孩子诸如"假想"这类微妙而意蕴丰富的概念，是很难的，但
神奇的是，孩子居然能明白其中的意思。由此可以看出，人类天生就具备虚
构思维，而且能将之与具象思维区分开来。有了这样的能力，人类一生下来
就懂得如何玩耍。

　　和孩子的玩耍相比，成年人在玩耍时，通常不那样天马行空、肆意想
象，因此成年人的玩耍很少出现变动。但是我认为，想象其实在成年人的
工作和生活中扮演着重要的角色，而且当我们通过直觉判断玩耍在成年人
的活动中占比多少时，"想象"是主要的评判因素。当我们谈论建筑师设计
房子时，指的是设计真实的房子，但建筑师在设计时会尽情发挥想象，将
头脑中的房子具象化，他们会想象房子的用途，并将用途和自己的美学概
念相结合。所以可以说，建筑师先在自己的脑海里和图纸上建造了一座虚
拟的房子，最后将之转化为现实中的房子。科学家通过提出假设去证明已
知的事实，实际上也是利用想象对事实进行证实或证伪的活动。爱因斯坦
将自己在数学和理论物理学方面的创造性成就称为"组合游戏"。谈及对相
对论的理解，爱因斯坦提出了著名的"追光论"，即想象自己在追逐一束光，
然后追上它，想象那之后会发生什么。[22] **天才似乎往往是那些在成年后仍
保留着孩童般想象力的人**。对我们所有人来说，抽象思维和假设思维的能
力高低取决于我们能否想象自己没有实际经历过的情况，以及能否根据这
些设想中的情况进行逻辑推理。玩耍能够锻炼这种抽象思维和假设思维的
能力。

　　我在写作这一章时，大约有80%的成分属于玩耍。我得出这一论断主
要考虑了以下几个因素：写作时的自由程度、享受程度；我遵守的写作规则

是否是自己接受的；写作时是否需要发挥大量想象力。我不是在编造故事，而是在思考如何将事实串联在一起，我还需要不断设想这些事实是否适用于我意欲搭建的写作框架，尽管这个框架尚未真正成形。所以，想象推动着我前进，也正是想象帮助孩子们建造沙堡或者扮演超人。

因此，玩耍是一种富有想象力的心理状态。在游戏状态下，参与艾森实验的大学生能把装图钉的盒子想象成一个架子，从而将蜡烛放置其上；在游戏状态下，参与迪亚斯和哈里斯实验的 4 岁孩子可以想象在某个虚拟世界里，所有猫都会"汪汪"叫；在游戏状态下，阿马比尔实验中的参与者在没有外部激励干扰的情况下进行绘画、创作拼贴画或写诗时得以充分发挥自己的创造力和想象力；在游戏状态下，爱因斯坦可以想象运动和时间的相对性。如果我们剥夺了孩子在学校玩耍的权利，同时又期望他们具备假设和创造的思维能力，那不是异想天开吗？

玩耍时要保持活跃和警觉，但不受压力干扰

玩耍的最后一个特征与其他特征一脉相承。玩家在玩耍时需要有意识地控制自己的行为，关注过程和规则，因此要保持头脑的活跃和警觉。玩家不只是被动地从环境中吸收信息、对刺激做出灵活的反应、按照习惯自主行动，他们还必须积极地思考自己的行为。然而，因为玩耍行为不是对外部需求或生理需求所作的直接反应，所以相对来说不会受到强烈的驱动力和情绪等压力的影响。在游戏世界中，玩家的注意力更多地集中在过程上，不像在现实世界中那样看重目的和结果，因此玩家不会因害怕失败而分心。也就是说，玩家在玩耍时会保持警觉，但不会感到紧张。

玩耍的心理状态即游戏心态被一些研究者称为"心流"，[23] 指的是当玩家的注意力集中在活动本身时，对自我和时间的意识会不断减弱。玩家的思

绪被游戏里的想法、规则和行为占据，从而不受外界干扰。许多研究者都不觉得自己是在研究玩耍，他们只是将这种心理状态描述为学习和创作的理想状态。但在我看来，他们研究的就是玩耍。

在本章的前面我提到了一系列的研究实验。几年前，在这类研究的基础上，心理学家芭芭拉·弗雷德里克森（Barbara Fredrickson）[1] 提出了"积极情绪的扩展和建构理论"。[24] 该理论认为，积极情绪扩展了我们的感知和思维范围，使我们能够看到以前没有见过的东西，以新的方式整合想法，尝试新的行为方式，并通过这些方式"建构"我们的知识、想法和技能储备；而负面情绪则会缩小我们的感知范围，使我们的思维只关注在最显著的压力源上，比如可怕的老虎、可恶的敌人、评估人员、失败后要承担的负面后果等。这种痛苦固然可以激活我们的自主唤醒系统，帮助我们完成需要耗费大量体力且需极度专注于目标的任务，却不利于我们进行创作、学习和反思。从进化的角度来看，负面情绪，尤其是恐惧和愤怒，是为了帮助人类应对紧急情况而产生的。在紧急情况下，应该保守一些，采用惯性做法，而不适合尝试新的思维和行为方式。

弗雷德里克森的理论精准地概括了我在本章所说的大部分内容。我称之为"玩耍的扩展和建构理论"，更完整的说法是"玩耍和好奇心的扩展和建构理论"。在弗雷德里克森所举的大多数例子中，能够扩展和建构的积极心态，都有助于触发玩耍和探索的心态。

---

[1] 她是积极心理学研究领域的领军人，在其著作《积极情绪的力量》（*Positivity*）中揭秘了积极情绪的 6 大真相，带你正确体验积极情绪，切实提升幸福感。该书中文简体字版已由湛庐引进，中国纺织出版社于 2021 年出版。——编者注

玩耍的力量在于其"不重要性"

人们常常认为玩耍是没有价值或无关紧要的，事实的确如此。我前面也说过，玩耍的目的就是玩耍，不是为了实现现实世界中的目的的，既不是为了获取食物、金钱、表扬，也不是为了虎口脱险，更不是为了给个人简历添彩。玩耍的一部分是在假想世界中进行的，所以玩耍确实无关紧要，但这就是玩耍最有趣的矛盾所在：玩耍之所以具有巨大的教育力量，正是因为玩耍"不重要"。

玩耍可以为教育服务，但玩耍的人并不是在刻意教育自己。玩耍是因为有趣，而教育只不过是玩耍的附带效果。如果玩耍是为了某个严肃的目的，那么就算不上是玩耍，相应地，玩耍所附带的教育效果也就不复存在了。

玩耍中的孩子不会担心自己的未来，也不需要因为失败而承担现实世界的后果，所以他们不惧失败。一些在现实生活中可能过于冒险甚至不可能发生的事，玩耍中的孩子却可以在假想世界里自由地尝试。玩耍中的孩子无须寻求成年人的赞许，所以也不会被外界的评估所左右。对评估的恐惧和担忧往往会限制人们身体和思维的活动，所以，评估可以用在已经掌握良好的技能上，但不适合用在对新事物的学习或思考上。因为不必担心失败和他人的评估，玩耍中的孩子可以将全部注意力放在和玩耍相关的技能上。他们努力表现出色，这也是游戏的内在目的，但他们也知道，即便失败了也不需要在现实世界里承担严重的后果。

玩耍虽然不重要，但也不简单。玩耍的乐趣在于挑战。一项好玩的活动如果过于简单，其吸引力就会降低，导致玩家流失。因此，为了游戏的存续，玩家会对游戏进行改善，增加难度或者丰富玩法。幼儿一旦学会了用双腿走路，就会开始参与更高级的身体游戏，包括跑、跳、攀爬等。随着年龄的增长，动物幼崽也在不断地挑战自己，鼓捣一些难度更大的技能和动作。一项研究以已经能在平地上奔跑的野山羊幼崽为对象，观察它们在陡坡上奔跑玩耍时的表现，发现它们在陡坡上时的注意力会更集中，因为在陡坡上奔跑的难度比在平地上加大了。[25] 同样，幼猴在玩耍时从一根树枝荡到另一根树枝，它们也会选择相距较远的树枝来拓展自身技能，而且这些树枝与地面的距离较短，这样即便摔下来也不至于受重伤。[26] 青少年玩电子游戏喜欢"闯关"，关卡难度会逐级增加，如果关卡难度总是处于同一水平，游戏就不够刺激了。正如爱因斯坦通过组合游戏不断挑战并提升自己的智力，孩子们在玩耍时自然也会尽可能地挑战智力或体能的极限。

　　玩耍的教育功能还在于其重复性。大多数玩耍形式里都包含重复的内容。比如猫为了满足自己捕捉老鼠的乐趣，在抓到老鼠后会把它放走，以便重复进行捕捉这个环节；幼儿牙牙学语时会不断重复相同的音节或音节组，时而稍微改变一下音节顺序，就好像是在通过这种方式来练习发音；初学走路的幼儿会沿着同一条路线走来走去；孩子们通常喜欢一遍又一遍地"阅读"同一本书，即便已经熟悉到可以背诵下来的程度；各种结构化的游戏，如抓人游戏、棒球游戏等，都包含需要一遍又一遍重复的动作或过程。玩耍的定义特征之一是关注方式和手段而非目的，因此玩耍必然涉及重复行为。玩家要不断重复相同的动作，以确保动作的准确性。

　　玩耍中的重复不是机械性的重复，而是基于玩家意愿的重复，因此每一个重复行为都是创造性的行为。如果玩家的每一个动作看起来都和前一个动作极其相似，那说明玩家想要实现精确的重复。不过在多数情况下，每一个"重复"行为和前一个行为之间总会有些系统性的差异，说明玩家在故意改变行为方式以适应游戏，或是想知道用新的方式来完成同一件事是否可行。这种重复有助于完善和巩固新技能，但有时会让父母和其他观察者误以为孩子没办法从中学到新东西。其实大可不必担心，因为如果真的学不到新东西，孩子自然会停止重复行为，转而去做别的事情。

最后我想说，假如你拥有强大的力量，但在你面前摆着一道难题：如何让人类的孩子和其他哺乳动物的幼崽训练生存和发展的必要技能，以适应其所处的生活环境，你会如何解决这道难题呢？其实最有效的办法莫过于在孩子或动物幼崽的大脑中建立一种机制，促使他们自愿训练必要的技能，并从训练当中获得快乐。其实自然选择已经帮我们建立了这种机制，我们把在这种机制下产生的行为称为玩耍。如果把玩耍称作"自我驱动的生活技能训练"，也许它会更受重视，但这样做可能也会削弱玩耍的轻松氛围，导致它的有效性降低，也因此陷入了一种悖论。所以，要想真正体会玩耍的深刻意蕴，就必须承认玩耍"不那么重要"。

大约在 300 年前，英国诗人托马斯·格雷（Thomas Gray）写道："在无知是福的地方，聪明就是犯傻。"我觉得这句话颠倒过来也成立：**"在拥有知识和技能是福的地方，愚蠢即是睿智。"**

第 8 章

会玩的孩子懂得与世界的相处之道

社会戏剧性游戏是幼儿发展和练习
他们所处社会的心理模型的一种方式。
孩子们通过玩耍来'构建社会'。

汉斯·弗思　美国发展心理学研究者

Sociodramatic play is a means by which young children develop and exercise
mental models of the society in which they live.Children "construct society" through
their play.

　　远离成年人，与其他孩子一起玩耍，是孩子们学会自己做决定、控制自己的冲动情绪、从他人的角度看问题、与他人协商分歧和交朋友的方式。简而言之，在玩耍中，孩子们学会了掌控自己的生活。

非正式游戏的经验与启示

　　想象一场老式的沙地棒球比赛。一群不同年龄的孩子出现在一块空地上，希望能找到其他孩子跟他们一起玩。有的孩子是走着来的，有的孩子是骑自行车来的；有的孩子独自一人，有的和朋友在一起；有人带着球棒，有人带着球，尽管可能都不是真正的棒球，还有人带着接球的手套。玩游戏的人数凑够了，他们就决定一起玩。由两名公认最好的球员担任队长，再各自挑选队员。孩子们布置好垒位，可以用帽子、飞盘或任何大小合适的物体代替橡胶板标志。因为没有足够的球员分布在所有的位置上，所以他们即兴发挥。没有成年人在场告诉孩子们该做什么或如何解决争端，他们必须自己解决一切问题。这种打棒球的方式实际上就是玩。这是一种由玩家自己选择和指导的活动，是因为自己想玩而进行的，而不是为了获得某种外部奖励。

现在再想象一场少年棒球联赛。比赛场地的草坪修剪得整整齐齐，看起来就像职业比赛场地的缩小版。参加比赛的大多数孩子是家长开车送去的，一方面是因为离家很远，另一方面是因为他们的父母支持这项活动。许多家长会留下来观看比赛，以示他们对年轻球员们的支持。参赛的球队是预先确定的，是正在进行的整个联赛规划的一部分。每支球队都有一名成年教练，还有一名成年裁判员负责喊球、判球、判定出局等工作。官方的分数会被记录下来，并且整个赛季都会有工作人员跟踪记录每支球队的输赢情况以最终确定冠军队伍。有些球员是真心想在那里打比赛，也有不少球员是因为受到了父母的哄骗或者强迫才去的。

第一种情形所描述的那种非正式的、自我指导的棒球游戏或其他与之类似的游戏包含了有价值的经验与启示，这是第二种情形所描述的这种正式的、由成年人指导的游戏所没有的。在每一个人都能从非正式的体育游戏中学到的最有价值的经验中，我挑选了五点列举在这里。

经验一：**要想让游戏继续，你必须让每个人都开心。**在所有真正的游戏中，最基本的自由是放弃的自由。在非正式的体育游戏中，没有人会被强迫留下，就算你选择退出，教练、父母或其他成年人也不会失望。只有足够多的玩家选择继续玩时，游戏才能继续下去。因此，每个人都必须尽自己的一份力量让其他队员开心，也包括另一队的队员。

这意味着你要在非正式的体育游戏中表现出一定的自我约束，这种约束来自你对每个玩家需求的理解，而不是那些由既定的规则所规定的限制。如果二垒手个子比你小，比较容易受伤，你就不会全力奔向二垒，即使这在少年棒球联赛中可能是个很好的获胜策略，而且教练很可能还会因为你跑得不够努力而责骂你。这就是为什么孩子们在非正式的体育游戏中比在正式比赛中受伤更少的原因，尽管父母们认为成年人指导下的运动更安全。[1] 如果你是投手，那你在把球投给小强尼时要投得轻一点，因为你知道他接不到你的快球。你也知道，如果你以最快的速度把球扔给这么小的孩子，就连你的队友也会指责你刻薄。但当大个子、经验丰富的杰罗姆上场时，你就会用尽全力投球，不仅因为你想让他出局，还因为你如果不用尽全力就是对他的一种侮辱。社交游戏的黄金法则不是"像你希望别人对待你的方式对待他人"，而是"以别人希望的方式对待他们"。游戏的平等不是要追求一致性，而是要满足每个玩家独特的需求和愿望。

要想在非正式的体育游戏中成为一名优秀的球员，你就不能盲目地遵守规则。相反，你必须从别人的角度看问题，了解别人想要什么，并至少提供一些帮助给他们。如果你失败了，你就会被孤立。在非正式的体育游戏中，让你的玩伴开心远比赢球重要，生活中也是如此。对一些孩子来说，这个经验学起来很难，但孩子们与他人一同玩耍的驱动力很强烈，因此大多数孩子最终都能学到这一经验，只要他们玩的机会足够多，失败的经历足够多，承担后果并再次尝试的机会也足够多的话。

经验二：规则是可以修改的，并且由玩家发起。 由于在非正式的体育游戏中没有任何东西是标准化的，因此小球员们必须制定和修改规则以适应不同的条件。如果场地很小，唯一可用的球是一个携带方便的橡胶球，球员们可能会判定任何超出场地边界的球都是自动出局。这使得球员们更专注于击球的落点，而不是一味大力击球。力气最大的击球手可能会被要求单手击球，而且要用非惯用手，或者用扫帚柄而不是真正的球棒击球。随着比赛的继续和条件的变化，规则可能会进一步演变。在少年棒球联赛中，以上这些人为的改变都不会发生，在那里，官方规则是不可侵犯的，并且会由一个成年裁判给予权威的解释。在正式比赛中，条件必须符合规则，而不是根据条件来调整规则。

著名的发展心理学家让·皮亚杰很久以前在一项关于儿童玩弹珠的经典研究中指出，儿童在自己的指导下玩耍时，比在成年人的指导下玩耍对规则的理解更深刻。[2] 成年人的指导导致了这样一种假设：规则是由外部权威决定的，因此不容置疑。然而，当孩子们自己玩时，他们会逐渐意识到，规则只是约定，是为了使游戏更有趣、更公平而建立的，并且可以根据不断变化的条件而改变。对于生活在民主社会中的人来说，没有什么经验比这更有价值了。

经验三：冲突可以通过争论、谈判和妥协来解决。在非正式的体育游戏中，球员们不仅能制定和修改规则，还要自己担任裁判。他们要判定一个击球是公平的还是犯规的，一个跑垒者是安全的还是出局的，投手是否对小强尼太刻薄，以及胡里奥是否应该与另一队没有手套的接球手共用他的新手套。在这些争论中，一些更受欢迎的球员可能比其他人更具吸引力，但每个人都有发言权。每个人都有自己的观点，并用他们自己所能想到的逻辑来捍卫自己的观点，最终与他人达成共识。

共识并不一定意味着意见完全一致，而只是意味着每个人都同意，他们愿意为了游戏的继续而相互配合和妥协。如果你想让游戏继续，那么共识是至关重要的。在非正式的体育游戏中，对共识的需求并非来自某些崇高的道德哲学，而是来自现实。如果一个决定让一些人不开心，那么这些人就会退出游戏，如果退出的人太多，游戏就结束了。在非正式的体育游戏中，你明白了如果你想继续玩下去，就必须妥协。如果你没有一个替你做决定的"国王"，你就必须学会自我管理。

有一次我在看一些孩子打一场非正式的篮球比赛。他们花在制定规则以及争论既定游戏是否公平上的时间，比他们真正打篮球的时间还要多。我听到旁边的一个成年人说："真可惜，他们没有裁判来帮他们决定这些事情，要不然他们就不必花那么多时间争论了。"听到这话我觉得很糟糕，这些成年人有没有想过，在孩子们的一生中，投篮技术和有效辩论、学会妥协相比，究竟哪个更重要？孩子们在参加非正式的体育游戏的同时可以练习很多东西，其中最不重要的可能是运动本身。

经验四：你的团队和对方团队之间并没有本质的区别。在非正式的体育游戏中，玩家们自始至终都知道两支队伍是为了满足游戏目的而随机组成的，每次比赛都会组成新的队伍。例如，比利昨天可能是"敌对"一方的，但今天他在你的队里。事实上，比赛在进行中时，团队成员就可能会发生改变。比赛一开始，比利可能在"敌对"一方，但当大家回家吃过晚饭再回来时，为了平衡两队人数，比利可能就转移到了你的队里。或者如果两队都缺少球员，那么比利还可能会同时代表两个队接球。在非正式的体育游戏中，"敌人"或"对手"的概念只存在于游戏领域，而不是现实中。这是暂时的，并且只局限于游戏本身。从这个角度来看，其实这个非正式的体育游戏也类似于一个纯粹的假想游戏，比利假装是一个邪恶的巨人，试图抓住并吃掉你。

相比之下，在正式的联赛运动中，球队成员在一系列比赛中相对固定，而比赛得分在某种程度上也会带来现实的结果，如奖杯或成年人的称赞。这个结果会发展出一种持久而稳固的团队认同感，随之而来的是一种"我的团队比其他团队更好"的荣誉感，并可能延伸到比赛以外的情况，让队员们在与比赛无关的方面也产生自己团队更好的感觉。社会心理学和政治学研究的一个主要议题是群体内外的冲突。派系、帮派、沙文主义、民族主义、战争……从我们倾向于重视自己族群的人而轻视其他族群的人这一层面来讨论，这一切就都说得通了。正式的团队运动助长了我们去做这种群体性区分的冲动，而非正式的体育游戏则没有。³ 当然，正式运动中一些开明的教练可能会讲授良好的体育精神并教导队员要尊重其他团队，但我们都知道，这种讲授无论对孩子还是成年人来说，用处都不大。

　　经验五：玩得好、玩得开心真的比赢更重要。"打得好、打得开心比赢更重要"是少年棒球联赛的教练在队伍输球后经常说的一句话，而他很少在赢球后这么说。但是，在观众的注视下，在奖杯近在咫尺的情况下，在众人都如此关注比分的情况下，不得不让人怀疑，有多少球员会相信这句话，又有多少球员会私下认为文斯·隆巴迪^①（Vince Lombardi）才是正确的。随着孩子们进入高中，接着上了大学，"胜利才是全部"这种观念日益凸显，尤其是在美国学校最为关注的橄榄球和篮球项目上。随着这些球员从少年联赛到高中联赛、大学联赛再到职业联赛，能够进入专业球队的人越来越少。其他人将在他们的余生中成为观众，在看台上和沙发上变胖。除非他们学会组建非正式的球队继续打球。

　　在非正式的体育游戏中，玩得好、玩得开心则真的是比赢得比赛更重要的事。游戏中的每个玩家都知道，你不需要用演讲来说服任何人，而且不管技术水平如何都可以玩。非正式的体育游戏的全部意义在于你可以在其中享受乐趣并拓展自己的技能，有时还能使用一些在正式比赛中不被允许或者会

---

① 文斯·隆巴迪是20世纪美国著名的橄榄球教练。他强调团队合作、纪律和奉献精神，在教练生涯中发表过很多著名的激励性言论，如"胜利不是一切，它是唯一的事（*Wining isn't everything, it's the only thing*）"。——编者注

被嘲笑的富有创意的新方式。例如，你可以尝试用一根窄棍击球，以改善你的视力；还可以把外场的简单接球变成困难的过肩接球。如果你是一个比其他人更优秀的玩家，这些自我设限的方式能让游戏对每个人来说都更有趣。在正式比赛中，赢是最重要的，你永远不会做像这样自我设限的事情，否则别人会说你背叛团队。当然，即使是在非正式的体育游戏中，你也需要注意尝试这些创意的最佳场合和时机。你必须知道怎么做才能既不冒犯别人、也不给人留下爱炫耀的印象。在非正式的体育游戏中，你需要依靠内在的社交需求来指引自己的行为。

　　无论是作为一名参与者还是一名观察者，依我的经验来看，非正式体育游戏中的玩家都更倾向于玩得漂亮而不是赢。玩得漂亮是指在比赛中运用了具有创造性的新的运动方式，让你能够表达自己、拓展自己的身体能力，同时还能协调你的行为，使之与他人的行为相融合。对于这种非正式的体育游戏，最形象的比喻大概是一种创新的集体舞蹈，玩家们都在约定的规则范围内创造自己的动作，同时还要注意不能踩到别人的脚。我也参加过正式的比赛，那是关乎校队能否夺冠的比赛，可不是什么具有创造性的"舞蹈"。如果踩到别人的脚能帮你赢得比赛，踩就是了。

　　非正式的体育游戏和正式的比赛，哪一种训练更适合现实生活呢？在我看来，答案似乎很清楚。现实生活本身就是一种游戏：规则是可以不断修改的，你必须尽自己的力量去创造它们；最后，没有赢家和输家，我们都会走到生命的尽头。与人相处远比打败别人重要，在生活中，重要的是你如何玩这个游戏，以及你在这个过程中获得了多少乐趣，给别人带来了多少快乐。这些都是非正式的体育游戏，同时也是一种社交游戏带给我们的启示，这些启示远比跟教练学习扔弧线球或滑进二垒重要得多。我并不反对孩子们真正想要参与正式的体育比赛，但当涉及学习那些所有人都必须学会的、能让我们过上令人满意的生活的课程时，这样的比赛不能代替游戏。

在一篇关于瑟谷学校开展的非正式的体育游戏的文章中，该校以前的学生迈克尔·格林伯格（Michael Greenberg）比我更诗意地提出了一些相同的想法。他写道：

这些年来，我在瑟谷学校玩橄榄球、足球和篮球等非常消耗体力的运动，除了轻微的割伤或擦伤，从未受过其他严重的伤。我们穿着日常服装运动，没有任何通常要求的标准防护装备。而体育比赛中那些戴着安全垫的人却以惊人的频率互相伤害，这要怎么解释呢？在一种严格的、以表演为导向来看待运动或生活的方式中，获胜变得比确保你不会伤害别人更重要。所以不管你说多少"体育精神"或者你戴了多少安全垫，人们还是会受伤。当你把运动或生活当成一种有趣的、令人兴奋的过程，当成纯粹为了快乐和美好而做的事情时，那么不伤害别人、不损害他人的能力从而让大家一起享受同样的过程就成了你的首要任务。通过参加一项活动，可以让不平等的身体冲突通过团队合作以及对个人卓越和责任感的追求转变为能够克制自己，从而与其他同为追求有意义体验的平等心灵结成共同联盟，这是我一生中最深刻的经历之一。我相信这份经历对其他学生也有类似的影响。[4]

社会戏剧性游戏的经验与启示

孩子们不仅仅是在非正式的体育游戏中，也在其他各种自由的社交游戏中学习着宝贵的社会课程。下面有一个关于假装游戏的实验可以说明这一点，研究者称之为社会戏剧性游戏，即孩子们扮演角色，一起表演故事情节。这种游戏在全世界 3～6 岁的孩子中都很受欢迎。

研究者汉斯·弗思（Hans Furth）和 S. R. 凯恩（S. R. Kane）录制了 5 岁 11 个月大的安妮和 5 岁 2 个月大的贝丝在课后日托中心的化妆区玩假装游戏的过程。[5] 安妮在游戏开始时说："我们假装明天晚上有一个舞会，我们得把东西准备好。"贝丝拿起一件衣服说："这是我的衣服。"这一举动含蓄地表明她接受了这个玩耍邀请，并渴望得到她最想要的道具。在接下来的 20 分钟里，两人挑选了自己的衣服和配饰，并讨论了舞会上会发生什么。她们大部分时间都花在了争论谁将扮演哪个角色、谁能使用哪些道具上。她们为昂贵的衣服、电话、桌子、双筒望远镜的使用权以及舞会前一天晚上各自的住处不断地讨价还价，在每次小争论中，两个女孩都给出了自己为什么"需要"或"应该拥有"那个道具的理由，但都十分机智，以免冒犯对方。

然后，当安妮和贝丝在这些问题上达成了相当满意的共识时，另一个小女孩，4 岁 9 个月大的西莉亚从户外来到化妆区，要求加入她们。安妮和贝丝接受了她的加入，然后三个人开始了新一轮的谈判——关于西莉亚加入后的道具和角色分配问题。每个女孩都对自己要穿什么衣服、舞会上要发生什么事、谁年龄更大、谁在剧中地位更高等问题有着强烈的主观意识。为了继续游戏，她们必须在每一个重大问题上达成共识。

例如，安妮和贝丝都认为三个孩子中最年幼的西莉亚应该扮演"小妹妹"，但西莉亚断然拒绝扮演这个角色。于是为了安抚她，安妮和贝丝同意让西莉亚当"大姐姐"。然后，安妮和贝丝为了保持她们的相对地位，都把自己提升到了母亲的角色上，这引发了关于"西莉亚是否可以有两个母亲"的讨论，因为"实际上，一个人只能有一个母亲"，于是她们决定由其中一人来扮演后妈。三个女孩都想叫"格洛里亚"，这一点她们觉得可以接受。三个女孩也都想嫁给王子，成为女王。贝丝和安妮承认，在现实生活中，王子只能和她们中的一人结婚，但"只是为了假装"，王子也可以和她们两个同时结婚。然而，王子也娶西莉亚的想法是她们无法接受的，所以她们拒绝了西莉亚的要求。为了安抚西莉亚，安妮和贝丝又把她进一步提升为"大姐姐公主"。

这三个女孩都已经是熟练的社交玩家了，通过这个游戏片段所展示的练习，她们显然变得更加熟练了。这类游戏给人最大的启示是自我主张、谈判和妥协。每个女孩都必须巧妙地展示自己的情况，以便在不惹恼其他玩家的情况下尽可能地接近自己想要的东西。从她们说话的方式上可以看出，女孩们了解达成共识的必要性。例如，她们每次提出关于如何玩游戏的想法时，通常会采取建议而不是要求的形式，大多数提案都以附加问句的形式结尾，比如"好吗"或者"对吗"。

在谈判中，女孩们经常提到某些规则，按照传统，这些规则已经成为这家日托中心孩子们的常规游戏规则。其中一个是"发现者规则"，即最先发现或声称拥有某个道具的人通常就是使用它的人。然而，还有一个更高级的规则可以超越发现者规则，那就是公平规则。让一个孩子拥有所有或大部分他想要的道具是不可取的，他必须以一种至少对所有人都合理、公平的方式来分配这些道具。各类游戏的玩家都会强调他们对公平的坚持，尽管他们可能对理想状态的本质以及如何实现抱有不同意见。

另一个孩子们经常用到的规则是一致性规则，即游戏内部必须保持一致。例如，当渴望舞会开始的安妮冲动地宣布舞会即将开始时，贝丝提醒她，她们已经决定明天才开始了。在舞会开始之前，她们必须假装睡一晚。安妮明白了，也立刻承认了这一点。至少在某种程度上，这部"戏"必须与女孩们对现实世界的理解保持一致。有时也可以改变规则，比如她们决定安妮和贝丝都要嫁给王子，但这种改变需要讨论并达成共识，而且一般来说，她们要承认在现实中，事情不是这样的。在玩的过程中，女孩们也肯定并巩固了她们对现实世界中某些习俗和规则的理解。根据弗思和凯恩的分析，社会戏剧性游戏是幼儿发展和练习他们所处社会的心理模型的一种方式。用研究者的话来说，孩子们会通过玩耍来"构建社会"。

三个小女孩在玩耍中做着她们想做的事，但是因为她们想做的是和其他女孩一起玩一场精心设计的扮演游戏，所以她们不能完全按照自己的想法去做。她们必须与他人协商并达成共识，必须控制自己的冲动，使自己的扮演与她们商定的角色和故事情节保持一致。这就是儿童社交游戏的神奇之处，通过做自己想做的事，也即和其他孩子一起玩耍，孩子们学会了妥协，而不是完全按照自己想做的去做。西莉亚想成为女王，但她也可以做"大姐姐公主"；所有女孩都想要最漂亮的衣服，但她们必须以一种对每个人都公平的方式来分配；安妮想让舞会马上开始，因为她是如此渴望王子向她求婚，但她必须控制这种冲动，以便与女孩们已经决定的故事情节保持一致。所有这些自我控制和妥协都是在没有成年人干预的情况下发生的。事实上，成年人的干预反而会毁了它。孩子们显然很喜欢在没有成年人参与的情况下，在与他人谈判的过程中锻炼自己的力量、智力和自我约束能力。

我之所以使用这个游戏的例子，只是因为它被记录了下来，但它并没有什么独特之处。如果你观察任何一群在一起玩耍的孩子，你都会发现他们在这种玩耍中表现出的丰富经验，你会从中发现惊人的社交思维。但你必须远远地站在不显眼的地方观察。如果你观察男孩子们就会发现，他们在谈判时不像安妮、贝丝和西莉亚那样有技巧，但他们也会为了游戏的继续而想方设法满足彼此的需求。

我们无法进行长期的实验来观察那些有更多机会玩这种游戏的孩子是否会比那些没有机会玩这种游戏的孩子发展出了更强的社交技能，但相关研究、短期实验及常识都有力地支持了这一假设。根据各种衡量标准，**更多地**

参与社会戏剧性游戏的孩子比起较少参与这类游戏的孩子，表现出了更多的同理心，他们更有能力理解他人传递的信息、想法和愿望。[6]此外，在幼儿园进行的几项短期实验表明，当一些孩子获得了参与社会戏剧性游戏的额外机会，而另一些孩子没有时，那些参与了游戏的孩子此后在换位思考和与他人相处的能力等各种衡量指标上比没参与过游戏的孩子表现得更好。[7]

风险游戏的价值

研究动物玩耍的研究者指出，玩耍在进化上的一个主要目的是帮助动物幼崽学会如何应对紧急情况。[12]所有哺乳动物的幼崽在玩耍时都会故意反复地把自己置于棘手或适度危险、适度恐怖的境地。当它们嬉戏式地奔跑、跳跃、追逐彼此时，也是不断地在失去和恢复对身体运动的控制之间来回交替。例如，当小山羊跳跃时，它们扭动和转弯的方式会使平稳落地变得困难；当小猴子和小猿猴在树上嬉戏时，它们会选择离地面足够高、相距足够远的树枝，以给自己造成一定程度的恐惧感，但又不会高到让自己摔下来造成严重伤害；年幼的黑猩猩似乎特别喜欢这样的游戏：从高处的树枝上自由下落，然后在落地前的最后一刻抓住较低处的一根树枝。

几乎所有哺乳动物的幼崽都玩追逐游戏。它们互相追逐，轮流成为被追逐者和追逐者。对大多数动物来说，在这种追逐中，它们最喜欢的位置显然是被追逐者的位置。[13]例如一个发生在一对小猴子身上的典型游戏，一只小猴子开玩笑地攻击另一只，然后一边跑开，一边回头看，以确定被激怒的玩伴正在追它。观察猴子玩耍的人注意到，被追逐的动物通常比追逐者表现出更多的游戏乐趣，比如做个"大大的鬼脸"，也即猴子的微笑。显然，追逐者的奖励是下一轮当被追逐者的机会。当追逐者追上并以某种方式提醒被追逐者时，通常是开玩笑式地轻咬一下，以前的被追逐者就会转过身来，高兴地成为追逐者。[14] 请注意，动物们一般会优先选择弱势一方的角色。被追逐的一方对正在发生的事情没有多少控制权，也没有多少停下来休息的机会，而且比追逐的一方更容易摔倒和受伤。但弱势本身似乎是兴奋感的一部分。

　　除了追逐游戏，哺乳动物的幼崽，尤其是雄性幼崽，还会进行大量的打斗类游戏。根据种类的不同，它们会用头撞击对方、试图把对方摔倒在地，或是试图把对方固定住，并顽皮地咬住对方的特定部位。与真正的打斗不同，在打斗类游戏中，体型更大、技能更熟练的动物会故意给自己设置障碍，以避免游戏伙伴被自己牵制。对大鼠幼崽玩打斗类游戏的详细研究表明，至少对这个物种来说，每一只幼鼠都喜欢处于被动位置，因为这能给它们带来最大程度的身体和情感挑战。[15] 一只幼鼠自我设障，让玩伴进入攻击、上位状态，然后挣扎着与对方抗衡。几次下来，玩伴们轮流换位，从而使每一只幼鼠都可以练习从弱势的位置上反抗和挣脱。

　　即使是随机的观察也能表明，人类的孩子和其他哺乳动物的幼崽一样，在玩耍中喜欢故意把自己置于令人恐惧、易受伤害的位置。他们爬上高高的树、从高处往下跳、在岩石之间来回跳跃、在游乐场的设备上表演特技，或者从栏杆上往下滑。在嬉戏式的打斗中，孩子们像其他哺乳动物的幼崽一样，会轮流担任弱势一方。[16] 较强的一方通常会自我设障，让较弱的一方从被牵制的状态中挣脱出来进入攻击位置，这样双方就都能体验到处于弱势位置并挣脱的快感了。在所有这一切中，人类的孩子跟其他哺乳动物的幼崽一样，显然都在学习重要的课程。

　　想想追逐游戏的莫大快感吧！当一个 3 岁的小女孩从可怕的"怪物"面前顺利逃跑时，她发出了几乎无法抑制的喜悦尖叫，这个"怪物"则由她的父亲或哥哥扮演，威胁要抓住她并把她当早餐吃。在我能想到的所有人类的追逐游戏中，玩家们偏好的角色通常也是被追逐者的角色。无论是在噩梦还是在现实生活中，没有什么比被捕食者或怪物追逐更可怕的了。但是在游戏中，没有比这更令人愉快的了。

在所有人类的追逐游戏中，最普遍也是最经典的便是抓人游戏。世界各地的孩子都在玩这个游戏，他们的目标总是花尽可能多的时间让自己被追逐，尽可能少的时间去追逐别人。被抓住的惩罚是你要成为追逐者，直到你抓住别人，才能再次享受被追逐的乐趣。随着孩子们年龄的增长，他们玩的抓人游戏也越来越复杂。一个典型的例子是"狐狸和鹅"，我和我的童年伙伴经常在明尼苏达州结冰的池塘上玩这个游戏。大家都更喜欢当鹅，而不是当狐狸。如果你被抓住了，你就必须当狐狸，直到你抓住了别人，你才可以再次成为一只鹅。捉迷藏和躲避球的游戏并不完全属于追逐游戏，但它们也遵循这样的规律，即被追逐者是人们偏爱的位置，而被发现或被球击中的惩罚是，你必须成为一个追逐者。

正式的团体运动如足球、橄榄球、篮球和曲棍球等，也可以被理解为复杂版的抓人游戏。它们的乐趣在于你要带着球跑过整个比赛场地，通过踢球、带球、运球或推球，向某个目标跑去，同时有一群"敌人"在后面追你。棒球也是一种抓人游戏，击球手在击出球后，试着围绕一个特定的圈跑，从一个安全的点跑到另一个安全的点，而另一支球队则试图捉住他。在所有这些游戏中，两支队伍都在进攻和防守之间交替进行，首选的是做进攻一方，在这个位置上，当你跑过"敌人"的领地时，便会被追逐。

在许多类似这样激烈的游戏中，孩子们其实是在测试自己的体能和对恐惧的耐受性。恐惧和喜悦的结合就能带来我们所说的"激动"。在这样的游戏中，孩子们必须对自己的行为负责，因为只有他们知道如何让自己处于适度的恐惧之中。孩子们在荡秋千、爬树或爬绳子时，知道要到多高的位置才会感到适度的恐惧，没有任何父母、教练或体育老师可以为他们做出这样的判断，对他们来说，这种适度的恐惧所带来的是兴奋，而不是真正的恐惧。在各种形式的打斗和追逐游戏中，如果玩家感到自己情绪或身体上的挑战变得太大，每个人都有权叫停或退出。如果没有这种权利，这个活动就不能算作玩耍。

在今天的文化中，父母和其他成年人通常对孩子保护过度，使他们远离玩耍中可能出现的危险。**成年人严重低估了孩子们照顾自己和做出良好判断的能力。这种低估变成了一种自证预言，既剥夺了孩子们的自由，也剥夺了他们学习如何控制自己的行为和情绪的机会。**在这方面，以美国为例的现代社会文化不仅与狩猎—采集部落的文化不同，也跟其他所有允许孩子自由玩耍的传统文化不同。

自恋的加剧和同理心的减弱

正如我在第 1 章所讨论的那样，大约从 1955 年起，与孩子们自由玩耍的时间和机会的减少相伴随的，是年轻人焦虑、沮丧和无助感的持续增长。与这些发现相关的还有自恋的加剧和同理心的减弱。

自恋指的是一种对自己盲目高估的自我观，这种观点倾向于将自我与他人分开，并阻止有意义的双向关系的形成。自 20 世纪 70 年代末以来，人们使用自恋人格量表（NPI）对正常的大学生群体进行评估。NPI 是一份调查问卷，旨在比较人们优先关心自己与关心他人的程度。同理心基本上是自恋的对立面，指的是一种在情感上与他人建立联系的倾向，会从他人的角度看问题，对他人的不幸感到同情。从 20 世纪 70 年代末开始，人们使用人际反应指针量表（IRI）对正常的大学生群体进行评估。IRI 也是一份调查问卷。这些问卷的调查结果显示，这些年来，大学生群体的自恋程度显著上升，而同理心显著下降。[17] 问卷得分显然是有效的衡量指标，其与现实世界的行为相关联。例如，在自恋测试中得分高的人在现实中也比其他人更倾向于高估自己的能力，容易对他人的批评作出愤怒的回应，而且利用职务犯罪的几率更高。[18] 在同理心测试中得分低的人则比普通人更有可能参与霸凌，而不太可能自愿帮助有需要的人。[19]

从我在这一章所讲的一切来看，玩耍的减少与情绪和社交障碍的增加之间的伴随关系其实不难解释。玩耍是大自然教会孩子解决自己的问题、控制自己的冲动、调节自己的情绪、从别人的角度看问题、协商分歧以及与他人平等相处的方式。同样，作为学习这些技能的一种方式，没有什么可以替代玩耍。这些技能都是学校里教不了的。在现实生活中，这些关于个人责任、自控力和社交能力的课程比学校里教授的任何课程都重要得多。

除了相关证据和逻辑推论，还有很多实验证据能够证明玩耍的减少与情绪和社交能力发展的停滞相关。尽管不能进行长期的实验，故意剥夺孩子玩耍的权利，然而这样的实验可以并且已经在动物身上进行了。例如，在一组实验中，实验人员将一些恒河猴与它们的母亲一起单独饲养，而另一些正常饲养的恒河猴可以接触到同伴，然后将这些与母亲单独长大的恒河猴与其他正常饲养的恒河猴进行比较。[20] 猴妈妈与它们的孩子之间也有很多互动的方式，但它们不与小猴子玩耍，所以这些接触不到同伴的猴子在整个成长过程中都被剥夺了玩耍的机会。不足为奇的是，当它们长成年轻的成猴，研究人员对它们进行测试时，发现它们在许多方面都不正常。这些猴子表现出了过度的恐惧和攻击性。当被置于一个全新的环境中时，正常的猴子只会出现轻微的害怕反应，而这些猴子则会表现得非常恐惧，不像正常的猴子那样能够随着时间的推移逐渐适应环境。当和同伴在一起时，它们也无法对其他正常的猴子发出的社交信号和示好动作给出恰当的反应。例如，当同伴试图给它们梳理毛发时，它们会对同伴猛烈踢打，而不是接受这种友好的表示。当有其他猴子在场时，它们也没有适当地减弱自己的攻击性行为，因此也比其他正常的猴子更容易受到攻击。

研究人员对大鼠也进行过类似的实验，得到了相似的结论。在各种行为测试中，幼时被剥夺了同伴玩耍机会的大鼠表现出了异常高的恐惧和攻击水平。[21] 在一组实验中，一些缺少同伴陪伴的幼鼠被允许每天与一个爱玩的同伴互动一小时，而另一些则被允许每天与一个注射了苯丙胺的不喜欢玩耍的同伴互动一小时。[22] 苯丙胺能在不影响其他社会行为的情况下，抑制幼鼠的玩耍冲动。结果是，与爱玩的同伴互动过的幼鼠在成年后表现得比那些与不爱玩的同伴互动过的幼鼠更正常。显然，决定幼鼠的情绪和社交能力能否正常发展的基本互动发生在玩耍中。在其他实验中，被剥夺了玩耍机会的幼鼠表现出了异常的大脑发育模式。如果没有玩耍，大脑中额叶区域的神经通路就无法正常发育，而额叶区域对于控制冲动和情绪来说至关重要。[23]

出于科学研究的需要，把小猴子和幼鼠养在不能和同伴自由玩耍的环境中似乎很残忍。但是，如果这是残忍的，那我们又能对目前以保护和教育孩子为目的而剥夺他们与伙伴们自由玩耍的权利这一"常规"做法说些什么呢？这的确很残忍，同时也很危险。

如何评价电子游戏

近几十年来，有一种游戏形式始终没有衰落，那就是电子游戏。一些人将孩子们户外运动的减少归咎于电子游戏和电视，认为电视节目和电子游戏太有诱惑力了，那些节目和游戏把孩子们紧紧拴在屏幕前，让他们无法参加其他活动。我理解这一观点，也明白为什么它对一些人来说是有说服力的，但它与我自己的观察或研究者通过系统调查得出的结论不太相符。

在瑟谷学校，学生们可以随心所欲地玩耍和探索。他们可以无限制地使用电脑和电视，而且几乎所有人都喜欢玩电子游戏。但他们中的大多数人也花了很多时间在户外的田野和树林中玩耍和探索。同样，对普通人群中的游戏玩家的调查表明，随着时间的推移，那些既可以自由地在户外玩耍，也可以自由地玩电子游戏的孩子通常能在两者之间达到一种平衡。[24] 那些所谓"对游戏上瘾"的人通常是那些接触不到其他令人满意的游戏形式的人。[25] 在争夺孩子的空闲时间这件事上，与户外玩耍相比，电子游戏跟电视似乎才是主要的竞争对手。总的来说，根据调查，电子游戏玩家在户外玩耍的时间并不比那些非电子游戏玩家少，但他们看电视的时间确实更少。[26] 事实上，让一些人感到惊讶的是，在荷兰进行的一项关于促进儿童户外玩耍因素的大规模研究显示，与房间里没有电脑或电视的儿童相比，房间里有电脑或电视的儿童在户外玩耍的时间明显更多，而不是更少。[27]

在我看来，孩子们户外玩耍机会和时间的减少主要是因为父母们日益增加的对危险的恐惧及其他的社会变化。而孩子们玩电子游戏的增多有两个可能的原因。第一，电子游戏真的很有趣，而且随着游戏制作技术和理念的进步，它正变得越来越有趣；第二，随着孩子们在现实世界中越来越多地被成年人监视和控制，虚拟世界似乎成了他们少有的仍然可以自由嬉戏的地方。一个 9 岁的孩子可能不被允许独自走进街角的商店，但他可以进入一个充满各种危险和乐趣的令人兴奋的虚拟世界，自由地探索。

当孩子们在小组讨论和调查中被问及他们喜欢电子游戏的什么时，他们通常谈论的是自由、自主和技能。[28] 在游戏中，孩子们可以自己做决定，然后努力迎接自己选择的挑战。在学校和其他由成年人主导的环境中，孩子们可能被当作需要不断被指导的"傻瓜"，但在游戏中，他们拥有自主权，可以解决困难的问题，并显示非凡的技能。在游戏中，年龄并不重要，重要的是技能。从这些方面来看，电子游戏跟所有其他形式的真实游戏一样。电子游戏非但没有导致焦虑、抑郁和无助感的普遍上升，反而似乎成了一种帮助缓解这些痛苦的力量。随着多人在线角色扮演游戏如《魔兽世界》的出现，电子游戏的社交性比以前更强了，并为创造力和解决问题能力的发展提供了无限的空间和机会。[29]

在这些网络游戏中，玩家会创造一个具有独特身心特征和优秀品质的角色，例如"天神"，并作为该角色，进入一个异常复杂且令人兴奋的虚拟世界，而一同进入这个世界的还有无数其他玩家，这些玩家在现实生活中可能遍布世界各地。玩家们在这个虚拟世界中进行探索，一路上会遇到很多其他的玩家，他们可能会成为朋友，也可能会成为敌人。玩家一开始可能会独自游戏，避免与他人接触，但为了升级，他们必须结交朋友，并与他人一起完成共同的任务。在网络游戏中交朋友所需要的技能与在现实世界中交朋友所需要的技能基本相同。你不能无礼，还必须理解并遵守你所在文化的礼仪。你必须了解一个潜在朋友的目标，并帮助他实现这些目标。根据你的行为，其他玩家可能会将你列入好友列表或"黑名单"，还可能会向其他玩家传达关于你的正面或负面的信息。在一个假想的世界里，游戏为玩家提供了无数尝试不同性格和行为方式的机会，在这个世界里，失败不会带来任何现实的后果。

这些游戏的玩家也可以组成特殊兴趣小组，称为"公会"。要想加入公会，玩家必须填写一份申请，跟工作申请很像，解释他们为什么能成为有价值的公会成员。公会通常具有与现实世界中的公司相类似的结构，有领导者、执行委员会，甚至还有招聘人员。这种网络游戏在许多方面都跟学龄前儿童富有想象力的社会戏剧性游戏很像，只不过是在虚拟世界中进行，通过在线文本交流，并在复杂程度上提高了许多个等级，以满足玩这些游戏的年龄较大的儿童、青少年和成年人的兴趣和能力。像所有社会戏剧性游戏一样，这些网络游戏也是基于对现实世界的理解，并运用了与现实世界相关的概念和社交技能。IBM 公司委托进行的一项研究得出了结论，在这些网络游戏中锻炼的领导技能与在真实世界中经营一家现代公司所需的技能基本相同。[30]

近些年，研究者开始关注电子游戏的积极影响。几项实验表明，玩快节奏的动作类电子游戏可以显著提高玩家在视觉空间能力测试中的分数，包括其在标准智商测试中的部分。[33] 其他研究表明，根据类型的不同，电子游戏还可以提高人的工作记忆，即一次性同时记住几项信息的能力，还有批判性思维和解决问题的能力。[34] 此外，越来越多的证据表明，以前对阅读和写作不感兴趣的孩子通过网络游戏中的文本交流可以练就优异的读写技能。[35] 正如我已经提到的，至少有一些证据表明，玩高强度、刺激情绪的游戏有助于年轻人学会在紧张的情况下调节自己的情绪。到目前为止，几乎还没有人对电子游戏的社会效益进行过正式研究，但许多轶事报道证明了它具有这种效益，并且在已经完成的研究中发现，平均而言，经常玩电子游戏的玩家比不玩电子游戏的同龄人能更好地适应社会。[36]

让孩子们到户外玩耍的方法不是扔掉电脑或电视，就像父母不会扔掉家里的书一样，这些都是学习和享乐的重要来源。相反，家长采取的方法需要确保孩子们有真正的机会在户外和其他孩子一起自由地玩耍，不受成年人的干扰。现代社会中的孩子需要高度熟练地使用电脑，就像狩猎—采集部落里的孩子需要高度熟练地使用弓箭和挖掘棍一样。为了发展这些技能，孩子们需要自由接触电脑的机会，因为电脑是当今社会的主要工具。但是为了健康发展，他们也需要到户外自由玩耍的机会，他们需要远离房子，和其他孩子在一起。这里的关键词是"自由"和"机会"，而不是"强迫"。

Free

to Learn

第 9 章

混龄可以发挥儿童的自我教育能力[1]

如果一个男孩从来没有被爱过，

他还能成为一个好爸爸吗？

——

玛丽·戈登 "同理心之根" 项目创立者

If a person has never been loved,
can he still be a good father?

一天早上，在瑟谷学校的游戏室里，一幅非凡的景象展现在我的眼前：[2]
一个 13 岁的男孩和两个 7 岁的男孩纯粹出于自己的兴趣，创作了一个英雄
人物与怪物战斗的奇幻故事。两个 7 岁的孩子兴高采烈地大声说出接下来
会发生什么，而 13 岁的孩子则把这些想法编制成一个连贯的故事，并以年
幼孩子们的描述速度在黑板上勾画出场景，他真是一位杰出的艺术家。游戏
持续了至少半个小时，由于我时间有限，不得不离开这里去学校其他地方观
察，因此未能见证全程。我想，能独自见证这样一种艺术创作是多么荣幸
啊！我知道，这种艺术创作不可能仅由 7 岁的孩子完成，几乎可以肯定的
是，也不可能仅由 13 岁的孩子完成。我看到了 7 岁孩子的无限热情和创造
性的想象力，加之那个 13 岁孩子的高级叙事和艺术表现能力，在一起共同
产生了奇妙的化学反应，从而引爆了创造力。

丹尼尔·格林伯格，这位瑟谷学校里的远见卓识者一直主张，混龄互动
是学校作为教育机构取得成功的"秘密武器"。[3] 同样，苏伽特·米特拉在
对印度微创教育的研究中也声称，混龄互动是孩子们从户外活动中快速学习
的关键。[4] 正如我们所见，研究狩猎—采集部落的人类学家认为，混龄互动
对这些文化中孩子的自我教育至关重要。[5]

年龄差异较大的孩子们在一起自由地交往是他们自主、成功地进行自我教育的一个关键因素。孩子们通过观察比自己年长或年幼的孩子以及与这些孩子进行互动来学习。然而，教育学的教授们几乎没有注意到混龄互动的教育价值。他们沉迷于这样一种观念，即教育理应由教师控制，并且在所有学生都处于同一水平的环境中才是最有效的。他们很少会考虑到，在年龄以及技能和理解水平都差异很大的环境中，孩子们可以互相学习。[6]

从历史的角度来看，当然也是从进化的角度来看，按照年龄划分儿童是现代社会的一种奇怪现象，我认为这是一种悲剧性的奇怪现象。在狩猎—采集部落中，孩子们通过与其他孩子一起玩耍和探索来进行自我教育，在跨度较大的年龄混合群体中，他们必然会这样做，因为狩猎—采集部落很小，新生儿的出生间隔很长，孩子们可能只有一两个年龄相近的玩伴。一个典型的儿童团体可能由 6 个孩子组成，年龄跨度从 4 岁到 12 岁，或者从 7 岁到 17 岁。在人类历史 99% 的时间里，我们都是狩猎—采集者，我们的童年也都是像这样度过的。

再往前追溯，在人类的进化史上，混龄互动也很可能是人类史前祖先幼时的常态。人类的"亲戚"类人猿，包括黑猩猩、倭黑猩猩和大猩猩，都生活在较小的社会群体中，雌性一次只生一个幼崽。因此，年轻类人猿之间的玩耍通常也涉及不同年龄的个体。[7]这些观察表明，人类与类人猿在进化过程中的最后一个共同的祖先也生活在同龄伙伴很少的条件下。人类的玩耍本能和自我教育本能似乎已经进化了数百万年，至少可以追溯到人类从其他类人猿的谱系中分裂出来的时候，在这种情况下，年轻人之间的大多数社会交往都是混龄式的。

大约从一万年前开始，随着农业的发展，人类开始生活在更大的社会群体之中，更多的食物供应使得生育间隔更近。这种发展增加了年龄相近的孩子们之间互动的机会，即同龄互动。尽管如此，在非西方且没有学校教育的传统社会中，混龄互动仍然是一种常态，部分原因是在这些社会中，成年人期望大孩子照顾他们的弟弟妹妹，这通常意味着他们要将小孩子纳入大孩子的游戏团体中。[8] 直到大约一百年前，西方社会开始大规模地按照年龄划分年级来进行学校义务教育，从那时起，大量的孩子才被要求在按年龄划分的学校环境中度过大多数时间。

在过去的三四十年里，在美国和许多其他国家，强行将孩子们按年龄分隔开的程度进一步加强。如今，许多孩子不仅在学校里没有机会与年龄相差一两岁的孩子玩耍，而且他们大部分的课余时间也是如此。核心家庭人口数量的缩减、大家庭之间联系的减弱、担心大孩子可能会对小孩子造成负面影响、孩子们在社区自由玩耍时间的减少及在校时间的增多，还有在课外活动和其他以成年人指导的、按年龄划分的儿童活动的激增，这些都大大减少了让孩子们认识比自己大几岁或小几岁的其他孩子的机会。按年龄划分年级的学校教育模式主导了当今社会文化中关于童年的观念。今天的许多人，包括许多研究儿童发展的心理学家似乎都很自然地认为，孩子只与两类人互动，一类是同龄人，另一类是监护人或老师。[9]

瑟谷学校是如今北美洲少数几个仍然坚持混龄教育的学校之一，这样的混龄教育模式足以与狩猎—采集部落和其他传统社会的教育模式相媲美。瑟谷学校的学生人数在 130 ～ 180 人，年龄跨度从 4 岁到 20 岁，这些学生整天都可以自由地与他们喜欢的人互动，他们花了很多时间与年龄比他们大得多或小得多的学生互动。为了记录瑟谷学校的混龄程度，我的同事杰伊·费尔德曼（Jay Feldman）在几周的时间里参观了学校各处的建筑和场地 14 次，并记录了每组 2 ～ 7 名相互交流的学生的情况。当我们分析这些结果时，发现超过一半的学生之间的社会交往跨越了两年以上的年龄差距，其中 1/4 跨越了 4 年以上的年龄差距。[10] 我们还发现，混龄互动在游戏中尤为常见，而在严肃的谈话中不太常见。在随后的长期定性研究中，我和费尔德曼记录并分析了近 200 个涉及青少年和儿童之间社会互动的独立场景。[11]

和不同年龄的孩子自由互动，孩子们能从中收获些什么？这就是本章其余部分要讲的内容。我先研究了混龄组合中年幼孩子的受益情况，然后转向研究年长孩子的受益情况。文中大多数例子来自我对瑟谷学校的观察，也有一些来自其他研究者的工作，他们观察到，在非西方社会或西方学校一些特殊的实验环境下，不同年级的学生有机会获得有限的混龄互动。

自由的混龄互动对年幼孩子的价值

在一个混龄小组中，年龄较小的孩子可以参与和学习对他们来说非常复杂、困难甚至危险的活动，这些活动是他们自己无法完成或者只能和同龄孩子一起才能完成的。小孩子们也可以通过观察大孩子们更复杂的活动或偷听他们的谈话来进行学习，这样可以让他们得到同龄人无法提供的情感支持和关怀。这些好处在某些方面似乎是显而易见的，但在这里，我将详细说明这些好处对孩子的身体、社交、情感和智力的发展具有多么大的价值。

在最近发展区玩耍

想象一下，两个 4 岁的孩子在玩接球游戏，他们一定没办法顺利地玩下去，因为他们都不能把球扔得足够直，也不能把球接得足够好。没过多久，他们就厌倦并放弃了这个游戏。现在再来想象一个 4 岁的孩子和一个 8 岁的孩子在玩同样的游戏。8 岁的孩子可以轻轻把球扔到 4 岁孩子的手里，还可以通过跳跃和俯冲等方式接住 4 岁孩子扔出的球。两个孩子都可以享受这个游戏并从中学习，从而提升他们的投掷和接球能力。在一个只有 4 岁孩子的世界里，"接球"是无法发生的，但在一个既有 8 岁孩子也有 4 岁孩子的世界里，接球不仅成为可能，还为所有人提供了玩耍的机会。在其他无数的活动中都是一样。

20 世纪 30 年代，维果茨基创造了"最近发展区"一词，指的是儿童不能单独完成，也不能与其他能力相当的人一起完成，但可以与能力高于自己的人合作完成的活动。[12] 他建议儿童可以通过与其他人合作完成最近发展区内的活动以发展新技能、增强理解力。哈佛大学心理学家杰罗姆·布鲁纳（Jerome Bruner）和他的同事拓展了维果茨基的想法，引入"脚手架"一词作为一种教学方法的隐喻，熟练者可以通过这种教学方法使新手参与到共同的活动中。[13] "脚手架"式的教学方法包括提醒、暗示、鼓励以及其他形式的帮助，这些帮助能将孩子的能力提升到更高的活动水平。在上述例子中，玩接球游戏对 4 岁的孩子来说是最近发展区内的活动，而 8 岁的孩子则正是通过轻轻投掷和奋力接球来为他们搭建了脚手架。

在教育文献中，维果茨基和布鲁纳提出的概念经常被用来描述孩子与父母或老师之间的互动。然而，我和费尔德曼的观察表明，这些概念更适用于不同年龄孩子们之间的互动，在这种互动中，没有人是正式的老师或学生，所有人都只是在玩。年长的孩子在精力水平、活动偏好和理解力上都比成年人更接近年幼的孩子，因此他们在年幼孩子的最近发展区内的行为也就更为自然。此外，由于年长的孩子不认为自己对年幼孩子的长期教育负有责任，因此他们通常不会提供比年幼孩子想要或需要的更多的信息或帮助，也就不会变得无聊或傲慢。

在混龄互动的游戏中，玩家之间的能力会有很大的差异，"脚手架"会持续而自然地出现，通常会在无意识间，便使年幼的孩子参与到了游戏中，同时让所有人都觉得游戏充满乐趣。

以下是我和费尔德曼在瑟谷学校的球场上观察到的一些例子。在一个四方格游戏[14]中，青少年球员会把球重重地打到其他年长球员的格子里，却会轻轻地把球打到4岁的厄尼的格子里。他们还修改了规则，这样厄尼就可以只用接球和掷球，而不用击球。在一场摔跤游戏中，3个8～11岁的男孩一起攻击18岁的汉克，汉克依据他们的能力和体形以适当的方式将他们摔来摔去。克林特是3个攻击者中年龄最大的，也被摔得最远，而年龄最小的杰夫则被摔得最近。汉克似乎很清楚地知道该把每个男孩摔多远，以便在不恐吓或伤害任何人的情况下引起最大的游戏刺激。在一场充满激情的软剑击剑比赛中，17岁的萨姆调整了自己的击剑策略，以适应攻击他的每一个6～10岁孩子的技能和风格，从而在不压倒任何一个孩子的情况下向他们提出挑战。在一场篮球比赛中，15岁的埃德很少自己投篮，当对方——一群8～10岁的孩子试图从他那里抢球时，他花了很多时间运球，然后把球传给他的队友——8岁的达里尔，并鼓励他投篮。

在每个例子中，青少年们都调整了自己在游戏中的行为，以便让更小的孩子参与进来，享受游戏，并从游戏中学习。例如，在篮球场上，埃德在篮下为他的年轻队友创造投篮机会，并告诉他可以在什么时候投篮，使得达里尔比对手发挥出了更高的水平。但这些青少年为了适应年龄较小的孩子而做出的调整并不是牺牲。年长的孩子显然很喜欢年幼的孩子，他们玩游戏的方式不仅扩展了自己的技能，也扩展了他们年幼玩伴的技能。汉克的摔跤技巧和萨姆的击剑能力得到了充分的锻炼，即便是在他们为了抵挡年幼的进攻者而克制自己的时候。对埃德来说，投篮和得分都太容易了，对任何人来说都没有乐趣，但带球穿过一群矮小且斗志昂扬的防守球员，帮助他的小队友投篮得分，是锻炼他带球、传球和组织进攻能力的一种非常有趣的方式。

　　我还在瑟谷学校看到了许多心理技能上的"脚手架"例子，其中最明显的是在混龄的纸牌游戏和桌游中。大多数 9 岁以下的孩子都无法与同龄伙伴一起玩这种复杂的游戏，因为他们不了解规则，注意力也容易分散，游戏一旦开始，很快就会变得一片混乱。但在瑟谷学校，比这年龄更小的孩子经常和年长的孩子一起玩这类游戏。年长的孩子接受他们加入游戏，因为他们喜欢年幼的孩子，或者因为他们需要凑齐足够的玩家。年幼的孩子能够玩下去是因为年长的孩子会提醒他们该做什么了，比如"轮到你了""把你的牌立起来，别让人看见""试着记下已经出了哪些牌""哇，在你扔掉它之前，看看周围，看看桌子上有什么"……这样的提醒有时可能会以一种恼怒的语气出现，或者以"嘿，笨蛋"开头，特别是当被帮助的孩子本可以更专注的情况下，但这些提醒是非常有用的。年长的孩子给年幼的孩子提供帮助是因为他们必须这样做，才能让游戏继续。在玩这些游戏时，年幼的孩子们锻炼了非常基本的心理技能，比如注意力、记忆力和超前思维能力，这些都是构成我们通常所说的智力的基本方面。

　　瑟谷学校的学生们通常能在没有正式指导的情况下学会 3R 原则①，我的研究团队对学校混龄互动的观察帮助我们了解了他们是如何做到这一点的。在学校一天中的任何时间，都有可能发现年长的孩子和年幼的孩子合作进行涉及数学、阅读或写作的活动。在需要记分的纸牌游戏、桌游和电子游戏中，年长的孩子会教年幼的孩子计算分数，这个过程通常包括加减法或更复杂的运算过程。在涉及单词书写或输入的游戏中，年长的孩子会大声地把单词读给还不会阅读的孩子听，然后告诉年幼的孩子如何拼写那些他们希望书写或输入的单词。在这个过程中，年幼的孩子学会了识别最常用的单词，这对他们的阅读很有帮助。

---

① 指循环经济的减量化（Reduce）、再利用（Reuse）和再循环（Recycle）三种原则。——编者注

据学校的工作人员说，与我和费尔德曼之前所做的大部分观察工作相比，学生们现在开始学习读写或者更准确地说是学习打字的时间更早了，主要是因为电子游戏、电子邮件、互联网社交媒体和短信息越来越流行。所有年龄段的孩子都会参与到大量的游戏和探索中，打字是他们主要的交流方式，所以他们学习读写和打字的方式与他们早期学习理解语言和说话的自然方式非常相似。

传统学校里的教育创新实验也提供了更多类似的证据，证明混龄互动可以促进孩子识字技能的发展。在一项研究中，詹姆斯·克里斯蒂（James Christie）和桑德拉·斯通（Sandra Stone）用两年时间比较了两群不同的孩子在同一间教室里的行为。[15] 在第一年，教室里的孩子不分年龄，既有幼儿园的孩子，也有一年级和二年级的孩子；到了第二年，还是在这间教室里，也还是同一位老师，但是只有同龄的幼儿园孩子。教室里有一个游戏中心，两年来一直保持不变，研究者在自由活动期间对孩子们进行了观察和录像。在混龄的情况下，孩子们最常一起组队玩耍，一个小组中通常包含幼儿园孩子和不止一名一年级或二年级的孩子，因此，小孩子们经常被大孩子带领着去玩涉及阅读和写作的游戏。比较结果显示，混龄互动的那批幼儿园孩子的阅读量是同龄互动那批幼儿园孩子的近 4 倍，而写作量则大约是同龄互动孩子的 6 倍。[16] 这种读写行为大多发生在他们玩社会戏剧性游戏的过程中。例如，在烹饪游戏中，孩子们会读食谱；在照顾娃娃的游戏中，他们会读睡前故事哄娃娃睡觉；在生日聚会游戏中，孩子们会在礼物上写标签。

在另一项研究中，研究者卡伊·恩芬格（Kay Emfinger）在一个混龄夏令营中拍摄了 4 ~ 10 岁的孩子们自由玩耍的视频。[17] 她发现，在许多情况下，年长的孩子会让年幼的孩子接触数学概念，而这些概念超出了年幼的孩子所能单独理解或使用的能力范围。例如，在一个照顾娃娃的游戏中，一个年长的孩子向一个年幼的孩子解释如何给一个生病的娃娃滴上 7 滴药水：

通过数数，从 1 滴数到 7 滴。在另一个在商店买东西的游戏中，一个年长的孩子向一个年幼的孩子解释，当一个商品是 10 美元、另一个商品是 5 美元时，同时购买两件商品需要花多少钱，以及用 20 美元的钞票去买的话，店家需要找回多少零钱。对孩子们来说，这些概念在他们自我导向的社会戏剧性游戏中，比在抽象且缺乏自主性的典型课堂教学中更有意义，因为他们能准确地理解这些概念是如何应用的。

在瑟谷学校，最小的学生只有 4 岁，但是在其他地方的研究表明，比这更小的孩子也能从混龄互动中受益。两三岁的孩子通常没有能力和同龄的孩子一起玩社交游戏，他们玩的是所谓的"平行游戏"，即各自同时玩耍，相互给予一定的关注，但不会将自己的游戏融入社交活动中。[18] 然而，在混龄的环境中，年长的孩子会搭建"脚手架"，将这些蹒跚学步的孩子引入真正的社交游戏中。就连 4 岁的孩子也有能力提高 3 岁孩子的社交游戏水平。在不同的学龄前学校进行的两项独立实验表明，与只有 3 岁孩子在一起的情况相比，3 岁孩子与 4 岁孩子在一起时，他们参与的社交游戏更多，玩"平行游戏"的时间更少。[19]

研究者阿什莉·梅纳德（Ashley Maynard）曾在一个墨西哥村庄的 36 户玛雅家庭中进行研究。在这里，大孩子有责任照顾小孩子，因此正常情况下，都是哥哥姐姐带着弟弟妹妹玩耍，梅纳德隐匿地拍摄了很多他们一起玩耍的场景。她的研究对象中最小的孩子 2 岁，其他孩子从 3 岁到 11 岁不等。孩子们每天都在玩，比如假装做玉米饼、照顾娃娃、在虚拟商店卖东西等。梅纳德认为，孩子们的每一次玩耍都是一次教与学，因为年长的孩子总是会帮助年幼的孩子以比他们自己更高级的方式玩耍。即便是 3 岁的孩子也能通过提供更高级的行为模式来帮助更年幼的孩子，2 岁的孩子则可以通过观察来模仿他们的这些行为。一般来说，玩伴的年龄越大，在增加 2 岁孩子玩耍时的复杂度和社交性上的技巧就越熟练。8 岁的孩子就已经能够非常老练地引导弟弟妹妹了。他们会向年幼的孩子口头解释如何扮演特定的角色，为他们提供适当的道具，帮助他们完成困难的动作，并通过修改自己的活动，使2岁的孩子能够做出适当的反应。[20]

在一个场景中，8岁的托尼克和2岁的卡塔尔一起玩给娃娃洗澡的游戏。卡塔尔想要自己给娃娃洗澡，托尼克通过演示这个过程让她做到了这一点。托尼克给卡塔尔一杯水让她倒在娃娃身上，然后一步一步地口头指导，告诉她如何正确地给娃娃洗澡。

通过观察学习

在一个混龄的环境中，年幼的孩子还会通过观察和倾听向年长的孩子学习，即使他们之间没有直接的互动。通过观察年长孩子们的活动，年幼的孩子知道了这些活动是如何进行的，并受到启发进行尝试。通过倾听年长孩子们所说的更复杂的语言和想法，年幼的孩子扩大了自己的词汇量，并提高了自己的思维能力。

成长的自然过程之一是向前看，看那些走得更远但还不至于遥不可及的人。5岁的孩子对于模仿成年人不太感兴趣，因为成年人生活在一个完全不同于他们的世界里。但是5岁的孩子非常想成为他们周围8岁或9岁的酷孩子。如果那些8岁和9岁的孩子正在阅读和讨论书本，或者玩电子游戏，或者爬树，或者收集某种卡片，那么5岁的孩子也会想这样做。同样，8岁和9岁的孩子会把10多岁的青少年视为榜样，年轻的青少年会向年长的青少年求助，较为年长的青少年会向成年人寻求帮助。这一切都会在一个混龄的环境中自然发生，比如瑟谷学校。**在瑟谷学校，年长的孩子不必刻意把自己树立为年幼孩子的榜样，因为他们天生就是。**

　　几年前，我和我的两个本科生在瑟谷学校进行了一项关于儿童如何以及为什么学习阅读的小型研究。一些孩子告诉我们，他们主要是通过观察年长的孩子阅读并谈论他们所阅读的内容来激发自己的阅读动机的。正如一个孩子所说："我想拥有和他们一样的魔力，我想加入那个俱乐部。"我和费尔德曼在瑟谷学校进行的更为正式的研究侧重于共同参与，而不是观察学习，但我们不禁注意到，当一群孩子在做一些有趣的事情时，其他孩子，通常是更年幼的孩子，会专注地看着，有时这种观看会引发他们随后对所观看活动的模仿。下面是我自己的观察笔记中的一个例子：

　　　　我坐在学校操场的附近，看着两个 10 岁的女孩轻松而漫不经心地表演在滑梯上直立行走的技巧。附近一个 6 岁的小女孩比我看得更专注，然后她爬上了滑梯，开始小心翼翼地尝试自己走下又高又陡的滑梯。这对 6 岁的小女孩来说显然是一个挑战。她走的时候膝盖弯曲，手向下，随时准备在失去平衡时抓住扶手。我还注意到，那两个 10 岁的女孩站在滑梯旁边担忧地看着，准备在她摔倒时抓住她，但没有在动作上明显地表露出来。其中一个女孩说："你不必这样做，你可以滑下去。"但是小女孩继续慢慢地走着，当她走到滑梯底部时，骄傲地笑了。不久之后，两个大女孩开始爬附近的一棵树，小女孩也跟着她们一起爬。小女孩显然有动力，努力想要做到大女孩能轻松做到的事情。

　　我和费尔德曼在对青少年和年幼的孩子之间混龄互动的研究中注意到，在他们一起互动之前，年幼的孩子通常会观看年长孩子的活动。他们的观看似乎激发了随后的互动。例如，7 岁的布里奇特在一旁看 12 岁的马吉玩单人纸牌游戏。马吉玩完后，布里奇特问她这个游戏怎么玩。于是马吉重新摆牌、解释规则，并帮助年幼的布里奇特玩完了整个游戏，偶尔指出某一张牌应该摆放的位置。在另一个例子中，13 岁的斯科特正在编唱有趣的说唱歌曲，并用一根高尔夫球杆当作麦克风，而 7 岁的诺厄在一旁笑着看他。最后，斯科特邀请诺厄加入他的演出，还对他说："给我一个节拍。"当诺厄回答说他不知道这是什么意思时，斯科特就给他解释并演示了这个过程。接着，诺厄模仿斯科特给出了"节拍"伴奏的声音，而斯科特则编唱了另一段说唱歌曲。

在学生们的毕业论文中，在正式的采访以及非正式的交谈中，瑟谷学校的许多学生和毕业生都谈到了他们从观察学校年长孩子的活动中培养的兴趣。其中包括演奏乐器、用黏土制作微型物品、烹饪、制作电影、编程、写剧本，以及完成一些身体上的"壮举"，比如在不接触地面的情况下，通过紧紧抓住建筑物花岗岩外饰墙壁上的落脚点和扶手点，爬过主教学楼的整个外墙。正如人类学家伊雷诺伊思·艾布尔－艾贝斯费尔特（Irenäus Eibl-Eibesfelt）根据他在世界多地的观察所指出的，随着时间的推移，一个社区中的混龄环境会衍生出一种儿童文化，在这种文化中，每一代年幼的孩子都会从年长的孩子那里获得特定的知识和技能，再将它们传递给下一代年幼的孩子。[21] 第一个在瑟谷学校主教学楼外墙攀爬而不接触地面的孩子开创了一种新的文化传统，这种传统在几十年后继续挑战着新的学生。

年幼的孩子不会盲目模仿年长的孩子。相反，他们会认真观察并思考自己所看到的，并以对自己有意义的方式将所学到的融入自己的行为中。正因如此，即使是大孩子们错误或不健康的活动，也可以为年幼的孩子提供积极的借鉴。第一批在瑟谷学校完成小学和中学教育的学生中，有一个人曾告诉他的父亲，他很高兴自己小时候有机会在吸烟室里与青少年一起玩。[22] 通过观察和倾听那些年长孩子的行为和交谈，他学到了很多东西，包括吸烟会上瘾，他不想通过吸烟危及自己的健康和生命。等他十几岁的时候，可能会受到吸烟的诱惑，但他早已克服了将吸烟当作很"酷"的行为的想法。

　　大卫·兰西（David Lancy）是一位人类学家，他观察了世界上许多社会类型中的儿童玩耍和学习，包括利比里亚、巴布亚新几内亚、特立尼达和多巴哥的传统社会。他是《童年人类学》（*The Anthropology of Childhood*）的作者和《童年学习的人类学》（*The Anthropology of Learning in Childhood*）的合著者，在后一本书中他写道："最重要的学习形式是观察。"[23] 传统社会中很少有明确的教学。在这样的社会中，孩子们对技能的练习是通过与技能更熟练的人一起积极参与活动来实现的，其中虽然也伴随一些口头指导，但大多数情况下，孩子们是先通过对长辈或年长孩子的观察和倾听来学习与文化相关的活动和技能的。

　　兰西和其他一些人类学家认为，现代社会的学校始终在向学生灌输"学习是经由教师自上而下的口头指导而发生的，模仿他人是作弊行为"，这一理念可能一直在暗示孩子们不要通过观察来学习。作为例证，兰西给我讲了他最近在美国犹他州滑雪的经历。一个大约 11 岁的男孩在排队上滑雪缆车，显然他以前从未乘坐过，但他也没有注意前面的人是如何使用它的。当轮到他上车时，他让别人现场教他如何乘坐缆车，身后一整排的滑雪者都不得不等着他。根据兰西的说法，在任何传统社会中，处于类似情况的孩子都不会直接行动，而是先通过观察别人来学习如何做。类似操作缆车这种事，通过观察来学习比通过他人的口头指导要有效得多。

　　事实上，有一些实验证据表明，与传统社会中的孩子相比，美国现代社会的孩子对周围发生的事情关注较少，因此通过观察学到的东西也较少。在一个这样的实验中，玛丽塞拉·科雷亚－查韦斯（Maricela Correa-Chávez）和芭芭拉·罗戈夫（Barbara Rogoff）将危地马拉传统玛雅村庄中孩子的观察学习与美国加利福尼亚州的欧洲裔中等收入家庭孩子的观察学习进行了比较。[24] 实验的过程是将几对兄弟姐妹带到实验室，教其中一个孩子制作某种有趣的玩具，如会移动的老鼠或会跳跃的青蛙，而让另一个孩子坐在旁边，给他一个不同的玩具来玩。然后，在关键的测试中，要求那个没有被教过如何做玩具、但可以通过观察来学习的孩子制作玩具。结果是，同样没有人教过，玛雅村庄的孩子比美国孩子更了解如何制作玩具。此外，通过观察，同样是在危地马拉，那些来自最传统玛雅家庭的孩子，比那些来自更现代化家庭的孩子学到的更多。

接受关怀和情感支持

著名的教育哲学家内尔·诺丁斯（Nel Noddings）长期以来一直认为，关爱对教育至关重要。[25] 孩子们必须感受到安全和被关爱，才能全身心地投入探索和学习，而孩子们也会从那些关心、信任他们的人那里学得最好。无论人们是否认同诺丁斯关于关爱与教育之间关系的所有观点，我们都很难反驳这样一种普遍观点：让孩子们身边围绕着关爱他们的人，肯定比让他们身边围绕着不关爱他们的人更好。

在瑟谷学校，在由学校的民主程序建立的道德环境中，有了解年幼的孩子并愿意照顾他们的年长孩子在这里持续地学习和生活，这有助于确保年幼的孩子感觉到安全。我和费尔德曼在参观学校的过程中，看到了无数年长的孩子对年幼孩子表现出关爱的例子。例如，几乎在一天中的任何时候，我们都能看到年幼的孩子坐在年长孩子的腿上，或者依偎在他们旁边的沙发上。在某些情况下，这些年长的孩子是在给年幼的孩子读书、和他们聊天，或者和他们玩耍；但在其他情况下，这些年长的孩子是在做着自己的事情，年幼的孩子似乎只是因为感到舒适或为了获得亲近感而待在他们身边。我们也看到了很多年幼的孩子向年长的孩子寻求帮助、建议或认可的例子，而后者的回应方式通常都满足了年幼孩子的需求或愿望。我们观察到，年长的孩子会帮助年幼的孩子寻找丢失的物品、提醒他们把玩具放好、在共同玩耍时教他们技巧、称赞他们的创造并调解他们之间的矛盾。作为研究的一部分，费尔德曼列举了 30 个年幼孩子向年长孩子寻求建议、指导或其他形式的帮助的例子，在其中 26 个案例中，年长的孩子很乐意地答应了。[26] 瑟谷学校的大孩子没有照顾小孩子的责任，但这一切都自然地发生了。他们这样做是因为他们想这样做，因为他们发现年幼孩子的要求是不可抗拒的。

在一间大约有 30 名学生的标准教室里，一名或两名幼儿园或小学教师是不可能像瑟谷学校的年长孩子为年幼的孩子所做的那样，给每个年幼的孩子提供直接的关心和安慰的。事实上，年长的孩子照顾年幼的孩子是因为他们愿意，而不是因为他们不得不这样做，这使得照顾更有意义。

截至目前，几乎没有研究者对传统学校中年长学生为年幼学生提供可能的照顾和支持进行过研究。一个罕见的例外是杰弗里·戈雷尔（Jeffrey Gorrell）和琳达·基尔（Linda Keel）在一所大学的实验学校进行的一项辅导项目的研究。在这个项目中，八年级的学生每周要给一年级的学生辅导 3 次，每次 20 分钟。[27] 研究者报告称，一开始，小导师们把大部分辅导时间花在了让孩子们完成任务上，但到第一个月结束时，他们之间的关系变得更有趣、更亲密了。一年级的孩子们开始坐在小导师的腿上，像牵手、亲吻、拍头和善意的玩笑这样的亲密行为也有了明显的增加。根据研究者的说法，正是这种最能满足一年级学生情感需求和欲望的关系，使得这个辅导项目的学习目标成功地实现了。当年幼的孩子与年长的孩子建立起了有意义的情感关系，他们就会比以前学得更好。值得注意的是，戈雷尔和基尔的研究是在几十年前进行的，而在今天，学生间这种亲密的举动在大多数传统的学校是不被允许的。

自由的混龄互动对年长孩子的价值

混龄互动的好处是双向的。通过与年幼孩子的互动，年长的孩子锻炼了养育能力和领导力，同时获得了在人际关系中成为成熟一方的经验，这对没有弟弟妹妹的孩子来说尤其重要。年长的孩子通过教年幼的孩子，也能对概念有更深的理解，这迫使他们思考自己知道什么、不知道什么。就像年长的孩子会激励年幼的孩子参与更复杂或更精细的活动一样，年幼的孩子也会激励年长的孩子参与更有创造性的活动。在这里，我将简要分析混龄互动对年长孩子的三类好处，这是我们要讨论的混龄互动好处的另一面。

学会养育和领导

在瑟谷学校，年长的孩子会教年幼的孩子玩游戏，为他们调整游戏规则，让他们也能参与进来，有时还会给年幼孩子的假想游戏添加结构、鼓励他们从事艺术工作和其他项目、给他们读书、安慰他们、抱他们坐到自己的腿上、帮助他们寻找丢失的物品、帮助他们解决纠纷、提醒他们注意危险……通过这种方式，年长的孩子们练习了成为好父母、照顾者和领导者所需要的各种技能。这些年长的孩子热切且心甘情愿地做这一切，不是因为他们必须这样做，而是因为他们内心深处的某种东西告诉他们，这是对待年幼孩子的适当方式。这是人性的一部分，同时受到学校民主、关爱精神的鼓励。

我和费尔德曼还观察到，在瑟谷学校里，年长的孩子们有时会一起讨论如何对待年幼的孩子，或者因为年幼的孩子没有善待更年幼的孩子而训斥他们。例如，在一个场景中，3 个 6～8 岁的女孩相当粗鲁地拒绝了 4 岁的琳达和她们一起玩折纸的请求。10 岁的南希正在附近看书，碰巧看到了。于是她放下书，走到 3 个女孩面前说："如果你们像这样被推开，你们会有什么感受？"然后，3 个女孩就给了琳达一张纸，并告诉她如何折。在另一个场景中，17 岁的萨布丽娜责备 11 岁的梅琳达，说她没有把和她一起玩的年幼孩子们留下的化妆服一并收起来。梅琳达回应说，她不需要对那些衣服负责，因为那是其他孩子拿出来穿的，而不是她。萨布丽娜告诉她，这仍然是她的责任，因为她更知道学校的规则，那些年幼的孩子都把她当作榜样。像这样的斥责，来自年长的孩子似乎比来自成年人更有效。

费尔德曼还记录了瑟谷学校的青少年和非常年幼的孩子之间的一些长期友谊。[28] 在这种关系里，青少年似乎对年幼的孩子感到特别自豪，就好像后者是他的孩子，或一个很特别的侄女、侄子，似乎有意无意地在练习如何为人父母。例如，19 岁的肖恩是当时学校里年龄最大的学生，他和 5 岁的雷克斯和 6 岁的乔丹相处了很长时间。肖恩有一大套很特别的乐高积木，他可以用它建造出让年幼的孩子们羡慕的非凡建筑。肖恩经常把这套积木放在游戏室里，让其他人来玩。在这种情况下，肖恩会让雷克斯和乔丹"负责"积木的使用，以确保这套积木不会被滥用，并在大家玩完后把积木收起来。雷克斯和乔丹很认真地对待这项"工作"，似乎为肖恩能这样信任他们而感到骄傲。肖恩在他毕业后的那一年，曾三次造访学校，每次都特意去看望雷克斯和乔丹。

与我和费尔德曼在瑟谷学校的观察结果一致的是，跨文化研究表明，年幼孩子的存在会激发年长孩子的养育本能，并刺激其成长。在对儿童社会交往的跨文化观察的回顾中，人类学家比阿特丽斯·怀廷（Beatrice Whiting）得出结论，相比于对待和自己年龄相仿的孩子，世界各地的男孩和女孩都会对比自己小 3 岁以上的孩子表现出更多的善意和同理心。[29] 在肯尼亚一个自给自足的农村社区进行的一项研究中，卡罗尔·恩贝尔发现，8 ～ 16 岁的男孩中，因家中没有年长女孩而帮助母亲照顾年幼弟妹的，在与同龄人的互动中，普遍比没有这种经验的男孩表现得更友善、更乐于助人，攻击性也更小。[30]

来自传统学校的研究也进一步证明，年长的孩子能够通过与年幼孩子的互动学会善良和关心。对跨年龄辅导项目的研究表明，对年幼孩子的辅导经验使年长的孩子在责任感、同理心和对他人的帮助方面得分更高。[31]

更令人印象深刻的发现来自玛丽·戈登（Mary Gordon）在加拿大多伦多创立的"同理心之根"项目。戈登多年来一直与有虐待倾向的父母和长期受虐的孩子打交道，她观察到那些在成长过程中非但不被爱，反而被暴力包围的孩子，往往也会成长为没有爱心、生性暴躁的父母。因此戈登开发了这个项目。她的项目理念是，让母亲或父亲把真正的婴儿带到学校的教室，让这些学生每月一次固定接触一对宝宝和家长，这样一来，来自各种背景的孩子都可以看到婴儿、谈论婴儿并思考作为一个婴儿是什么样的感觉。戈登的想法是，这样的经验将有助于孩子们成长为更好的父母。结果证明，这个项目对参与的孩子有显著而直接的影响。有过这种经历的孩子变得更加友善，彼此之间也更加热情，霸凌的情况也有所减少。以前因为与众不同而被嘲笑和奚落的孩子，反而因为他们的与众不同而开始受到赞赏。与婴儿的接触以及对婴儿所唤起的思想和感受的讨论，成为在教室里传播同理心的强大力量，这种影响会从一个婴儿的离开一直持续到下一个婴儿的到来，整整一个月的时间。

戈登在书中写过一个关于她的项目的故事。[32] 在一个八年级的班级里，看起来最粗暴、最差劲的学生是一个名叫达伦的男孩，他比其他学生大两岁，因为他留级了。达伦已经留起了胡子，部分剃光的脑袋上有个文身，周围的学生都觉得他很吓人。在达伦 4 岁的时候，他的母亲在他眼前被人谋杀了，他在很多寄养家庭生活过。面对这种痛苦和孤独，达伦的防御手段便是表现得强硬。但是那个被带到教室的 6 个月大的婴儿和关于这个婴儿的讨论让他的心变得柔软了。这一天，婴儿的母亲带来了一个装饰着粉红色锦缎的柔软托架，并用它把婴儿紧紧地抱在怀里。全班同学花了 40 分钟观察并谈论这个婴儿，就在活动快要结束时，这位母亲问有没有人想试着用一下这个托架。令所有人感到震惊的是，达伦举起了手。绑上托架之后，他问这位母亲是否可以把孩子放到里面。我想，这位母亲是带着相当大的忧虑才同意的。随后，达伦静静地坐在角落里摇晃了婴儿几分钟，而婴儿则心满意足地依偎在他的怀里。当这对母子要离开的时候，达伦问这位母亲和老师："如果一个男孩从来没有被爱过，他还能成为一个好爸爸吗？"

"同理心之根"项目后来遍及了加拿大，并进入了其他一些国家。英属哥伦比亚大学的心理学教授金伯利·朔纳特－赖希尔（Kimberly Schonert-Reichl）进行了对照研究，声称该项目显著地减少了孩子们的攻击性，增加了友善行为，不仅在婴儿来访当天，而且在整个学年都是如此。[33] 在传统学校按年龄划分年级的环境中，如果我们想培养孩子们的同理心，让年长的孩子和年幼的孩子接触可能是必不可少的。

在教中学

教学，无论是以正式的形式发生在教室里，还是以非正式的形式发生在我们的日常互动中，都是对我们智力的挑战。当我们试图向另一个人解释一个概念时，就不得不把自己相当模糊的理解变成非常清晰的话语，以使对这个概念一无所知的人能够理解它。要想做到这一点，我们必须深入思考这个概念，有时甚至要改变我们对它的最初理解。教与学被描述为一种双向活动，其中"教师"和"学生"是相互学习的关系。[34] 这种双向活动更易发生在教师和学生之间的地位或权威差异不太大的情况下，因为只有在这种情况下，后者才可以向前者轻松地提出质疑和挑战。在传统学校进行的跨年龄辅导的几项研究中，辅导者和被辅导者在互动中对教材中概念的理解都加深了。[35]

当年长的孩子向年幼的孩子解释概念时，他们经常能清晰地表达出自己所能理解的概念。例如，一个 8 岁的孩子在玩娃娃时向她 2 岁的妹妹解释给娃娃洗澡的步骤，这可能是她第一次把这些步骤用语言表达出来，并以一种结构化的方式去思考它们。同样，在游戏中帮助年幼的孩子学习阅读或使用数字的年长孩子，在解释和回答年幼孩子的问题时，很可能对某些语言或数字概念理解得更清楚了。

在瑟谷学校，我和费尔德曼看到了许多年长孩子和年幼孩子之间反复讨论的例子，这些讨论似乎拓展了双方的理解。例如，当年长的孩子向年幼的孩子教授象棋等策略性游戏时，年幼孩子提出的问题往往会让年长的孩子先思考、再回答。在回答之前，他们必须想清楚为什么这一步棋比另一步棋更好。他们必须把自己从经验中获得的直觉理解转化为有意识的、清晰的口头陈述。这种反思似乎能让他们更清楚自己知道什么、不知道什么，这最终会让他们更好地理解游戏。

我们也看到了这种双向的教与学。在一些案例中，年幼的孩子在玩耍之外向年长的孩子寻求建议。例如，有一次，8 岁的埃里克向 14 岁的亚瑟抱怨，说另外两个时常跟他翻脸又复合的 9 岁和 10 岁的男孩一直在用谩骂的方式骚扰他。亚瑟建议埃里克向学校的司法委员会提出申诉。埃里克反驳说："他们有言论自由。"亚瑟想了一会儿回答说："言论自由意味着他们有权说那些话，但你也有权不听。"在这种情况下，这种反复的交流很可能使亚瑟和埃里克都比以往对这所学校关于个人权利和自由的概念有了更深入的思考。

创造力——来自年幼孩子的有益影响

就像年幼的孩子会被激发去参加他们在年长孩子那里看到的高级活动一

样，年长的孩子也会被激发去参加他们在年幼孩子那里看到的富有创造性和想象力的活动。我们在瑟谷学校进行的正式研究中发现，在有明确发起者的情况下，半数以上年长孩子与年幼孩子之间的互动都是由年长孩子主动发起的。[36]他们和年幼的孩子们一起玩颜料、黏土、积木、假装游戏或是充满活力和创造性的追逐游戏，这些都是当代社会文化中，生活在其他地方的大部分青少年不会参与的活动。即使年长的孩子没有直接和年幼的孩子一起玩耍，仅是年幼孩子的玩具和他们的玩具混在一起的场景似乎就能激发年长的孩子玩得更富有创造性。通过这种持续的玩耍，瑟谷学校的许多学生成了优秀的艺术家、建造者、故事讲述者和创造性的思想家，[37]许多学生毕业后继续从事对创造力要求很高的职业，我猜想混龄互动的经历是这其中的部分原因。

我们还观察到，即使是名义上的竞争性游戏，如纸牌或桌面游戏，当玩家之间的年龄和能力差异很大时，他们也会以更有创意、更轻松的方式来玩。年长的、技术娴熟的孩子在游戏中打败比自己年幼得多的孩子不会获得任何自豪感，而年幼的孩子也不指望能在一场公平的游戏中打败年长的孩子，所以他们玩游戏是为了获得乐趣、扩展技能、尝试创造性的新玩法，而不是为了获胜。例如，在混龄的国际象棋游戏中，较为年长且技术娴熟的孩子可能会尝试新颖而冒险的开局方式，故意让自己进入困难模式，或以闪电般的速度下棋，以便让游戏变得有趣。正如我在第 8 章所讨论的，轻松、愉快的游戏心态比严肃的竞争心态或想要证明自己价值的心态更有利于新技能的学习和创造性思维的发展。

至此，我已经描述过自由的混龄互动是如何让年幼的孩子参与和学习那些对他们来说很难独自完成的活动的：通过观察和倾听，从年长的孩子身上学习并受到启发，并从中得到更多的关心和情感支持。我还描述了自由的混龄互动是如何让年长的孩子练习和发展他们的养育和领导能力的：通过教来学习，参与比平时更有趣、更有创意、更有艺术感的活动。当成年人在学校或其他环境中将孩子们按年龄分隔开时，就剥夺了他们所有这些强有力的学习机会。

在强调混龄互动的价值的同时，我并没有贬低同龄互动的价值。从很多方面来看，能力相差不大的孩子比能力差异较大的孩子更适合做玩伴和对话的伙伴。他们之间有更多的共同点，也有更多的话题，他们之间偶尔发生的相对严肃的竞争性互动可以激励他们达到更高的表现水平。当孩子们不被按年龄分隔开时，他们会花很多时间与年龄相差较大的孩子在一起，但他们会花更多的时间与年龄相仿的孩子在一起。无论是在瑟谷学校还是在其他地方，最好的朋友通常年龄相仿，这并不奇怪。

我在这里关注的重点是自由的混龄互动的价值，它能让能力不同的孩子们聚在一起。然而，在本章结束之前，我应该提一下自由的混龄互动的另一个价值，那就是，它可以把能力相似的人聚集在一起。它允许一个人在某些领域领先或落后于他的同龄人，在年长或年幼的孩子中找到与他能力相近的伙伴。不擅长攀爬的孩子可以和更年幼的孩子一起玩爬岩石、爬树的游戏，这样可以提高他的攀爬能力；一位才华横溢的 11 岁吉他手在音乐方面的能力超越了同龄人，他可以同与他音乐水平旗鼓相当的更年长的青少年共同演奏；一位年幼的国际象棋神童可以与和他技术水平相近的年长棋手进行严肃而富有挑战性的比赛。如果想让孩子的能力得到最佳发展，最重要的是创造一个环境，让他们可以自由地选择与谁交往，这样他们就可以根据自我感知到的需求与比他年长、年幼或同龄的孩子交往，而这些需求每时每日都在发生变化。

第 10 章

做信任型的父母，无为胜有为

> 请回想你的童年，在你最快乐的时刻，
> 有成年人跟你在一起吗？

—— 迈克尔·托马斯　美国心理学家、精神病学家

Think back to your own childhood and recall your happiest moment,
was an adult with you?

那是 2008 年春天一个阳光明媚的周日，勒诺·斯科纳兹（Lenore Skenazy）把她 9 岁的儿子"丢到"了美国曼哈顿市中心的布卢明代尔百货公司，只给他留下了几枚 25 美分的硬币、一张面值 20 美元的钞票、一张地图和一张地铁卡，要求儿子靠这些工具自行回家。从布卢明代尔百货公司回到位于皇后区的家，需要先坐地铁，再换乘公共汽车，这条路斯科纳兹已经带着儿子走过很多次了。当儿子顺利找到正确的路线并安全回到家中时，孩子自己也非常高兴，因为此前，儿子一直想要证明自己可以借助公共交通工具独自回家，而现在他真的做到了，整个人仿佛成熟了不少。

时任《纽约太阳报》（New York Sun）专栏作家的斯科纳兹写下了儿子的冒险经历。而就在这篇专栏文章发表后的几个小时内，各大媒体就给她贴上了"全美最烂妈妈"的标签。与此同时，美国广播公司（ABC）的电视节目《观点》（*The View*）上的所有女性都一致谴责斯科纳兹的所作所为，这也实属罕见。斯科纳兹说，游乐场上另外一些四年级孩子的妈妈对此事的评价则更为温和："这么做挺好的，我也会让我儿子像这样历练一番……不过还是等到他上大学的时候再说吧。"斯科纳兹受此启发，写了一本非常有趣的书——《放养孩子》（*Free-Range Kids*）。在书中，她讲述了当代父母在现实生活中的诸多"荒谬"行为，从而帮助父母们避免"踩坑"，缓解育儿焦虑和恐惧情绪。

下面我要讲一讲我自己的真实经历。但事先声明，我可不是想要从我非常了解、很是钦佩的斯科纳兹手中夺过"全美最烂妈妈"的称号。我儿子斯科特 13 岁时，曾一个人去英国伦敦待了两个星期。不过那是在 1982 年，那时候要想做一个信任孩子的父母比现在要容易得多。1982 年的春天，斯科特才 12 岁，他向我和妻子提出请求，想要来一次独自旅行。斯科特说旅行的花销会自己挣得，所以我们无法以钱为理由阻止他；而且他自己计划了整个行程，向我们提出请求时，他的计划已经差不多成形了。斯科特想证明，自己可以在没有成年人帮助的情况下组织并完成像旅行这样复杂的事情，他还想亲眼看看自己从书中了解到的城堡和博物馆里的珍宝，它们经常出现在他玩的《龙与地下城》（*Dungeons and Dragons*）游戏里。那时斯科特从来没有出过国，我和妻子也一样。

我和妻子犹豫不决，并向儿子解释说："不让你去不是因为你年龄还小，而是担心你的糖尿病。"斯科特患有 1 型糖尿病，到现在也未痊愈。其实自从他 9 岁第一次诊断出糖尿病以来，斯科特一直是自己测量血糖水平、自己注射胰岛素并严格监控自己饮食的。他和我所认识的成年糖尿病患者一样自律。但是尽管如此，对于患有这种疾病的人来说，独自旅行是危险的，难免会遇到胰岛素诱发低血糖所带来的危险，情况严重的话，甚至会丧失判断力、失去意识。如果斯科特独自在一个陌生之地遭遇这种情况而我和妻子都不在他身边，没有人帮助他该怎么办？后果将不堪设想。

对此，斯科特回答说："糖尿病可能会伴随我一生。如果照你说的，因为糖尿病我现在不能独自旅行，那岂不是意味着我这辈子都没办法独自旅行了？我不认同，我绝不会因为糖尿病而停止做我想做的事。等我长大了，我会独自旅行，到那时候你们也阻止不了我。再说了，如果年龄不是问题，那我现在去独自旅行和我 18 岁、30 岁或 50 岁时去独自旅行又有什么区别呢？"瞧，他的逻辑一如既往地无可挑剔。

最后我们妥协了。和所有其他父母一样，我们絮絮叨叨地嘱咐，要求儿子务必随时随地佩戴医学警示徽章，一旦突发胰岛素休克，周围的人看到徽章就能知道他患有糖尿病，并及时为他提供帮助。那一年整个春夏两季，斯科特都在工作，为自己挣足了旅行所需的钱，其中大部分时间，他在一家小餐馆打工，这份工作也是他自己找的。一开始，斯科特只是负责洗碗，后来雇主觉得他活儿干得不错，就提拔他去帮忙烤肉并给厨房打下手。这本身就是一次超棒的成长历练。到了 10 月，他已经准备好踏上旅途了，要知道那时他才刚满 13 岁。斯科特在瑟谷学校就读，所以从学校请假不成问题。学校的老师们深知，这次旅行对他来说会是一次宝贵的受教育经历，所以没有记他缺勤，而是把这看作一次实地考察旅行。

斯科特在国外待了两个星期，其间参观了数不清的城堡，见识了威斯敏斯特教堂，花了好几天时间在英国国家美术馆和其他博物馆所构筑的宝藏世界中遨游，甚至还徒步走遍了整个伦敦。他还顺道去牛津听了一场穆迪布鲁斯音乐会，去加的夫爬山、参观加的夫城堡。值得一提的是，斯科特在飞往伦敦的飞机上遇到了一个 15 岁的女孩，两人还结伴同去了一趟巴黎。总而言之，他这次旅行的经历实在令人惊叹，更是让他相信自己能更自如地掌控人生。可见，糖尿病并不算什么大问题。

所以我想说，我的儿子绝不是一个普通的 13 岁孩子，如果他不够负责、思考问题不够全面清楚，我和妻子就不会答应他独自旅行。信任型父母绝不是玩忽职守，而是必须非常了解自己的孩子。但责任感不会凭空产生，如果想要培养孩子的责任感，就必须让他们有机会去承担责任。可惜的是，如今想要做到这一点，难度远高于 1982 年；同样，在 1982 年想要做到这一点，难度也远高于 1982 年以前。

不管孩子的责任心有多强，当今的父母也几乎不会允许他们参与这样的冒险。首先，按照法律规定，至少是我的家乡美国马萨诸塞州的法律规定，像斯科特那样未满 16 岁就在餐馆里当帮厨赚取旅行所需的费用，属于违法行为。其次，还需要考虑社会压力，因为即使是在 1982 年，我们允许 13 岁的儿子独自出国旅行的决定也引起了一些质疑。试想一下，如果是已经为人父母的你，在当今社会做了一个像我们这样的决定，你的朋友和亲戚会作何反应。

不过，相较于我们做出的最终决定，有时人们可能更愿意探究我们做决定前犹豫不决的心路历程。斯科纳兹在她书中的序言里写道："我们的曾曾祖父母会让自己可爱的孩子只带着几个卢布和一根硬香肠，就踏上锈迹斑斑的轮船，徐徐开往新世界。"[1] 研究者玛丽·马蒂尼（Mary Martini）曾对南太平洋马克萨斯群岛上的孩子进行广泛的观察，她曾写道：

> 在 4 个月的时间里，我每天观察一个由 13 名年龄在 2～5 岁之间的孩子组成的固定游戏小团体，同时对另外两个游戏小团体进行不太系统的观察。我发现，这些孩子在他们的哥哥姐姐去附近的学校上学期间，能够不受监督地玩上几个小时：组织活动、解决争端、避免危险、处理伤口、分发物品、与路人联络协商等，这一切都没有成年人的干预，全由孩子们自己负责。孩子们在玩耍时会有

意避开成年人，可能是因为担心成年人会干预他们的游戏。诚然，孩子们的玩耍区域"危机四伏"：汹涌的海浪冲破了船用坡道，岸边的大石头上散落着碎玻璃，山谷的壁垣陡峭湿滑，孩子们在高高的桥上和又高又尖的熔岩岩壁上玩耍，有时成年人留在附近的砍刀、斧头和火柴会被孩子们当作玩具。不过，虽然存在这样那样的危险，但是事故发生率和严重程度都很低。在孩子们的玩耍中，拍打、逗弄和指责比较常见，但互殴、发脾气和长时间的哭闹则很少发生。孩子们之间容易发生争吵，但往往要不了几分钟就会重归于好。而且，孩子们一般不会让成年人或年长的哥哥姐姐来帮助他们解决冲突或引导游戏。[2]

马蒂尼向父母们提及孩子们玩弄砍刀和火柴的情况后发现，父母们会把这些东西拿走，但理由不是担心孩子们受伤，而是因为不想让孩子们毁坏砍刀或浪费火柴。马蒂尼说，这个岛上的孩子心理比较成熟，有很好的社会适应能力。他们不像现代城市里的孩子那样爱抱怨或要求大人的关注，相反，他们非常善于解决自己遇到的问题。我并不是提倡大家效仿马克萨斯群岛上的父母的方式来对待 2 ～ 5 岁的孩子，但我们确实可以从他们身上学到一些东西。

如今，生活在现代城市里的家长大都过于低估孩子的能力，而低估孩子的能力也最终让我们自食其果：剥夺了孩子们的自由，也意味着剥夺了他们学习控制自我行为和情绪的机会。

这一章讲的是信任型的育儿方式，以及我们可以做些什么让这种育儿方式在现代社会重新焕发生机，父母和社会分别可以做些什么来恢复孩子们与生俱来的通过自由玩耍、探索和独立冒险来学习的权利？我们能做些什么来扭转局势、扫清障碍，让孩子们能够重新获得考验自身勇气的机会并发展全面的情绪恢复能力，从而过上幸福、健康、充实的生活？

三种育儿方式

要解决上述问题，我认为先要区分三种育儿方式，这其中每一种方式都曾在人类历史上的特定时期或地域占据主导地位。虽然我将这三种育儿方式单独分类，但它们相互之间并不排斥，而且现在的许多父母还会同时采用这三种育儿方式。

这三种方式中，信任型育儿显然最能让孩子的自我教育本能得以充分发挥。信任型父母相信他们的孩子能够自己玩耍和探索，也能够自己做决定、承担风险，并从自己的错误中学习。信任孩子的父母不会权衡或试图掌控孩子的发展，因为他们相信孩子自己会这么做。信任型父母绝不是玩忽职守，他们不仅为孩子提供了自由，还为他们提供了健康发展所需要的支持、爱、尊重、道德榜样和环境条件；他们支持孩子的发展但不试图干预，并在必要时为孩子提供帮助，让他们实现自己的目标。如第 2 章所述，自狩猎—采集时期起，信任型育儿在漫长的人类历史中占据主导地位。

信任型育儿传递给孩子的信息既符合狩猎—采集部落中孩子的需求，也符合当今社会孩子的真实需求：你有能力，可以借助眼睛和大脑解决问题；你了解自己的能力和局限所在；通过玩耍和探索，你会学到必要的知识和技能；你的需求和意见都很重要；你要为自己的错误负责，并从错误中学习；社会生活不是意志力之间的较量，而是与他人互帮互助，让所有人都能满足你的需求，从而实现你的愿望；父母和你站在一起，绝不与你为敌。

在这种育儿方式下长大的狩猎—采集者通常会成为社会的中流砥柱，他们能力卓越、擅长合作、绝不专横、性格开朗、备受重视。他们为社会奉献自我完全是出于自愿，而非受人胁迫，同时带着玩耍般的积极心态。一些人类学家对此进行总结道："成功的狩猎—采集者应该是坚定独立的，并且这种特质的培养始于孩童时代。"[3] 信任型父母明白，在当今社会，成功的成年人同样是自信而独立的，所以今天的孩子们也应该接受这样的培养——外界不要过度干预，而是让孩子们主导自己的发展，自己去探索世界。

我把另外两种育儿方式统称为指导型育儿，因为这两种方式都强调父母对孩子的行为和发展进行指导，而不是让孩子自己主导，而父母的指导又往往与孩子的意愿背道而驰。指导型育儿又分为"指导—支配型"和"指导—保护型"这两种育儿方式。

随着农业的兴起，"指导—支配型"育儿方式逐渐成形，并在封建和早期工业时代达到顶峰。正如第 3 章所讨论的那样，在这一时期，对领主和主人的绝对服从往往和生死直接挂钩，父母的育儿方式也因此发生改变——从培养自由独立的人转变为培养顺从的人。指导—支配型父母不是培养孩子独立的意志，而是试图压制孩子的意志，让孩子遵从他人的意志。体罚是压制意志的常规手段，而且在那时得到了广泛认可。

如今在一些家庭中，心理上的惩罚已经取代了身体上的惩罚，成为指导—支配型育儿的主要手段。相比棍棒和鞭子，经常性地诱导孩子产生内疚或羞耻感，或者以"不要你了""不爱你了"等话语相威胁，往往更容易让孩子屈服。但不管采取何种手段，指导—支配型父母的目的都是把孩子变成听话的"仆人"。然而，历史告诉我们，这种育儿方式从来不是绝对奏效的，因为自由是一种非常强大的驱动力，一个人无论年龄大小都无法完全摆脱它，即使在最卑微的奴仆或最温顺的孩子身上，自由意志也依然在平静的外表下蠢蠢欲动，等待着有朝一日宣泄而出。这也可以解释，为什么由少数人控制大多数人的群体总是不太稳定。从长远来看，指导—支配型育儿方式也同样不适用于家庭管理。

今天，至少在当代社会文化中，大多数人都不愿意用生理上或心理上的手段使儿童屈服。在这个全球化、网络化的世界里，主动性、创造性和自我主导已受到普遍重视。我们看到，盲目的服从算不上一种生活方式，非技术性工种因被机器取代而日渐减少，这意味着人们必须拥有创造力，主动寻找养活自己的方法。生活在今天的人们与狩猎—采集者有着许多相同的价值观。在过去的一两个世纪里，随着对童工需求的减少和民主价值观的回归，指导—支配型育儿方式也在不断减少。有一段时间，信任型育儿似乎经历了一次复兴，尤其是在 20 世纪 50 年代，几乎达到了顶峰，但在那之后的几十年里，这种育儿方式又逐渐被一种新的指导型育儿方式取代，那就是指导—保护型育儿。

与指导—支配型父母不同，指导—保护型父母限制孩子的自由并不是为了强迫他们在田地里或工厂里劳动，或迫使他们曲意逢迎，相反，他们是因为担心孩子的安全和未来，并相信他们自己可以替代孩子为其做出更好的决定。指导—保护型父母的出发点是为孩子着想，但实际上他们剥夺孩子自由的程度不亚于过去的指导—支配型父母。指导—保护型父母不会打孩子，而是利用自己作为父母所具有的一切力量来控制孩子的生活。信任型父母认为孩子有韧性、有能力，而指导—保护型父母则认为孩子脆弱无能；信任型父母认为，当孩子得以独自玩耍和探索时，他们能够获得最好的发展，而指导—保护型父母则认为，孩子只有遵循成年人为他们精心规划的道路才是发展的最优解。

信任型育儿减少的原因

为什么曾在 20 世纪上半叶得以复兴的信任型育儿方式，在 20 世纪中叶以后再次遭遇了滑铁卢？也就是说，在过去的几十年里，是什么样的社会变化导致父母在与孩子的家庭关系中不再信任孩子，而是越来越倾向于通过指导和支配来保护孩子？要想全面而完整地回答这个问题，其中牵涉大量相互关联的社会变化，但在我看来，最切题的是以下几个原因。

一是邻里关系淡化，儿童邻里游戏团体逐渐消失。 在 20 世纪 50 年代，大多数人，无论是成年人还是孩子，大家都认识自己的邻居。部分原因在于，那时候大多数女性白天都待在家里，于是邻里之间形成了朋友圈；此外，那时候的男性待在家里的时间也比现在要长。平均来说，那时候工作日更短，每逢周末，人们也都待在家中。因为熟识、信任自己的邻居，所以父母们放心让自己的孩子在附近自由玩耍，和周围的人交流互动。同样，这些父母也熟识邻居们的孩子，所以也会帮忙照看，以免孩子们遇到危险。相比之下，在当今社会，外出工作已经成为成年男女的主要生活方式，大多数成年人的朋友圈已经从自家附近转移到了工作场所，这就导致父母们不了解邻居们的性格，自然谈不上信任。

对孩子们来说，户外或任何地方有没有吸引力，关键在于这些地方有没有其他孩子。因此，当父母们开始限制自己的孩子在户外自由玩耍后，社区里出来玩的孩子减少了，那么相应地，这个社区对孩子们的吸引力就会降低。而且，由于出来玩的孩子越来越少，对孩子们来说，其安全性也大大地降低了。人多，安全性就高，一旦发生事故，孩子们会互相照顾、互相帮助，尤其是在游戏小团体中既有年长孩子也有年幼孩子的情况下。诱拐儿童的犯罪分子一般会找落单的孩子下手，在有一大群孩子在场的情况下，他们不太可能明目张胆地掳走其中某个孩子。于是，这便形成了一个恶性循环：

出来玩的孩子越来越少，使得户外活动对孩子们的吸引力和安全性相比以前都有所下降，而这又进一步导致参与户外活动的孩子越来越少。为了让孩子们能够再次在安全的社区环境中玩耍，我们必须打破这种恶性循环。

二是育儿常识普遍下降，恐惧情绪在全球范围内愈演愈烈。相比现在，20世纪50年代的大多数成年人都更熟悉和了解孩子。那时候，一个家族的成员们往往住在同一个地区，人员众多，大家经常聚在一起共度美好时光，年长的孩子也会帮助大人照顾年幼的孩子。等到年长的孩子长大建立自己的家庭时，他们已经积累了很多带孩子的经验，并且对孩子的成长有亲身体验，了解孩子的能力以及玩耍和冒险对孩子的重要性。这些父母会与其他父母建立邻里社交，成为朋友并互相分享孩子们的故事。但是在今天，人们组建家庭的时候往往不具备带孩子的第一手经验，关于童年和育儿的想法和信息也大多来自所谓的"专家"和媒体。

这些"专家"成天提醒父母要注意避开危险，好像所有东西对孩子来说都有潜在的危险：刀、火、细菌、小到可以吞下的玩具、蜱虫和其他叮咬蚊虫、有毒植物、紫外线、游乐场的设备、同龄人、年长的孩子和青少年，当然还有诱拐儿童的犯罪分子，媒体称这些危险潜伏在各个角落。如果你听信这些所谓"专家"和媒体的观点，而没能意识到他们所说的这些危险的实际发生率很低，那么你就会开始相信这个世界确实很可怕，时刻都得谨慎对待。这些危险确实存在，我们也有必要让孩子们了解这些危险，但是如果因为害怕危险就不允许孩子们独自玩耍、探索和冒险，他们就没办法学会照顾自己，而这恰恰是最大的危险。

一些"专家"还认为，我们必须保护孩子脆弱的自尊心，这样他们才能学会悦纳自己。为了做到这一点，有些父母会经常性地表扬孩子的小成就，为他们的比赛加油，并努力安排好孩子的生活，让他们避免失败。这其实也属于指导—保护型育儿。大多数孩子并不认同也不在乎这种糖衣炮弹式的表扬和支持，反而觉得这是一种烦恼，但因为是父母施加的，所以不得不应对。但的确有一些孩子很享受这种顺遂和持续性的夸奖，而这才是我们需要警惕的地方。"专家"还警告说，我们必须帮助孩子们规避愚蠢的行为，媒体上经常冒出一些新数据，声称由于生理原因，孩子是蠢笨的，尤其是青少年。这种说法简直是无稽之谈。在过去长达数万年的历史里，即便在危险系数比现在高得多的狩猎—采集时期，捕食动物的数量多得惊人，孩子们也一样获得了大人的信任。如果真如那些所谓"专家"所说，孩子是蠢笨的，那人类作为一个物种怎么可能从过去更为恶劣的环境中生存下来并繁衍至今呢？

新闻媒体是育儿恐惧的主要传播者。我们几乎每天都能看到"某地的某个孩子遭遇了……"这样的新闻。成千上万的孩子在没有成年人监督的情况下外出玩耍，回家后变得更健康、更聪明、更勇敢，但这些事情绝不会出现在新闻报道里。可是，一旦某个地方的某个孩子被绑架了、溺水了或是被车撞了，那么这个新闻就会在全美甚至全世界播放，而且故事情节越离奇可怕，传播的范围就越广。可见，父母们接收到的信息并不一定真实，却成为他们挥之不去的噩梦。

三是未来就业的不确定性增加。当今社会的就业环境不如几十年前稳定，谁也无法预测未来会有什么样的工作或者需要什么样的工作技能。很多行业和公司昙花一现，从兴起到消亡，速度快得令人咋舌。所有这一切导致父母们比过去更担心孩子谋生的能力，也越来越相信孩子的童年不应该用来玩耍，而应该用来学习技能、丰富履历。不知为何，父母们坚持认为，如果孩子参加适合的、由成年人指导的课外活动或志愿活动，并在考试中取得高分，从而进入最负盛名的学校，那么孩子的未来就有了保障。这种想法当然不对，但可惜现在大部分父母仍然存在这种想法。

　　面对不确定的未来，避免失业的最佳方法就是让孩子在自我导向的历练中培养必需的品质，而这些品质仅仅通过父母或老师的敦促是无法培养出来的。应对充满不确定的时代，需要的是个人责任感、独立思考、自我激励、自我主张、灵活行事、创造力、想象力和承担风险的意愿。这些品质可以通过信任型育儿的方式培养出来，而在指导—保护型育儿中却被抑制。

　　四是学校的权力增大，孩子们需要遵守学校日益严格的规定。导致儿童自由度降低的最主要原因可能是学校干预儿童及其家庭生活的力量在不断增强。早在 20 世纪 50 年代，孩子们的自由就已经受到了学校的抑制，今天则更甚。相比过去，现在的学校每学年的时间拉长，对上课缺勤的处罚力度加大，不仅在校内开展的活动受到了更严格的控制，甚至还将触角伸到了学生的家庭生活中。例如，学校会为学生布置暑期阅读书单，并要求父母监督孩子，确保他们真的阅读了这些书。我们总能听到一些父母像这样对孩子说："不行，玛丽，你只能读暑期阅读书单里的书，因为要根据这些书写读书报告。"学校甚至会给年龄很小的孩子布置家庭作业，还时常要求父母们在家庭作业单上签字，以监督孩子完成作业。此外，学校还会定期召开家长会，要是自己的孩子在学校不遵守纪律或者考试成绩不好，父母们也会因此蒙羞。学校希望父母们在家中扮演学校老师的角色，按照学校的规定督促孩子去做相应的事情。如果有人对此有意见，那这些人就会被看作不称职的父母。

　　我为《今日心理学》写作关于玩耍和学习的博客，在评论区里，我经常读到一些父母讲述孩子在学校的悲惨经历。我在这里列出了一个非常典型的案例：一位妈妈称，她的孩子所就读的公立幼儿园有着"极好"的声誉。教学日的在校时间从早上 8 点到下午 3 点，不包括长途汽车往返通勤的时间，除了在上午 10 点 40 分有半个小时的课间休息和午餐时间，没有其他休息时间。在午餐时间，如果孩子们太吵，女教师会拿着扩音器让孩子们安静下来。此外，这些 5 岁的孩子每天晚上都要在父母的监督下做作业。这里所说的作业是实打实的作业，包括数学、写作等。以下是这位妈妈的真实阐述：

> 起初我女儿对上学很有劲头，但是大概两三天过后，她就哭着要回托儿所。虽然这个阶段已经成为过去时了，但孩子回家后的表现已然与之前大相径庭。她时而生气，时而抱怨；有时对妹妹大喊大叫，有时又温柔地叫她宝贝；有时发脾气摔门，有时又黏着我，什么事都让我帮她做。我知道这一切都是学校惹的祸，因为几乎每一个和我交谈过的父母都提到，他们的孩子出现了跟我女儿相同甚至更糟的行为。我们把孩子送到学校是为了让他们接受教育，但如今的结果真的是我们期待的吗？我感到无能为力，压力很大。和其他父母交谈后，我发现大家都害怕成为"另类的妈妈"，担心因此而让我们的孩子受到更大的负面影响。如今的教育体制内部存在一种文化，一种让我们"闭嘴"的文化！学校不停地告诉我们，某个具体年龄段的孩子"有能力做一些事情"，所以我们需要"让孩子也去做这些事情"，只有这样，孩子才能"存活下来"。这种说法可真有意思，因为曾经我对孩子的希望可不仅仅是存活下来。我想，孩子是否能茁壮成长已经不是我们可以左右的了。我觉得自己好像眼睁睁目睹了一场犯罪，却又无力阻止！

在这种情况下，要想成为信任型父母是很难的。教育政策和越来越像监狱的学校让父母们没办法选择信任型育儿方式，而不得不采取指导—支配型育儿方式。要想让孩子适应学校，父母们就不得不和孩子斗智斗勇，他们还必须和学校斗争，以期让学校做出一些微小的改变来适应孩子的成长。

五是以学校为中心的儿童发展和育儿模式的兴起。除了直接的影响，学校给孩子们的家庭生活带来的更为普遍的间接影响也不容忽视。研究者、家长乃至整个社会越发倾向于以学校教育的视角来看待孩子的童年，并用年级来划分孩子。大多数关于儿童的研究都是在学校进行的，关注的也是学校的问题，这最终形成了以学校为中心的儿童发展模式，殊不知这种模式其实扭曲了人性。

在学校里，学习是由成年人而非孩子自己主导的。学校认为，学习是循序渐进的，要沿着既定的路径前行，在学习 B 之前要先学会 A。在学校里，孩子们的同伴都是同龄人，学校认为，和年长的孩子玩耍是学不到技能的，和年幼的孩子玩耍也学不会负责任。此外，孩子们的自由玩耍和探索行为被视为"捣乱"。以上这些都属于以学校为中心的儿童发展模式的一部分。于是，人们慢慢地也开始相信：从根本上讲，学习是循序渐进、由成年人指导的；孩子就该和同龄人玩在一起；对于 4 岁或 5 岁以上的孩子来说，自我导向的玩耍和探索基本上是在浪费时间。发展心理学教材上通常会把学龄前称为"玩耍期"，好像在那之后，玩耍就会自然地停止或退居二线。我们让教育系统蒙蔽了双眼，看不到孩子们的天性。

随着时间的推移，以学校为中心的儿童发展模式越来越深入人心，影响着孩子们生活的方方面面。操场不再是孩子们自由玩耍的地方，而变成了由成年人主导的、用来培训和教学的场所，孩子们按年龄被划分成不同的组别，就像在学校按年级划分班级一样。如今，许多父母默认了这种以学校为中心的模式，将自己定义为孩子的"老师"。他们购买教学玩具，寻找"教学时刻"，以传授特定课程的方式与孩子"玩耍"和交谈。所以在亲子互动中，孩子们常常翻白眼，把"随便吧"之类的话挂在嘴边。这背后的原因也不难理解，毕竟家庭生活开始变得像学校一样乏善可陈。

不难理解为什么父母们会接受以学校为中心的模式，因为他们听信了这样的说法，即如果孩子在学校成绩不好，进不了顶尖大学，就意味着他们的人生是失败的。因此，父母们开始相互竞争，目的就是培养出拥有最佳履历的孩子。学校的制度越来越强大，父母们对孩子发展的观念也相应地越来越贴合学校教育模式，导致孩子们不管是在校内还是在校外，无一例外都变得越来越不自由，越来越受控制，越来越没有自主冒险的机会。可悲的是，在很多情况下，成年人认为孩子能力不足、不负责任、需要持续接受指导和监督，这似乎变成了一种自证预言[①]。而孩子们也逐渐相信了这一看法，甚至开始变得对一切都无所谓。换句话说，你看待孩子的方式，很大程度上影响了他会成为一个什么样的人。

如何成为更信任孩子的父母

许多父母也想提高对孩子的信任度，最后却发现难于登天。因为总有一些贩卖焦虑的声音出现，让他们无从躲避，关键是这些声音往往不是凭空出现的，比如：可怕的事故确实会发生；诱拐儿童的犯罪分子真的存在；同龄人如果行为不端，的确会给孩子带来有害影响；儿童和青少年就像所有年龄段的人一样，也会犯错，而失败会给他们带来伤害。我们的身体里天生流淌着循规蹈矩的血液，所以冒着被其他父母指责和批评的风险逆流而上是很难的。然而，有些人的确做到了。我想，如果有足够多的人开始逆流而上，那么说不定河流会改变流向。

假如作为父母的你有以下想法：虽然生活中处处都有风险，但孩子们理

---

① 自证预言是指对某个信念、期望或假设的影响，这些信念或期望可能导致人们采取特定行为，最终使这些信念或期望成为现实。——编者注

应拥有自由，因为这样他们才能快乐，才能学习如何承担责任，才能培养出足以应对生活中不可避免的危险和挫折所需的品质。但是，你身边有反对你的力量存在，你内心也有恐惧在叫嚣，那么在这种情况下，如何才能成为更信任孩子的父母，并给予孩子更多的自由呢？这里有一些建议。

审视自己的价值观

什么是美好的生活？什么样的经历让生命变得有价值？信任型育儿的第一步是审视自己的价值观，并思考怎样才能让价值观服务于孩子以及你与孩子的亲子关系。如果自由、个人责任、自主、诚实、正直和关心他人在你的价值观体系中排名靠前，并且是你希望在孩子身上看到的品质，那么你就会有很大的动力想要成为信任型父母，因为这些品质无法通过说教、强迫或哄骗习得，只能在日常生活的经历中获得或失去。也就是说，如果孩子的生活经历能够帮他不断强化这些品质，那么他就容易习得这些品质；而如果孩子的生活经历在不断抑制这些品质，那么孩子自然也会失去它们。你可以以身作则、身体力行，帮助孩子建立这些价值观，并应用到你和孩子的亲子关系中。当你信任孩子，孩子自然也会信任你。孩子的自我能动性以及一切依赖于自我能动性的特征，都只有在自由的条件下才能得到发展。

请回想你的童年，在你最快乐的时刻，你在哪里？在干什么？和谁在一起？跟你在一起的人里有成年人吗？儿童精神病学家迈克尔·托马斯（Michael Thomas）同时也是位作家，他在演讲中经常向听众提出这些问题。在"跟你在一起的人里有成年人吗"这个问题上，通常只有大约10%的人举手表示"有"。托马斯认为，这个结果表明，**我们最快乐的时刻通常是完全属于我们自己的，是我们自己给予自己的，而不是他人带来的。**[4]

对我来说，童年里最快乐的时刻是一个春天的清晨，那时我只有 10 岁或 11 岁的样子。天还没亮我就起床了，为的是在上学前钓两三个小时的鱼。我跨上绑着渔具的自行车，摸黑沿着离家大约 3 公里的河坝骑行。因为朋友们都起不了这么早，所以我是一个人去的。抵达目的地后，我开始垂钓，我感觉自己仿佛和周遭环境融为了一体：静静流淌的河流，清晨里唱着春之歌的鸟儿，还有星星点点的残雪……我不知道鱼有没有咬钩，只记得太阳开始从地平线升起。那一刻的震撼是难以用语言表达的，关键是那已经不是我第一次看日出或清晨去钓鱼了，但那天早上，我的内心充满了敬畏和震撼，感到自己超脱了俗世，经历了人本主义心理学家长期以来所说的"高峰体验"。假如在那个时刻，我的身边有一个成年人，那我势必无法获得这种体验。成年人只会妨碍我，无论他们有多么善良、多么开明。

让孩子决定自己的未来

重视自由和个人责任，就必须尊重孩子们规划自己生活的权利。父母不能把自己的期望强加给孩子，反之亦然。自我规划始于婴儿时期，孩子们要想懂得承担责任，就必须在实践中、在不同的时间节点学会自行做出决定。所有关心、爱护孩子的父母都关心孩子的未来，所以常常忍不住想要控制孩子，只是结果往往事与愿违。父母试图决定孩子的命运，就意味着孩子无法掌控自己的命运；父母试图引导孩子在日常生活的迷宫中穿行，也就意味着剥夺了孩子从错误中吸取教训并自己找到正确道路的机会；父母老是给孩子提供他们并不需要的建议，那么等到孩子真的需要帮助和建议时，他们很可能就不会向父母寻求了。

作为信任型父母，一定要记得提醒自己，你和孩子是两个不同的独立个体。我们所说的"繁衍"并不是指在世界上制造另一个你。你和你的配偶各自随机贡献了自己一半的基因，然后你们的基因结合在一起产生了一个全新的人。孩子可能继承了你的一些特质，但毫无疑问，他和你是不同的个体。

所有孩子都不是父母的附属品，而是一个个独立的个体，他们来到这个世界上是为了成长、学习和规划自己的人生道路，父母只是孩子们成长所需环境的一部分。称职的父母会给孩子提供他所需要的东西，但不会把指导孩子的发展视为自己的责任。

孩子的成败以及成败的标准都取决于他自己，而非父母。这个世界上有很多不快乐的律师、医生和企业主管，也有很多快乐的公司职员和门卫，他们过着充实、满足、体面的生活。所以说，事业上的成功不代表生活上的成功。工作中的快乐与否尚属其次，但如果你觉得你的生活不属于自己，那么你会在很长一段时间里都不会感到快乐。这些道理可能听起来很老套，但是很多人在育儿时已经把它们忘记了。

在一系列大规模的调查中，苏尼亚·卢塔尔和她在哥伦比亚大学的同事发现，来自美国东北部富裕郊区家庭的高中生比来自市中心贫困社区的学生更焦虑、更容易抑郁，且非法用药的比例也更高。[5] 此外，那些出现这类问题最多的人，感受到来自父母的压力也最大。研究还表明，与父母在一起的时间给孩子带来的影响是有益的还是有害的，主要取决于这段时间的性质。如果孩子在父母的安排或逼迫下频繁地参与活动，那么他们的焦虑程度和抑郁水平都会更高；但如果孩子参加的是有规律的家庭聚餐，那么他们的焦虑程度和抑郁水平则相对较低。对青少年来说，与父母的情感维系至关重要，如果父母更关注孩子的成就而不满足于简单、纯粹的亲子时光，就不利于培养和孩子之间的亲密关系。信任型父母喜欢自己的孩子，不会把孩子看作需要完成的"项目"。

抵制诱惑，不要监视孩子的活动

信任型父母不会整天要和孩子保持联系，不会监视孩子的活动，也不会打听孩子一天中生活的细节。现代科技的发展越来越成熟，追踪和监视孩子的一举一动变得非常容易，这让很多父母蠢蠢欲动。他们追踪和监视孩子的方式五花八门，比如借助隐藏的摄像头观察孩子的行为、查看孩子的网页访问记录、用手机定期报告孩子当前的行踪和活动，甚至是像定位囚犯一样用 GPS 定位孩子的位置。对于这些追踪和监视的行为，父母们或许还会自我安慰，觉得这是在关心孩子。但请父母们扪心自问，你自己是否愿意一直活在他人的监视之下？如果有人，比如说你深爱的丈夫或妻子一直在观察、记录和评判你的一切私人活动，你会作何感想？要知道，这种监视所传递的信息是：我不信任你。

除了上述现代科技手段，持续且事无巨细的询问和盘查也意味着"我不信任你"。信任型父母不会要求孩子或其他人详细报告孩子在父母视线外的一举一动，因为信任型父母明白每个人都有隐私权，都应该有不受评判地行事的机会。侵犯隐私的调查只会招致谎言和怨恨。

为孩子们寻找或创造能够安全玩耍和探索的场所和机会

信任型父母对孩子也负有一些主要责任。他们虽然不能为孩子的命运之船导航掌舵，也不能教授他们很多导航技巧，却可以、也有必要为孩子提供航行的大海。接触过很多购房者的房地产经纪人都知道，大多数年轻家庭在寻找第一套房子时，主要考虑的是社区的公立学校在考试成绩和大学录取比例上的排名。但是信任型父母更关注的是这个社区能否为孩子提供安全可靠的玩耍场所。如果一个社区的房子和庭院大而宽敞，而且周边学校的学生考试成绩也高，却没有看到有孩子在外面玩耍，那么这个社区对孩子的成长来说就算不上是个好地方。

父母需要寻找这样一个社区：在这里，不同年龄的孩子可以在一起玩耍、探索、闲逛和交谈，你的孩子会自愿加入他们，向他们学习。在这样的社区里，房屋往往不是富丽堂皇的，庭院之间也不会被栅栏和树篱笆隔开，因为房主们希望看到的不是一尘不染的草坪，而是纷飞的蒲公英和嬉闹的孩子们。在理想的情况下，这个社区应该远离闹市，车流量不大，孩子们可以随意穿过街道玩耍。这样的社区虽然不像以前那么常见了，但仍然存在，而且如果购房者有这样的需求，也会进而催生出更多类似的社区。在这样的社区里，父母们也会在户外度过他们的休闲时光，以便深入了解社区里的其他父母和孩子。一项大规模研究调查了荷兰 4 个城市中影响儿童户外玩耍的因素，结果表明，邻里间的凝聚力是其中最重要的因素之一。邻居们对彼此的了解和信任越充分，孩子们在户外玩耍的时间就越多。[6]

如果搬家到一个适合孩子玩耍的社区对你来说不现实，你也可以努力改善你现在居住的社区。第一步，了解住在附近的其他父母，把大家聚在一起讨论共同关心的话题。一般来说，很多父母都会抓住这样的机会，但前提是得有人来开这个头。这种聚会可以促进邻里间的友谊，进而增进孩子们之间的友谊，让他们更愿意到户外玩耍。你可以借助这样的会面机会与其他家长合作，共同确定或开发一个可供孩子们玩耍的地方，不管多小的孩子都可以步行到达那里。如果父母们不放心让孩子独自出去玩，可以考虑采取轮流照护的方法。不过，如果实在找不到像这样适合孩子们玩耍的地方，不妨就在自己家的前院试试。

在线组织"玩耍社区"（Playborhood）的创始人迈克·兰扎（Mike Lanza）就在他家的前院建了一个社区游乐场。在"玩耍社区"和他出版过的一本书中，兰扎为有类似想法的人提供了许多实用建议。[7] 兰扎家前院的游乐场布置得非常吸引人：一个沙箱；一条铺得很漂亮的车道，两旁设有篮球架；一个很漂亮的喷泉，对孩子们很有吸引力，因为他们可以在里面嬉戏；一个带储物长凳的野餐桌，长凳里堆满了玩具、绘画工具和电子设备；

栅栏上有一块白板，可以进行艺术创作。兰扎家中有 3 个小男孩，他们一家经常在前院的野餐桌上吃饭，以此来吸引和结识邻居。兰扎一家还通过各种方式告知邻居，只要他们愿意，即使主人不在，也可以随意到院子里玩耍或休息。兰扎甚至还挂出了"欢迎打扰"的牌子！

兰扎说，对他们一家来说，这次冒险绝不是亏本买卖，既认识了邻居，看到了在自家院子里玩耍嬉闹的孩子们，也让自己的生活变得更丰富多彩，自家的孩子们也一下子拥有了许多玩伴。兰扎特意对游乐场进行了设计，为的是吸引各个年龄段的孩子，他还在后院建造了更多玩耍的场所，包括一个地下蹦床和一个树屋。这些场所也对外开放，不过最开始吸引邻居们前来的还是前院的游乐场，当看到兰扎一家经常在那里玩耍时，邻居们慢慢就会开始觉得那是个舒适的玩耍场所。

当然，如果你是一个典型的 21 世纪美国成年人，你可能会立刻联想到所有可能由此而来的负面影响：如果有人受伤了，谁来负责？如果出现破坏公物或盗窃行为该怎么办？这是否符合城镇条例规定？邻居们不会担心噪声太大或者房价因此而下跌吗？兰扎很好地回答了以上这些问题，并提出了相应的解决方案和建议。他说，关键是从一开始就保持积极的心态。首先，一定要弄清楚你想采取何种措施来创造一个健康的"玩耍社区"，让孩子们在其中成长；然后，因地制宜，找到适合自己所在社区的可行的实施方法，而且从一开始就要把你最亲密的邻居包括在内，无论他们有孩子还是没有孩子，这样邻居们就会和你站在一起，而不会反对你了。要认真对待邻居们的担忧和顾虑，要知道这不是障碍，而是需要在计划内解决的问题。

父母能为孩子做的最有价值的事情之一，就是能让自己的孩子和其他孩子一起在安全的环境里自由地玩耍，这样做同时也是在帮助其他孩子，何乐而不为呢？美国各地的父母们都开始效仿兰扎一家。比如，完全可以把已经过时的前廊区域改造成前院游乐场和野餐区，使之成为邻居们可以共享的玩耍场所。但是各位父母需要注意的是，我们不应该把孩子的玩耍范围仅仅圈定在自家院子里的游乐场，尤其随着孩子年龄的增长，他们需要接触更广阔的空间和领域，而自家院子或任何其他的社区游乐场都只能作为孩子冒险的起点，他们终将走向更广阔的天地。

父母们只需要发挥一点想象力、付出一点努力，就会发现，在帮助孩子更自由地玩耍方面，其实大有可为。比如，可以和当地的学校交涉，请求他们在每天放学后开放一段时间体育馆，供孩子们自由玩耍；可以劝说附近公园的管理者雇用一名可靠的青少年在周末或放学后负责看管公园里的玩耍区域，让孩子们可以在那里自由玩耍，帮父母们扫清后顾之忧；可以约其他有孩子的家庭一起去度假，这样孩子们可以一起玩，大人和大人之间也可以建立友谊。核心家庭的模式可以为养育孩子提供良好的基础，但是孩子们需要从很小的时候开始接触并探索核心家庭之外的领域，这样才能获得健康发展。

寻找传统教育的替代方案

要想成为信任型父母，你或许可以为孩子找到一种非传统的教育方式，以适应孩子自我教育的愿望和能力。我认为瑟谷学校就是一个合适的选择。在我写作这本书的时候，美国至少有 22 所学校在效仿瑟谷学校，其他国家也至少有 14 所类似的学校。[8] 这些都是私立学校，但学费远低于其他普通的私立学校。与传统的公立和私立学校相比，还有许多非传统学校为孩子的玩耍和自我教育提供了良好的平台，尽管在程度上有一定的差异。

还有一种选择是在家教育。在非传统教育方式中，选择在家教育的家庭数量是最为庞大的。接受在家教育的美国 5 ~ 7 岁学龄儿童的数量从 1999

年的约 85 万增长到了 2011 年的 200 万左右，也即从约占学龄人口的 1.7%
增长到了近 4%。[9] 父母们选择让孩子接受在家教育，并不一定是为了孩子
的自由考虑。大约有 1/3 的人是出于宗教原因，[10] 还有一些父母做出这样的
选择无疑是因为这种教育方式具有特殊性，与其把控制孩子教育的权力交给
他人，还不如握在自己手上。然而，不管父母们的初衷如何，随着时间的推
移，他们中的大多数都变得越来越放松，慢慢地不再插手孩子的教育了，因
为父母和孩子都觉得计划好的课程很无聊，所以他们开始做更有趣的事情，
而且通常是由孩子发起的。在积累了一定的经验后，父母们也越来越相信孩
子有能力指导自己的教育，于是他们中的一些人成了非学校教育者。

非学校教育属于在家教育的范畴，是最适合信任型父母的教育方式。
20 世纪 70 年代，曾担任教师的教育理论家约翰·霍尔特（John Holt）在
他创办的杂志《自学成才》（*Growing Without Schooling*）中创造了"非学
校教育"这个词。从字面上理解，非学校教育指的是除学校教育以外的教
育。选择非学校教育的父母不送孩子上学，在家里也不做学校里要求做的事
情；不设置课程，不布置以教育为目的的特殊作业，也不通过考试来衡量孩
子的进步。相反，这些父母允许孩子自由地追求自己的兴趣，并以自己的方
式学习并发展这些兴趣所必需的知识和技能。这些父母认为，学习是生活的
常态化组成部分，而不是发生在特殊时间、特殊地点的个别事件。

为方便记录，官方将非学校教育者和接受在家教育的孩子归为一类，所
以目前我们无法确定非学校教育者的具体数量。然而，据参与在家教育运动
的人粗略估计，大约 10% 接受在家教育的孩子属于非学校教育者，根据我
参加各类在家教育主题大会了解到的比例，这个数字应该是比较合理的。如
果把"轻松在家上学的孩子"也包括在内，那这个数字可能会更高。"轻松
在家上学"指的是父母虽然为孩子制定了课程，但比较随性，不一定强制执
行课程安排。

最近，我和我的同事吉娜·赖利（Gina Riley）对 232 个自称非学校教育者的家庭进行了调查。虽然我们还没有分析完所有的调查数据，但已经可以得出一些确切的结论，[11] 有超过 1/3 的家庭起初将孩子送去学校上过学，但因为学校对孩子产生了非常严重的负面影响，如抑郁、焦虑、愤怒或对学习失去兴趣，所以又让孩子离开了学校；近一半的家庭在转向非学校教育之前尝试过更传统的在家教育形式，即定期在家上课，而基本上在所有这些案例中，从在家上课转向非学校教育的主要原因在于，孩子和父母发现那些课程内容要么味同嚼蜡，要么压力巨大，或者两者都有。既然孩子不接受这些课程也能保持学习状态，那倒不如放弃这些课程。

关于非学校教育给家庭带来的主要好处，大多数人表示它能让孩子变得快乐、果敢和自信，激发孩子的好奇心和学习能力，还能增进家庭成员之间的亲密度，提升整个家庭的生活质量。许多之前曾把孩子送去学校的父母评论说，现在不用整天连轴转地跟着学校的日程来安排个人生活，真的是松了口气。而关于非学校教育的坏处，目前最常见的回答是，因为不得不向亲戚和其他不认同非学校教育的人解释并努力为这种教育方式正名，有时候会觉得心力交瘁。许多人还评论说，他们需要不断地克服自我怀疑的心理，去做一些似乎反常规的事情。逆水行舟是很困难的，所以特别需要同行者的支持。于是，许多非学校教育者之间形成了强大的社交网络，他们通过当地的社区会议和更广泛的互联网团体相互支持。

非学校教育由来已久，已历经了时间的考验，目前已经有很多成年人是在非学校教育的方式下长大的，他们放弃了小学和中学的传统教育。截至目前，还没有人对这类群体的情况开展正式调研，不过可以在非学校教育者所写的文章、书籍和博客中找到相关案例。总而言之，接受非学校教育的人在被大学录取并取得好成绩方面似乎没有遇到什么特别的困难，而且不管有没有上过大学，他们都能相对容易地找到好工作。

举个例子，我最近和凯特·弗里德基斯（Kate Fridkis）聊了聊，她今年 25 岁，住在纽约，在上大学前一直没有正式上过学。弗里德基斯的父母从一开始就为孩子们选择了非学校教育，因为他们认为学习不应该与生活分离。弗里德基斯告诉我，由于没有接受过传统学校教育，自己反而享受了不少"红利"。比如，可以自由发展自己的兴趣爱好；可以到处参加活动，而这是那些接受学校教育的孩子无法享受到的；可以在不同的环境中与不同年龄的人交朋友，而不必被限制在只能和同龄人交往的怪圈当中；从不需要适应墨守成规的学校文化，因而能够接受并认可自己与他人的不同之处，也能够欣赏他人的独特之处。15 岁时，弗里德基斯在教堂找到了一份有报酬的工作，如果她接受的是传统学校教育，就不可能获得这份工作，因为工作时间和教学日的上课时间是相冲突的。

在教堂的工作经历使弗里德基斯对宗教文化产生了浓厚兴趣，于是她选择在大学里研究比较宗教，并在哥伦比亚大学获得了这一学科的硕士学位。可以说，弗里德基斯毫不费力地适应了高等教育的学术要求。在大学本科期间，她也有一些不满意的地方，比如同学们不够成熟、对知识缺乏兴趣，还有不得不坐着听一堆枯燥的讲座。如今，弗里德基斯婚姻生活幸福美满，是一名自由撰稿人，在各种知名刊物上发表文章，还在继续追求各种各样的兴趣爱好，还写了两个很受欢迎的博客：一个叫"逃学"，另一个叫"吃掉这该死的蛋糕"。

我认为非学校教育并不适用于每一个家庭或大多数家庭，至少在当前的社会条件下如此，毕竟非学校教育需要投入大量的时间和资源。一般来说，孩子小的时候至少要有一名成年人在家照看，多数情况下是母亲，而如果选择非学校教育，那就意味着母亲必须自愿放弃或推迟自己的事业发展，或能够在家经营事业。虽然选择非学校教育的父母不用指导孩子的学习，但他们确实在努力为孩子提供丰富的学习环境，帮助孩子找到追求自己兴趣爱好的方法。非学校教育通常需要安排很多家庭团聚活动，但这对不同家庭来说或许是"汝之蜜糖，彼之砒霜"。非学校教育一般需要孩子和父母共同参与，但有些孩子或父母有时候希望彼此之间保持一定的距离，享受一些不受影响的独处时间，那么这些人就不太适合非学校教育。当代文化以相对孤立的核心家庭为主导，大多数成年人都在外工作，很难在陪伴孩子的同时拥有足够的成年人社交。瑟谷学校或其他类似的学校在自我教育方面的一个优势在于，它能给孩子们提供一个独立于家庭的稳定环境，孩子们在那里可以尽情地玩耍、探索、学习和社交，而这些都不需要父母提供或安排。不过仍然有许多家庭认为非学校教育是更好的选择。

对未来的憧憬

我对教育的前景充满期待。我相信当代文化终将恢复理智，让孩子们重获自我教育的自由，享受学习带来的快乐和兴奋，并让学习成为生活中不可分割的一部分，摆脱乏味、沮丧和焦虑。

我的乐观并非来自教育机构。这些机构的组成部分，包括传统的学校、教材编写者和应试行业从业者、教师和学校管理者在内，都很是固守现状，他们更关注自身利益，做法几乎一成不变，没什么创新。当孩子们明显没有从学校里学到多少东西时，他们给出的解决方案就是让孩子们在学校上更多的课，在家做更多的作业：如果对某门学科设置 200 个课时没有效果，那就增加到 400 个课时；如果孩子们学不会一年级教的东西，那就从上幼儿园开始教；如果孩子们在幼儿园也学不会这些东西，那就从上幼儿园之前开始教；如果孩子们在暑假期间忘记了上一学期所学的东西，那么就取消暑假，尽量压缩孩子们的校外活动时间。[12]

几乎每个参与教育事业的人都认为自己是一个"改革者"，默认当前的教育制度效果不佳。自从义务教育制度实施以来，情况一直如此。一些人想调整这个体系，比如提供更多的课程选择或稍微降低考试的要求；而另一些人则想借助更加标准化的课程和更严格的考试来改革教育体系。这些内容已经在教育学教授们写过的无数本书和无数篇文章中出现过了，但教育机构中依然没有人愿意承认，强制性的学校教育之所以不起作用，恰恰就在于其强制性，真正有效的改革是让孩子们自己负责自己的教育。

我的乐观来自教育机构之外发生的事情。我很高兴地看到，有越来越多的人离开了强制性的学校教育，开始选择轻松的在家教育、非学校教育、像瑟谷学校这样的教育以及其他允许孩子自我教育的形式。学校制度越压迫人，就越不得人心，这是正常现象。

信息技术革命也在推动学生走出学校。今天，任何人，包括印度的街头儿童，只要能接触到联网的电脑，就能通过简单易上手的搜索引擎触及世界上所有的知识和思想，几乎任何想做的事情都可以在互联网上找到相应的说明和视频，任何想法都可以在互联网上找到论点和反驳的论据，也可以自由地发表自己的观点。所以说，这远比只设置一个正确答案的标准化教育体系更有利于孩子智力的发展。"只有接受学校教育才能学到知识，才能培养批判性思维"，这种论断对于任何知道如何访问互联网的孩子来说都是荒谬可笑的。正因如此，自上而下的学校教育的合理性也越发受到质疑。再者，如今网上的文字交流变得和口头交流一样普遍，越来越多的孩子在上学前就开始学习阅读和写作了，这也让父母们开始思考强制性教育是否真的有必要。比如说，如果强尼在上一年级之前就已经具备了阅读能力，那何必还要把他送到学校上一年级呢？

我预测，在不久的将来会出现一个转折点，每个人都会认识至少一个像弗里德基斯那样的人，这些人在成长的过程中没有接受过任何标准化的教育，却依然过着美好幸福的生活。到那时，人们会说："看看弗里德基斯、鲍勃和玛丽，他们都没上过学，但不妨碍他们成为快乐勤奋又认真负责的公民。如果我的孩子在学校过得不开心，那为什么非要送他们去上学呢？"人们也会开始要求在法律上对教育的定义做出改变，到时候肯定会有更多的人愿意尝试非学校教育。

关键在于观念的转变，不要一味地用"正常"或"不正常"来定义教育方式。如果越来越多的人遇到了没有上过强制性学校的成年人，或者遇到没有把自己的孩子送进强制性学校的成年人，那么人们对不接受强制性学校教育这一现象的反感及厌恶情绪会逐渐减少乃至消失。

还有另一种力量在起作用，那就是人类追求自由和自主决策的天性。历史告诉我们，当自由成为可行的选择时，人们自然会选择自由。如果成年人发现，强制性教育并不是取得成功的必要条件，他们自然会考虑到孩子的自由，这也符合孩子们自身的要求。"学校教育良药苦口，是通往成功的必经之路"，这样的说法不再能赢得孩子们的认同。随着越来越多的人离开强制性的学校教育体系，也会有越来越多的公民要求将一些被释放出来的公共教育资金用于支持孩子们的自我教育，为孩子们提供教育机会，而不是强制孩子们学习。美国每年在强制性的 K-12 教育上大约要投入 6 000 亿美元的纳税人资金，所以哪怕只是拿出其中的一小部分资金，都能大有用途。[13]

我们确实承担着为每个孩子提供丰富的教育机会的社会责任，无论孩子的家庭背景和父母的收入状况如何。我们可以采取的方法有很多，一是建立一种自愿的、非强制性的学校体系，就像瑟谷学校那样，让孩子们可以在一个有利于智力、身体和道德健康发展的环境中玩耍、探索和学习。瑟谷学校的学费只有现行强制性公立学校的一半，这将为纳税人节省一大笔钱。

二是建立一个社区中心系统，对所有人免费开放。试想一下，在你的社区里有一个中心，孩子和成年人都可以来这里玩耍、探索、学习和结交新朋友，在这里，电脑、美术用品、运动器材和科学器材等应有尽有；这个中心可以和公共图书馆建立合作关系；社区里的人可以提供各种课程，如音乐、艺术、体育、数学、外语、烹饪、商业管理、收支结算等，只要是大家认为有趣、好玩或值得学习或实践的项目，都可以开设；这里不会设置任何门槛要求、等级排名，也不会把谁和谁放在一起进行对比；当地的剧院和音乐团体可以在这里演出，各个年龄段的人都可以根据自己的兴趣组建新的团体；这里会设有一个体育馆供室内玩耍，也可以去田野和树林进行户外玩耍和探索。孩子们会自愿来到中心，因为这里有他们的朋友，他们可以在一起做很多好玩的事情。那些白天需要工作、无法照顾孩子的父母可以放心地把孩子交给中心，让年长的孩子帮助照顾年幼的孩子，这样孩子们就都可以从中获得快乐和益处。

参与和使用中心的成员通过定期召开中心会议的方式来共同管理。中心的重大预算决定须通过民主投票确定，同时还要选举一个委员会来监督其运作，并雇用几个成年人或者青少年来帮助管理日常活动。成员们以民主的方式决定中心的行为规则和规则的执行系统，有意愿加入者必须遵守规则，并协助完成一些中心的运营工作。孩子和成年人一样，都有投票权，而且都必须签署会员合同。要想建立并运营好这样一家中心，只需动用社区现有强制性学校预算的一小部分就可以了。

我在这里对一些可能取代强制性学校的方案进行了一定的细化。我相信，按照因地制宜的原则，每个社区在细节上都会有很大的差异。减少强制性学校和增加孩子的自我教育机会都是循序渐进的过程，但强制性的教育体系终将消失。到那时，孩子们的自我控制能力和学习欲望都会有全面的提升，而困扰当今许多年轻人的焦虑、抑郁和无助感也将划上句号。

　　正如我在本书开头所说，在我的一生中，遇到过数百位德高望重的老师，我从心底里感激他们。我要感谢我的第一位老师鲁比，无论她现在身在何处；我还要感谢丹尼尔·格林伯格，他的开创性工作和思想激励我前行，他的友谊带给我温暖。我把这本书的成书主要归功于我亲爱的儿子斯科特，是他在很久以前把我引到了这条路上，并且从那时起就一直让我心怀谨慎。当然，我还要感谢我心爱的妻子黛安娜，自我们相识以来，她让我的生活充满了乐趣。我还要感谢我的同事、朋友和亲人们，但我要就此打住了，否则我担心自己会没完没了地说下去。

　　就本书而言，我要感谢我出色的经纪人吉尔·马萨尔（Jill Marsal），她通过我的博客找到我，说她从我的文章中看到了一本书的雏形，并指导我完成了最初的计划书。我还要感谢编辑主管托马斯·凯莱赫（Thomas

Kelleher），他认为这本书很有出版价值，从一开始就鼓励我坚持写下去。我还要感谢责任编辑科林·特雷西（Collin Tracy），这本书从雏形到出版的每个阶段都离不开他的指导。我还要感谢安托瓦妮特·史密斯（Antoinette Smith），这本书也离不开她精益求精的审稿工作。我特别感谢本书的主编蒂塞·塔卡西（Tisse Takagi），感谢她对本书的删减，也衷心感谢她给予的热心帮助。亲爱的读者们，你们也应该感谢他们为此付出的努力。

第 1 章　我们对童年做了什么

1. Clinton (2001).
2. 本节和下节的部分内容参考 Gray (2011a)。
3. Chudacoff (2007).
4. Quoted by Johnson (1988).
5. Finkelhor et al. (2010).
6. 这项调查由宜家公司赞助，并由青少年研究咨询公司"家庭、孩子和青年"（Family, Kids, and Youth）的首席执行官芭比·克拉克（Barbie Clarke）负责监管。
7. O'Brien and Smith (2002).
8. Clements (2004).
9. Hofferth and Sandberg (2001).
10. Hofferth (2009).
11. Clements (2004).

12. Family, Kids, and Youth (2010).

13. 该评论摘自 P. Gray 于 2010 年 2 月 24 日发表在《今日心理学》杂志的博客文章的读者评论。

14. Twenge (2000); Twenge et al. (2010).

15. Newsom et al. (2003).

16. 数据来自纽瑟姆等人的研究报告。由于男孩和女孩在这些项目上的得分相似，而且变化方式也相似，因此我通过取平均值得出了这样的结论。

17. 根据美国疾病控制与预防中心的记录，儿童和青少年的自杀率在 1950 年至 1995 年间飙升；后来，由于人们增强了预防儿童自杀的意识，并制订了相应计划，这一数字开始下降。最近的报告显示，自 2003 年起，儿童和青少年自杀率一直在上升。

18. Twenge et al. (2004).

19. 关于思考的无助感与焦虑和抑郁之间的关系，可参考 Abramson et al. (1989)、Alloy et al. (2006)、Weems & Silverman (2006) 以及 Harrow et al. (2009)。

20. Twenge et al. (2004); Reich et al. (1997).

21. Luthar and Latendresse (2005).

22. Csikszentmihalyi and Hunter (2003).

第 2 章　我们从祖先那里学到的知识

1. Lee and DeVore (1968).

2. Diamond (1997).

3. 人类物种的起源没有确切的时间。大约在 600 万年前，灵长类动物从最接近人类的"亲戚"类人猿——黑猩猩和倭黑猩猩——分离出来；大约 400 万年前，我们的祖先开始直立行走；200 万到 100 万年前，他们拥有了比其他猿类体积更大的大脑类器官，学会了生火和制造工具，并开始社会性群居生活，主要的食物是捕获的动物和采集到的根茎、坚果、种子、浆果和其他植物。

4. 与许多人类学家的做法一致，当我使用未经修改的"狩猎—采集部落"一词时，我特指第一种类型，即平等主义的狩猎—采集部落。

5. 本章及后续章节中提到的相关内容均参考 Gray (2009)。

6. Ingold (1999).

7. Ingold (1999); Wiessner (1996).

8. Lee (1988), p. 264.

9. Boehm (1999).

10. 关于在狩猎—采集部落中达成一致意见的探讨,可参考 Silberbauer (1982)。更广泛的研究可参考 Kent (1996)。

11. 尽管在所有狩猎—采集部落中,对孩子的体罚行为都很罕见,但据布勒顿·琼斯(Blurton Jones)说,在有些部落,包括非洲的哈兹达部落中,人类学家观察到体罚在某种程度上还是存在的。

12. Gosso et al. (2005), pp. 218, 226.

13. Liedloff (1977), p. 90.

14. Guemple (1988), p. 137.

15. Thomas (2006), p. 198.

16. Ibid., pp. 198–199.

17. Bakeman et al. (1990).

18. 在这项调查中,我们锁定了 10 位人类学家,他们在 3 个大洲生活过并研究过 7 种不同的狩猎—采集部落文化,我们以问卷的形式对他们进行了采访,询问他们对所研究的文化中儿童生活的观察,可参考 Gray (2009)。

19. Draper (1976), pp. 210, 213.

20. Blurton Jones, Hawkes, and Draper (1994).

21. Hewlett et al. (2011).

22. Thomas (2006).

23. Draper (1976), pp. 205–206.

24. Hewlett et al. (2011).

25. Thomas (2006).

26. Liebenberg (1990).

27. Wannenburgh (1979), p. 41.

28. Thomas (2006), pp. 99–100.

29. Kaplan et al. (2000).

30. Walker et al. (2002).

31. Liebenberg (1990).

32. Kaplan et al. (2000).

33. Bock (2005); Kaplan et al. (2000).

34. Hewlett et al. (2011).

35. Draper (1988); Gosso et al. (2005); Turnbull (1961).

36. Gray and Feldman (2004).

37. Sutton-Smith and Roberts (1970).

38. Marshall (1976).

39. Turnbull (1982).

40. Ibid.

41. Bakeman et al. (1990); Eibl-Eibesfeldt (1989); Gosso (2005).

42. Hay and Murray (1982); Rheingold et al. (1976).

43. Bakeman et al. (1990); Wiessner (1982).

44. Turnbull (1982), p. 134.

45. Gould (1969), p. 120.

46. Liedloff (1977), p. 10.

47. Thomas (2006), pp. 216–217.

第 3 章　学校教育为什么会压制玩耍天性

1. Diamond (1997).

2. Sahlins (1972).

3. Shostak (1981), p. 10.

4. Woodburn (1968).

5. Draper (1988).

6. Bock and Johnson (2004).

7. Salamone (1997).

8. 据弗兰克·A. 萨拉莫内（Frank A. Salamone）的说法，雅诺马马人的社会组织无疑也受到了 17 世纪西班牙、荷兰和葡萄牙入侵者对他们施以奴隶掠夺和种族灭绝行为的影响。

9. Fajans (1997).

10. Quoted by Fajans (1997), p. 40.

11. Barry, Child, and Bacon (1959).

12. Gardner (1991).

13. Barry et al. (1959); DeVore et al. (1968); Gould (1969).

14. Ember and Ember (2005).

15. Gray (2009).
16. Thomas (1959), p. 152; Gould (1969), p. 128.
17. Orme (2001).
18. Ibid., p. 315.
19. Ensign (1921).
20. Gray (2009).
21. Mulhern (1959), p. 383.
22. Bernard (1836).
23. Melton (1988), p. 43.
24. Ibid., pp. 43–44.
25. Miller (2000).
26. Bowles and Gintis (2000).
27. Melton (1988), p. 158.
28. Heywood (2001).
29. Melton (1988), pp. 531–532.
30. Quoted by Johnson (2000), p. 40.
31. Ensign (1921).
32. Bowles and Gintis (2000).
33. Ross (1901), p. 163.
34. Ibid., p. 164.
35. Ibid., p. 163.
36. Ibid., p. 174.
37. Kaestle (2000).

第 4 章　强制性教育的 "七宗罪"

1. Csikszentmihalyi and Hunter (2003).
2. Schneller (2002).
3. Clark (1977).
4. Einstein (1949), p. 19.
5. McMahon (2007); Oleck (2008); Pytel (2007).

6. Pytel (2007).
7. Education Portal (2007).
8. 自恋在心理学中指过度关注自我且缺乏对他人的关注的心理状态。
9. H. Smith (2000), pp. 62–63.
10. Merrell et al. (2008); J. D. Smith et al. (2004).
11. Gray (1993).
12. Mayes et al. (2009), p. 2; Pastor and Reuben (2008).
13. Ricaurte et al. (2005).
14. Gray (2010).

第 5 章　一所"另类"的学校，打开孩子的生涯教育

1. Greenberg (1974).
2. Sudbury Valley School (1970), p. 18.
3. Ibid., p. 42.
4. Gray and Chanoff (1986).
5. Greenberg and Sadofsky (1992); Greenberg, Sadofsky, and Lempka (2005).
6. 关于瑟谷学校与狩猎—采集部落的比较可参考 Gray (2011b)。
7. Ingold (1999).
8. Gray and Feldman (1997, 2004).
9. Gray (2009); Thomas (2006).
10. Gray (2009).
11. Sadofsky, Greenberg, and Greenberg (1994). 在本章及书中其他地方提到的所有瑟谷学校的学生姓名均为假名。
12. Gray and Chanoff (1986).

第 6 章　大人不去掌控儿童的教育，儿童会自我教育

1. Mitra (2003, 2005); Mitra and Rana (2001).

2. Mitra and Dangwal (2010).

3. Mitra (2004).

4. Aristotle (1963 translation).

5. Gordon (1999).

6. Inglis et al. (2001).

7. Roberts et al. (2007).

8. 在迈克尔·伦纳（Michael Renner）所做的一个实验中，先让刚出生一天的婴儿看到两个相似的棋盘图案中的一个，然后将这两个图案放在他们面前进行测试，看哪一个最能吸引他们的注意力。结果婴儿们盯着他们以前没见过的图案看的时间更长。这说明婴儿必须感知到两者之间的差异，并在两次测试间隔的几秒内记住这种差异，才能表现出明显的偏好。

9. Friedman (1972).

10. Baillargeon (2004, 2008).

11. Ruff (1986, 1989).

12. Schulz and Bonawitz (2007).

13. Bonawitz et al. (2011).

14. Hughes and Hutt (1979); Hughes (1978).

15. Groos (1898), p. 75.

16. 关于这些物种在玩耍中表现的不同可参考 Burghardt (2005) 以及 Fagen (1981)。

17. Groos (1901).

18. Mitra and Rana (2001).

19. Schulz et al. (2007).

20. Brooks and Meltzoff (2002).

21. Ibid. (2008).

22. Okamoto-Barth et al. (2007); Tomonaga (2007).

23. Dennett (1994).

24. Goebel (2000).

25. Mitra (2005).

26. Engel (2006, 2009).

27. Eccles et al. (1993); Galton (2009); Harter (1981); Lepper et al. (2005); Osborne et al. (2003).

28. Vedder-Weiss and Fortus (2011).

第 7 章　用游戏心态学习，效果会更好

1. Michaels et al. (1982).

2. Allport (1920); Beilock et al. (2004).

3. Aiello and Douthitt (2001).

4. 我在本章引用的大部分研究并非来自"游戏"和"爱玩"的专项研究者，而是来自"有压力"和"无压力"的心理状态，或是积极情绪和消极情绪，或是自我激励的任务和目标以及他人强加的任务和目标的研究者。但从本章的角度来看，所有这些研究都是关于玩耍的。玩耍是在无压力的情况下，以一种积极的心态进行的自我激励活动。

5. Amabile (1996); Hennessey and Amabile (2010).

6. Amabile (2001).

7. Howard-Jones et al. (2002).

8. Isen, Daubman, and Nowicki (1987).

9. Estrada, Isen, and Young (1997).

10. Dias and Harris (1988, 1990).

11. Richards and Sanderson (1999).

12. 关于游戏的关键性特征的讨论的精简版本，可参考 Gray (2009)。

13. 在整理这份游戏的关键性特征清单时，非常有价值的资料包括 Huizinga (1944/1955)、Rubin et al. (1983)、Smith (2005a)、Sylva et al. (1976) 以及 Vygotsky (1933/1978)。

14. King (1982).

15. Kohn (1980); Kohn and Slomczynski (1990).

16. 关于这项研究的分析文章可参考 Patall et al. (2008)。

17. Lepper et al. (1973).

18. 关于这类实验的回顾与总结可参考 Lepper and Henderlong (2000)。

19. Vygotsky (1933/1978).

20. Ibid., pp. 99–100.

21. Leslie (1994).

22. Einstein (1949).

23. Csíkszentmihályi (1990).

24. Fredrickson (2001, 2003).

25. Byers (1977).
26. Symons (1978).

第 8 章　会玩的孩子懂得与世界的相处之道

1. 有关青少年在正式的体育比赛中高频率发生重伤事故的讨论，可参见马克·海曼（Mark Hyman）的《直致成伤》（*Until It Hurts*）一书。
2. Piaget (1932/1965).
3. 关于正式的团队运动如何制造并加剧了男孩群体之间的冲突，可参见穆扎费尔·谢里夫（Muzafer Sherif）等人早在 1961 年进行的经典研究。
4. M. Greenberg (1992).
5. Furth (1996); Furth and Kane (1992).
6. Connolly and Doyle (1984); Elias and Berk (2002); Jenkins and Astington (1996); Newton and Jenvey (2011).
7. Burns and Brainerd (1979); Dockett (1998, described by Smith, 2005); Saltz, Dixon, and Johnson (1977).
8. Eisen (1988).
9. Brown et al. (1971).
10. Chazan and Cohen (2010).
11. Wegener-Spöhring (1994).
12. Spinka et al. (2001).
13. 这一观点最初由卡尔·格罗斯（Karl Groos）于 1898 年提出，后被其他学者证实。然而也并非没有例外，在一些食肉类动物比如狼和狗的追逐游戏中，追逐者的位置有时更受青睐。
14. Power (2000), p. 194.
15. Pellis et al. (2010).
16. Aldis (1975), p. 187.
17. Konrath et al. (2011); Twenge and Foster (2010).
18. Blickle et al. (2006); Judge et al. (2006); Thomaes et al. (2009).
19. Konrath et al. (2011).
20. Herman et al. (2011).

21. Pellis and Pellis (2011); Bell et al. (2010).
22. Hall (1998); Einon et al. (1978).
23. Pellis and Pellis (2011).
24. Goldstein (2011); Przybylski et al. (2010).
25. Przybylski et al. (2009).
26. Goldstein (2011).
27. Aarts et al. (2010).
28. McLeod and Lin (2010); Olson (2010); Przybylski et al. (2010); Yee (2006).
29. Barnett and Coulson (2010).
30. Reaves and Malone (2007).
31. Ferguson (2010).
32. Ferguson and Rueda (2010).
33. Green and Bavelier (2003); Spence and Feng (2010).
34. Akilli (2007).
35. Black and Steinkuehler (2009).
36. Durkin and Barber (2002); Ferguson (2010); Olson (2010).

第 9 章　混龄可以发挥儿童的自我教育能力

1. 本章内容在很大程度上改编自我 2011 年在《美国游戏杂志》（*American Journal of Play*）上发表的一篇文章。
2. 通常情况下，我观察儿童做游戏时会坐在离他们不远不近的地方，这样我不仅能看见他们在玩什么，还能听见他们说什么。这时，我一般会假装自己在看书或看杂志。如果没有人注意我的话，我会一边观察、倾听，一边做笔记，或是在观察结束后不久及时记录下来。
3. D. Greenberg (1992).
4. Mitra (2005).
5. Gray (2009).
6. Gray (2009); Konner (1975).
7. Konner (1975).
8. Konner (2010), pp. 492–495; Roopnarine et al. (994); Farver and Howes

(1988).

9. 这种隐含假设的一大标志是对儿童混龄互动研究的缺乏。我查阅了 2000—2010 年间两大发展心理学期刊《儿童发展》(*Child Development*) 和《发展心理学》(*Developmental Psychology*) 中发表的所有文章，发现涉及与非兄弟姐妹之间互动的混龄儿童的研究少之又少。其中有 213 篇文章涉及年龄差小于 24 个月的儿童之间的互动，19 篇文章涉及年龄差大于 24 个月的儿童。而在这 19 篇文章提到的研究中，有 15 项专门研究兄弟姐妹之间的互动，而只有 4 项部分提到了非兄弟姐妹之间的互动。一项对教育学和心理学期刊以及社会科学数据库进行的更详尽的调查同样显示，涉及儿童混龄互动的研究非常少。

10. Gray and Feldman (1997).

11. 在这项研究中，我们定义青少年为 12 岁及以上的孩子，儿童为 12 岁以下的孩子，且比参与互动的年龄最大的青少年小 4 岁以上。

12. Vygotsky (1978).

13. Wood et al. (1976).

14. 四方球游戏是一种流行的儿童游戏，通常在一个方形网格上进行。方形网格被分成四个小方格，每个玩家分别站在一个方格内，游戏的目标是保持在方格中心的位置，并通过击球将球传递给其他玩家，使对方失误。

15. Christie and Stone (1999); Christie et al. (2002).

16. 计算的数据来源于 Christie and Stone (1999), p. 122 中的表 3。

17. Emfinger (2009).

18. Originally established in a classic study by Parten (1932).

19. Goldman (1981); Mounts and Roopnarine (1987).

20. Maynard (2002); Maynard and Tovote (2010).

21. Eibl-Eibesfeldt (1982).

22. 那是在 20 世纪 70 年代，当时瑟谷学校设有吸烟室。

23. Lancy et al. (2010), p. 5.

24. Correa-Chávez and Rogoff (2009).

25. Noddings (2005).

26. Feldman and Gray (1999).

27. Gorrell and Keel (1986).

28. Feldman (1997).

29. Whiting (1983).

30. Ember (1973).

31. Dearden (1998); Spencer (2006); Yogev and Ronen (1982).

32. Gordon (2005).

33. Schonert-Reichl et al. (2011).

34. LeBlanc and Bearison (2004).

35. Cohen et al. (1982); McKinstery and Topping (2003).

36. Gray and Feldman (2004).

37. Gray and Chanoff (1986); Greenberg et al. (2005).

第 10 章　做信任型的父母，无为胜有为

1. Skenazy (2009), p. xii.

2. Martini (1994), p. 74.

3. DeVore et al. (1968).

4. Ozment (2011).

5. Luthar and D'Avenzo (1999); Luthar and Latendresse (2005),

6. Aarts et al. (2010).

7. Lanza (2012). Also, Lanza's website.

8. 瑟谷学校的网站上列出了像加拿大萨德伯利学校这样模仿了瑟谷学校模式的其他学校。

9. 根据美国教育部 2008 年的估算显示，1999 年，美国接受在家教育的儿童人数约为 85 万，2007 年上升到约 150.8 万。虽然随后几年的数据尚未得知，但布赖恩·雷（Brian Ray）在 2011 年提出，2010 年，美国接受在家教育的儿童人数估计达到了 204 万。

10. 根据美国教育部在 2007 年进行的一项全美家庭教育调查显示，约有 36% 的人说他们选择让孩子接受在家教育的最重要原因是为了给孩子提供宗教或道德教育。

11. 关于调查结果的初步报告，可参考 Gray (2012b)。

12. 关于反对暑假的例子详见 Von Drehle (2010)。关于反对废除暑假的例子详见 Gray (2012a)。

13. 来自美国教育部公布的数据。

未来，属于终身学习者

我们正在亲历前所未有的变革——互联网改变了信息传递的方式，指数级技术快速发展并颠覆商业世界，人工智能正在侵占越来越多的人类领地。

面对这些变化，我们需要问自己：未来需要什么样的人才？

答案是，成为终身学习者。终身学习意味着具备全面的知识结构、强大的逻辑思考能力和敏锐的感知力。这是一套能够在不断变化中随时重建、更新认知体系的能力。阅读，无疑是帮助我们整合这些能力的最佳途径。

在充满不确定性的时代，答案并不总是简单地出现在书本之中。"读万卷书"不仅要亲自阅读、广泛阅读，也需要我们深入探索好书的内部世界，让知识不再局限于书本之中。

湛庐阅读 App: 与最聪明的人共同进化

我们现在推出全新的湛庐阅读 App，它将成为您在书本之外，践行终身学习的场所。

- 不用考虑"读什么"。这里汇集了湛庐所有纸质书、电子书、有声书和各种阅读服务。
- 可以学习"怎么读"。我们提供包括课程、精读班和讲书在内的全方位阅读解决方案。
- 谁来领读？您能最先了解到作者、译者、专家等大咖的前沿洞见，他们是高质量思想的源泉。
- 与谁共读？您将加入优秀的读者和终身学习者的行列，他们对阅读和学习具有持久的热情和源源不断的动力。

在湛庐阅读 App 首页，编辑为您精选了经典书目和优质音视频内容，每天早、中、晚更新，满足您不间断的阅读需求。

【特别专题】【主题书单】【人物特写】等原创专栏，提供专业、深度的解读和选书参考，回应社会议题，是您了解湛庐近千位重要作者思想的独家渠道。

在每本图书的详情页，您将通过深度导读栏目【专家视点】【深度访谈】和【书评】读懂、读透一本好书。

通过这个不设限的学习平台，您在任何时间、任何地点都能获得有价值的思想，并通过阅读实现终身学习。我们邀您共建一个与最聪明的人共同进化的社区，使其成为先进思想交汇的聚集地，这正是我们的使命和价值所在。

CHEERS

湛庐阅读 App
使用指南

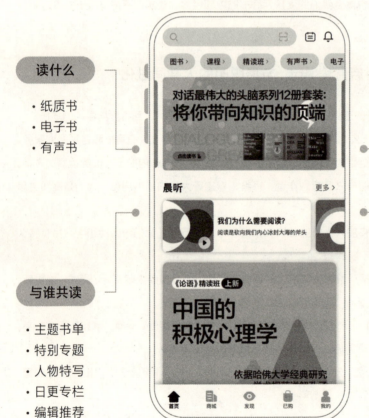

读什么
- 纸质书
- 电子书
- 有声书

怎么读
- 课程
- 精读班
- 讲书
- 测一测
- 参考文献
- 图片资料

与谁共读
- 主题书单
- 特别专题
- 人物特写
- 日更专栏
- 编辑推荐

谁来领读
- 专家视点
- 深度访谈
- 书评
- 精彩视频

HERE COMES EVERYBODY

下载湛庐阅读 App
一站获取阅读服务

图书在版编目（CIP）数据

玩耍是最认真的学习 / （美）彼得·格雷
(Peter Gray) 著；马小凤译. — 杭州：浙江教育出版
社，2023.10（2025.6重印）
ISBN 978-7-5722-6646-1

Ⅰ. ①玩… Ⅱ. ①彼… ②马… Ⅲ. ①儿童教育—自
我教育 Ⅳ. ①G61

中国国家版本馆CIP数据核字(2023)第178425号

浙江省版权局
著作权合同登记号
图字：11-2023-318号

上架指导：科学养育

玩耍是最认真的学习

WANSHUA SHI ZUI RENZHEN DE XUEXI

［美］彼得·格雷（Peter Gray）　著

马小凤　译

责任编辑： 陈　煜
美术编辑： 韩　波
责任校对： 刘姗姗
责任印务： 陈　沁
封面设计： ablackcover.com

出版发行： 浙江教育出版社（杭州市环城北路177号）			
印　　刷： 定州启航印刷有限公司			
开　　本： 710mm ×965mm 1/16			
印　　张： 17		**字　　数：** 231 千字	
版　　次： 2023 年 10 月第 1 版		**印　　次：** 2025 年 6 月第 5 次印刷	
书　　号： ISBN 978-7-5722-6646-1		**定　　价：** 99.90 元	

如发现印装质量问题，影响阅读，请致电 010-56676359 联系调换。